U0137860

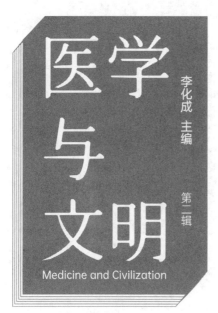

医学与文明

Medicine and Civilization

李化成 主编

第二辑

张子翔 执行主编

华东师范大学出版社

上海

目　录

笔　谈

访　谈

专题研究

笔　谈

编者按:2021 年 11 月,第十一届"医学与文明"学术研讨会在陕西师范大学隆重召开。本次会议的主题为"人类历史上的医学认识、健康行为与社会保障",旨在进一步探讨医学与文明的关系,展现医学史研究的社会性;另从现实层面出发,响应国家"健康中国"发展战略,在历史经验的启迪下思考后疫情时代人类的共同关怀。本期笔谈有幸汇集深耕相关领域多年的学者,围绕以上主题,从中医史研究、中国历史疫灾地理研究、疾病医疗史研究等视角展开讨论,以期在跨学科交流中深刻理解医学文明的发展,为本土知识体系的形成提供借鉴与参考。

文化形塑与学术流变：关于中医史研究的视角

王振国

对于医学而言,科学和人文是它的双翼。在中医史研究的视角中讨论文化形塑与学术流变问题,就是在讨论文化和医学的关系。来自复旦大学的胡道静先生曾在《出入"命门":中国医学文化学导论》一书中指出:"中国传统文化的特征是什么? ……正是儒道医三者的文化交流,奠定了中国传统文化的基础构架。……中医学这一'生命文化'的胚胎,是中国整个传统文化和社会历史推进的舵桨,是中国传统文化区别于世界文化的分水岭。"①这种文化之间的交流,如果要从中医学的角度来看,就很容易发现它是双向的。一方面,中国对于生命认知方面的基础架构是由传统文化中的中医文化所奠定的;另一方面,中国的医学也一直处于中国传统文化的塑造之中。因时间与命题所限,本演讲不是有着严格考据与严谨逻辑的论文,只是抛出几个观点,以期引起大家的思考。

一、生生之具:早期生命文化与中医的形态塑造

回顾中医学的历史,从文化角度分析早期生命与医学的内容,应当读一读《汉书·艺文志》。其中,"方技略"有一句话叫"方技者,皆生生之具"。所谓"生生之具",即指维护生命的工具,或者说保障生命寿而康的方法。我以为,这个时期可谓仙方文化对早期中医产生全方位影响的时期。《汉

---

① 陈乐平:《出入"命门":中国医学文化学导论》,上海:上海三联书店,1997 年,"序一",第 1 页。

书·艺文志》的"方技"类实际上汇集了汉代以前生命文化的相关著述,包括医经、经方、房中、神仙四大类,这些内容汇集在一起,共同勾勒出早期中医的基本形态。"医经"的主要内容是中国人对生理、病理、治疗方法的认识:"原人血脉、经落、骨髓、阴阳、表里"①,这是讲生理;"以起百病之本,死生之分"②,是讲病理。关于"经方",是这样概括的:"本草石之寒温,量疾病之浅深,假药味之滋,因气感之宜,辩五苦六辛,致水火之齐。"③可见,经方主要讲的是药性和配伍用药的问题。"房中"的主要内容属于性医学范畴,可以归纳为调和以养生,主张以外乐节制内情。"神仙"部分则是"所以保性命之真,而游求于其外者"④,讲的是炼养、服食、行气导引。其实,方士和医学的关系,我们目前的研究还是很不够的。综上所述,《汉书·艺文志》中记载的"方技"所体现的早期生命文化基本上就是医学文化与仙方文化的结合。1973 年马王堆汉墓出土古医书的内容,大体上也可归于医经、经方、房中、神仙四类。在这四大类中,构成医学基本体系的当然主要是医经和经方,但房中、神仙也不可忽视。"医经"中的黄帝内经十八卷、黄帝外经三十七卷、扁鹊内经九卷、扁鹊外经十二卷、白氏内经三十八卷、白氏外经三十六卷、白氏旁篇二十五卷,也就是所谓的"医经七家",表现出一种流派纷呈、百家争鸣的局面。我们注意到,在早期中医流派继承与发展的过程当中,主要有两条路径:一是黄帝学派,二是扁鹊学派。在东方形成的扁鹊学派,可以说是齐文化形塑医学的一个标本。以扁鹊和仓公为代表的扁鹊学派,也被后世研究者称为"齐派医学",禀承了齐文化开放包容的格局,形成了有核心人物——秦越人(扁鹊)、淳于意(仓公),有独特的医学理论和诊疗技术,有代表共同体的学术著作"扁鹊之脉书",以及完整的传承谱系的学术流派。代表人物、学术思想、代表著作、传承谱系这几个方面,大体规定了中医学术流派传承的核心要素与基本范式。事实上,这种传承的范式一直影响了中国医学发展两千年。北京大学李零先生在《兰台万卷》一书中解读《汉书·艺文志》时,提出一种观点,他认为黄帝内经、外经或与周秦系统的医术有关,是西土的医经;

---

①　[东汉]班固撰,颜师古注释,《汉书》卷 30《艺文志》,北京:中华书局,1964 年,第 1776 页。

②　[东汉]班固撰,颜师古注释,《汉书》卷 30《艺文志》,第 1776 页。

③　[东汉]班固撰,颜师古注释,《汉书》卷 30《艺文志》,第 1778 页。

④　[东汉]班固撰,颜师古注释,《汉书》卷 30《艺文志》,第 1780 页。

而扁鹊内经、外经则是东土的医经。这里的西土放到今天来看,大致就是指黄土高原地区,也就是今天的甘肃、陕西一带。而东土,则是指以扁鹊为代表的医家,主要生活在山东,尤其是山东沿海地区的范围内。除此之外,《史记》中载有淳于意(仓公)"诊籍"25 则,内容丰富,至今未有满意的解读;但其中所载内容与世传《黄帝内经》中提及的医学体系有别,属于扁仓医学体系,则是学界公认的结论。那么,如何认定早期中医流派是以仙方医学为核心呢? 对于这一问题,从早期的汉画像石中可以寻见端倪。山东、河南出土的很多汉画像石就是医学文化与仙方文化的混合体,而扁鹊就是其中最具代表性的人物,比如说曲阜孔庙中现存的《扁鹊行针图》,人首鸟身的扁鹊位于图中,一手持脉,一手持针。《黄帝内经》也有"异法方宜论",论中记载"东方之域,天地之所始生也……其病皆为痈疡,其治宜砭石,故砭石者,亦从东方来"①。这里的"东方",主要指今山东东部地区。这是揭示针砭外治起源的文献证据之一,显示了针砭医学的地域性。《史记·扁鹊仓公列传》载扁鹊(秦越人)为齐勃海人,其治虢太子病时,"乃使弟子子阳厉针砥石"②。所谓"厉针"与"砥石",都是言其使用前需要磨制。《素问·宝命全形论》新校正引全元起注亦云:"砭石者,是古外治之法……言工必砥砺锋利,制其小大之形,与病相当。"③文献记载的砭石用途,主要是刺脉放血,治疗痈肿类疾病。出土文物也表明,在距今 5000 至 4000 年之际,一种用于治病的锥形砭石已流行于山东、江苏等地,其中大汶口文化遗址出土的砭石数量最多,表明山东一带是砭石的主要发源地,考古所得与文献记载是完全一致的。汉画像石中大量以仙道生活为主题和背景的画像中多姿多彩的扁鹊形象的存在,不过是这种医学文化与仙方文化融会渗透的形象化体现而已。

近年来,扁鹊医学因成都天回老官山汉墓医书的出土再次进入学界的视野。扁鹊医学、扁鹊脉学等内容,再次成为学术界关注的焦点。《史记·太史公自序》中说:"扁鹊言医,为方者宗,守数精明,后世循序,弗能易也。"④也就是说,在司马迁心中,医学之祖不是岐黄而是扁鹊;所以,他只谈

---

① 《黄帝内经·素问》,田代华整理,北京:人民卫生出版社,2020 年,第 24 页。
② [西汉]司马迁:《史记》卷 105《列传·扁鹊仓公列传》,北京:中华书局,1963 年,第 2792 页。
③ 段逸山:《〈素问〉全元起本研究与辑复》,上海:上海科学技术出版社,2001 年,第 155 页。
④ [西汉]司马迁:《史记》卷 130《列传·太史公自序》,北京:中华书局,1963 年,第 3316 页。

扁鹊仓公,不讲黄帝。在他看来,黄帝的内容大多是故事,不能当成历史来讲;而自春秋末年起,历代医生所遵循、传习的正是扁鹊医学,并且不可更易。"方技"虽然含义广泛,但其核心无疑是医学。而扁鹊"为方者宗",就是方技之宗,也可以说是中国古代生命文化之宗。

随着老官山汉墓出土医简研究的推进,学者们发现其中记载了很多与扁鹊、仓公生平行迹相吻合的一些地名,比如《治六十病和齐汤法》中的"济北""都昌""废丘",这些都是西汉的地名,并且与史载仓公淳于意生平行迹吻合。很大的可能是,在那个时期,扁鹊仓公学派的医简由他们的弟子辈带到了蜀地。黄龙祥先生在《经脉理论还原与重构大纲》中说:"从某种程度上说,不了解扁鹊医学,就看不清中医理论的脉络,特别是整个古典针灸理论体系形成与发展的脉络。"①中国医学早期的流变应当如何研究与评价?医学是如何与仙方文化互动并逐渐分宗发展,最终形成一个完善的医学文化体系的?有许多问题值得大家关注和深入研究。秦汉之后,中国医学才真正进入了发展繁荣时期。

二、固本与开新:"医之门户分于金元"

在了解了文化对中医的最初影响后,我们再进一步探讨中医的流变问题。谈到流变,就不能不涉及中医的"门户"与"学派"这两个概念。

最早提出"医之门户"这一命题的是清代纪晓岚。他在《四库全书总目提要·医家类小序》中写道:"儒之门户分于宋,医之门户分于金元。"其立论的主依据是:"观元好问《伤寒会要》序,知河间之学与易水之学争;观戴良作《朱震亨传》,知丹溪之学与宣和局方之学争也。"②其后,史家与医家均关注到中国医学历史上不同时期医家思想的"流"与"变"、"学"与"派"问题,并提出了各自的判断。医史学家陈邦贤先生 1914 年在《中西医学报》刊文指出,一般认为清代医派可分为古派和今派。"喻嘉言、柯韵伯、张隐庵、高士宗、徐灵胎、陈修园、黄坤载等,崇奉岐黄,折衷仲景,古派

①　黄龙祥:《经脉理论还原与重构大纲》,北京:人民卫生出版社,2016 年,第 52 页。
②　[清]纪昀:《四库全书总目》卷 120 子部 12,北京:中华书局,2016 年,第 856 页。

也;叶天士、薛生白、余师愚、吴鞠通、王孟英等,力辟蚕丛,独开新境,今派也。"①他所列举的古派人物,基本上是以尊奉仲景为代表的医家;而所谓的新派或者今派,则是学术流派中以清代的温病学家为代表的那些派别。鉴于这种分派的不完善性,他提出著名医家分为七派:"著名医学家可分为七派焉……嘉言派黜邪崇正,韵伯派去伪存诚,天士派援古证今,灵胎派补偏矫枉,各有特长,宗之者尚多。石顽派执一失中,坤载派胶柱鼓瑟,各有偏陂,宗之者甚少。修园派因陋就简,而宗之者颇不乏其人,斯可觇清代各医派之消长矣。"②真正第一次相对系统地对中医学派的提出,我想可能是谢观于1935年在《中国医学源流论》中提出的中医六大学派,即刘河间学派、李东垣学派、张景岳学派、薛立斋学派、赵献可学派、李士材学派。③最终,是北京中医药大学任应秋先生对这个话题做出了完整的分析,并且对流派的概念与内涵进行了系统化的陈述。关于主要的中医学术流派,也经过了多次的分析与修正:从1964年在《中医各家学说》二版教材中第一次分析了河间、易水、伤寒、温病四个主要学术流派,到1980年《中医各家学说》四版教材增加医经、经方、汇通三个学派,最终于1986年在五版教材中确定为伤寒、河间、易水、丹溪、攻邪、温补、温病这七大学术流派。

　　这是关于中医流变的一些代表性观点。如果我们想要进一步了解中医学术流变,从文化对中医流变的塑造去进行分析,不失为一个重要而独特的视角。前面已经讲到了仙方医学,而如果我们回顾整个中国医学发展的历史,"道医"和"儒医"是回避不了的话题。道家是中国传统文化中的一个重要组成部分,而道教则毫无疑问是中国本土宗教,道家道教与中医在发展过程中相互交织,密不可分。汉武帝罢黜百家,独尊儒术,使儒学成为其后历代统治者所秉持的思想工具,由洙泗源流、邹鲁乡邦之学,逐渐成为了中国传统文化的核心,并且长期处于主流地位,它对医学的影响与塑造作用也是巨大的,并且这种影响一直持续到现在。

---

　　①　陈邦贤:《中国医学史·第九章·清之医学》,《中西医学报》1914年第5卷第7期,第25—28页。

　　②　陈邦贤:《中国医学史·第九章·清之医学》,第25—28页。

　　③　谢观:《中国医学源流论》,福州:福建科学技术出版社,2003年,第38—45页。

三、"道医"与"儒医":主流文化的形塑之功

为了理解道家与儒学对中医产生影响的具体时期和内容,我们首先需要梳理中医学术发展的进程。学者陈元朋 1995 年在《新史学》发表文章,讨论宋代的儒医问题。他提出传统医学传承大致可分为"巫医""道医""儒医"三个阶段的观点。春秋以前,医学大抵是操纵在"巫"的手中,基本还处于巫医阶段。到了战国秦汉时期,"医"开始以"方士"身份,出现在历史舞台上①。其实,这一时期我认为可以称为"仙方医"阶段,扁鹊仓公属于这一时期的医家。前述《汉书·艺文志·方技略》的四大类书目,也可以从一个侧面证明这一特点。汉末魏晋以后的医学传承,基本上是随着两汉以来由神仙方术逐渐演变为道教,而操纵于崇奉道教的世家大族之手。以"道医"为主的传承方式基本上就是这一时期医家的主要特征。一些代表性的医家,例如葛洪,他因为《肘后备急方》而备受当代的关注,屠呦呦对于青蒿素的研究据说颇受其启发。《晋书》中说其"尤好神仙导养之法"②。这一融儒道医于一身的形象也见于影响力较大的陶弘景、孙思邈等著名医者。《本草经集注》载陶弘景从幼年起便"沾丐道教",孙思邈则"善谈老、庄及百家之说,兼好释典"③。还有《黄帝内经太素》的作者杨上善,"太子司议郎杨上善,高宗时人,作《道德集注真言》二十卷"。《素问次注》的著者王冰幼年"慕道",《食疗本草》的作者孟诜"少好医药及炼丹术",均属其例。即使被奉为中医经典之首的《黄帝内经》,其中道家思想也非常明显,而儒家思想却并不突出。明代时,《黄帝内经》被收录于《道藏》中,并一直被奉为道教经典之一。

唐宋后,情况发生了重要的变化,儒医逐渐成为医学传承的主流。"儒医"一词,可能最早出现于宋政和年间(公元 1111—1118 年),据《宋会要辑

① 陈元朋:《宋代的儒医——兼评 Robert P. Hymes 有关宋元医者地位的论点》,《新史学》1995 年第 6 卷第 1 期,第 179—203 页。

② [唐]房玄龄:《晋书》卷 72《列传·葛洪》,北京:中华书局,1974 年,第 1911 页。

③ [五代]刘昫:《旧唐书》卷 191《列传·方伎·孙思邈》,北京:中华书局,1975 年,第5094 页。

稿》,有臣僚言奏时提出:"伏观朝廷兴建医学,教养士类,使习儒术者通黄素,明诊疗,而施于疾病,谓之儒医,甚大惠也。"①可以说,儒医是以儒家学说为行医指导思想,精通医学理论与技术的医师。显然这已不同于此前的道医色彩浓厚的医家群体,成为一个新的派别。

这个阶段,儒学对医学进行了全方位、多层次的渗透和形塑。儒医具有了制度化和专业化的特征。一方面,随着国家对儒学的倡导和科举制度的完善,一批医者具备了儒学的功底;他们既致力于研究医学经典,也重视儒家道德标准与行医作风的统合。因此,与局限于过去的集方或者单方的医家本质的不同是,这些医者精通文化典籍,熟悉传统思维,对医学的理解认识比较深入,且能通过援儒入医,以儒治医等手段,促进中医理论的系统整理、凝练和升华,也提高了医家的人文境界,使得被视为"小道"的医学获得了更加广泛的社会认同和地位提升。正是源自这种形塑的影响,后来很多著名的医家都把研究医学视为儒者本分内的事情,如金元四大家之一的张从正命名其著作为《儒门事亲》,朱丹溪在其《格致余论》自序中则申明"古人以医为吾儒格物致知之一事"。随着儒医阶层的形成,中医学理论的系统化对于医学影响力的提升和理论水平的提高都产生了显著的影响。

宋代可称为秦汉医籍的正典化阶段。在这个阶段中,"医乃仁术"这一中医学的本质定位得以进一步确立,精气为本的中医学术基础日益巩固,以和为贵的中医学术宗旨更加明确。开宝年间(公元968—976年),宋太祖命医工刘翰、道士马志等共同撰集新本草,并任翰林学士卢多逊、李昉等以刊定之职。换而言之,医道儒三家合作撰写新的药典的史实,开了儒医结合之先声,也是从道医文化转向儒医文化的导向性标志。嘉祐二年(公元1057年),仁宗决定再事纂录本草,命掌禹锡、林亿、张洞、苏颂与医官秦宗古、朱有章等人共同从事这项工作。这是医与儒的又一次结合,在规模、程度上超过开宝年间,掌禹锡、林亿、苏颂三位儒家背景的官员后来均成为北宋著名的医学家。宋政府成立了校正医书局,汉晋隋唐时期最重要的中医典籍包括《伤寒论》《脉经》《外台秘要》等,都通过他们的校正刊行实现了正典化。如由林亿、高保衡、孙奇等人校订《伤寒论》,并在北宋治平二年

---

① 　[清]徐松辑:《宋会要辑稿》崇儒三之一,北京:中华书局,1987年影印本,第55册,第2208页。

(公元 1065 年)向全国发行。通过典籍的整理与正典化,中国医学也塑造出一批典范性的儒医。其中最为典型的当推由于《伤寒论》的整理与正典化而"晚成的医圣"——张仲景。我们知道,唐代孙思邈撰《备急千金要方》时,曾叹"江南诸师秘仲景要方不传"。唐王焘《外台秘要》中有"诸论伤寒八家",实际上记载了达十六家之多的伤寒学说,其中包括了华佗、仲景、范汪等人的伤寒学说,仲景为其中之一家。但在宋代的校正医书局校定《伤寒论》并刊行之后,传播益广,影响日著。张仲景的形象因为符合儒家对医者"不为良相,则为良医"的理想追求,以及他对辨证论治思想体系的开创性贡献,成为了时代的选择,成为"医中之圣"的不二人选。

当然,两宋时期,随着儒学和科举制度的完善,朝廷对医学人才的培养也仿儒学之制,采用了分科教导、效儒学立法等方法来培养中医人才,包括宋代医官的磨勘制度从制度上肯定了医者的社会地位,当时的官阶称谓"大夫""郎中"作为医者代称流传至今。如此种种,使得有着儒学背景的人才向医学领域的流动成为可能。这些都为儒医阶层的繁荣起到推波助澜的作用。总的来说,这一批医家所具有的独特的道德理想、思维定势、生活方式、处事风范都使他们与一般的医家有所不同。他们的努力使医学获得了更广泛的社会认同和地位提升。另外,医学典籍的编撰也在不同程度上受到了儒家立德、立功、立言传统的影响。在现存的中国古籍中,中医学典籍就占了近十分之一,不能不说是这种传统驱使之下的结果。儒医格物穷理的医理探寻,不但改变了汉末到宋以前以搜集经验方为主的学风,也为其后"儒之门户分于宋,医之门户分于金元"奠定了学术基础。

四、效法与嬗变:"科学文化"背景下的中医

我们再将视野拉到近现代时期。整个中国近代史,其实也是一部文化碰撞史。我们一方面对西方文化进行或全面或片面的学习和借鉴,另一个方面则从不同的角度出发批判原有的中国传统文化。这一时期近代中国医学发展的整体背景,正是在学校科举之争、新学旧学之争、西学中学之争、立宪革命之争等论战中产生出来的。1923 年 12 月胡适《科学与人生观》序文曾说:"这三十年来,有一个名词在国内几乎做到了无上

尊严的地位;无论懂与不懂的人,无论守旧和维新的人,都不敢公然对他表示轻视或戏侮的态度。那个名词就是'科学'。这样几乎全国一致的崇信,究竟有无价值,那是另一问题。我们至少可以说,自从中国讲变法维新以来,没有一个自命为新人物的人敢公然毁谤'科学'的。"①在这样的环境之中,"科学"似乎变成了一个最高标准,一个判断先进与落后、正确与错误的为社会各界所共同接受的标准。但在中国传播着的西方医学与中国学者交互的过程当中,西方医学知识得以内化的基础和凭借仍是中国自古以来所传承下来的传统医学的知识体系。近代这种"科学文化",迫使中国固有的医学衍生出一些新变化,出现了新的医学文化现象,或者说是产生了新的流变。这种流变有一批重要标志,如唐容川1892年出版《中西汇通医经精义》,倡言"中西汇通",张锡纯1909年出版《医学衷中参西录》,举起"衷中参西"的旗帜,陆渊雷1928年于《中国医学月刊》撰文《改造中医之商榷》谓"中医不欲自存则已,苟欲自存,舍取用科学,别无途径",提出"中医科学化"的口号,等等。以西学的范式为主要参照,运用近代科学的方法,整理和改造中医学,使得自古以来所传承的中医理论体系得以系统化就这样顺理成章地成为了这一时代下的时髦取向。致力于这一改革的学者们,寄希望于衷中参西、中西汇通等基本方法;而他们最终的追求则是中医内部结构的科学化与外部形式的现代化。在西学的影响之下,医界进行了诸多改革,其中尤其受到社会各界瞩目与期待的正是中央国医馆的成立。1933年,《中央国医馆整理国医药学术标准大纲》发布,其中提出中医改革的基本原则——采用近世科学方式,分基础学科与应用学科两大类。② 基础学科包括解剖、生理卫生、病理诊断、药物、处方和医学史;应用学科包括内科、外科、妇科、儿科、眼科、喉科、齿科等。现在回过头来看,这一大纲基本塑造了当代中医学科的基本框架。以药物学为例,《大纲》是如此表述的:"药物一科,即古之本草,其内容宜参照近世药物学通例,分总论、各论二篇。总论,如讨论药物之一般通则或禁忌配合等。其各论中宜仿药质分类法,每述一种药,须别列子目,如异名、产地、形态、性质、功效、成分、用量、禁

---

① 张君劢、丁文江、胡适等:《科学与人生观》,济南:山东人民出版社,1997年,第10页。
② 中央国医馆学术整理委员会:《中央国医馆整理国医药学术标准大纲草案》,《医报》1933年第1卷第4期,第4—6页。

忌、附录等，以清眉目。"①从传统的本草学改称为药物学，再到现在我们通用的"中药学"名称，历时百年，虽然在称谓上有了一些变化，但事实上基本延续了1933年标准大纲确立的规范。

我曾主持过一个国家重点基础研究发展计划（973计划），即"中药药性理论相关基础问题研究"，核心问题就是传统中药"药性"的现代科学诠释问题。中医的思维方式从传统的"据性用药"变化为现在以药效为中心，这是一个重大的思维转变。《本草纲目》中提到"物以类从，目随纲举"，它把一千八百九十二种药分为十六部、六十类。这种分类方式体现的是"天然"的特点，强调的是"因性得效"，药性成为用药的基本思维方式。我们目前所用的教科书，比如近代背景下构建起来的《中药学》，与传统本草以"药性"为本体的格局不同，其体例结构、项目设置、药物分类、内容阐述等，均突出地表现了"西化"格局。"据性而用"，药性的体现是整体的、综合的、复杂的。据"效"而用，则是把药物主要的功效梳理出来，并成为对中药进行分类的核心要素，例如麻黄就是解表药，具有发汗解表、宣肺平喘、利水消肿等功效。以功效为中心的思维方式容易把某类药固定为以药理为前提的某类药物，主要功效成为学习和应用的纲领。如将麻黄视为一味解表药、石膏视为一味清热药。尽管这种分类法本身并非错误，但其弊端是在潜移默化中逐渐产生思维定式，不仅容易以偏概全，而且基本上脱离了中医的思维体系，直接将"辨证论治"变成了按照功效的"对号入座"，禁锢了用药思维的灵活性。正因为如此，桑兵教授在《近代中国的知识与制度转型》中指出，"生长于今，所得知识又是由学校的教科书教育灌输而来，现行的知识与制度体系已经成为今人思维与行为的理所应当。也就是说，今人已是按照西式分科和西式系统条理过了的知识进行思维，依据西式的制度体系规范行为，因而其思维行为与国际可以接轨，反而此前的中国人不易沟通"②。也就是说，近代"科学文化"塑造了中国人新的思维方式、新的知识体系和新的行为规范。但这些改变却恰恰导致了当代中医在学习和传承的过程中，遇到巨大的困难。

---

① 中央国医馆学术整理委员会：《中央国医馆整理国医药学术标准大纲草案》，《医报》1933年第1卷第4期，第4—6页。

② 桑兵：《近代中国的知识与制度转型》，北京：经济科学出版社，2013年，第596页。

中医理论如此,中药如此,中医临床也是如此。

五、为什么要关注文化形塑与中医流变

十几年前,我们承担了国家中医药管理局一个课题,即研究当代的中医流派的现状与问题,通过这一研究,我们初步构建了中医学术流派概念体系和流派框架,构建了当代中医学术流派的评价体系,并获得了中华中医药学会李时珍医学创新奖。在这一研究过程中,我们调研了全国当代中医学流派的基本状态,分析了名老中医群体的学术流派特征;还把文献计量学、历史地理学等一些新方法引入流派的评价,提出了相应的政策建议。最终,也让国家行政管理部门及学界认识到,推动和研究当代的中医学术流派是促进学术发展的重要途径,关注近代以来中医的学术流变是不可回避的一个话题。因为,正是这些不同时期的文化,形塑了中医的发展形态,引导着中医的发展路径。当然,医学的流变也深度渲染着中国传统文化的底色。如引言所述,中国传统医学是中国古代生命文化的核心,也是中国传统文化区别于世界文化的分水岭。因此,我们应该重新思考中国文化与中医文化之间的基因传承、互动衍化、特色融合。清华大学国际传播研究中心依托国家社会科学基金重大项目"中医药文化国际传播认同体系研究",提出:中医药是一种人们利用自然界中的事物与规律对身心进行培育和调节的文化与科学,也是处理自己与自己、自己与他人、人类与自然关系的捷径。其对"中医药文化"的创新性定义则为:中医药文化是中华民族几千年来追求幸福生活的体现,人们通过对健康的关注,不断学习如何与自身相处、与自然相处。并且这些观点,也值得我们关注。

在今天会议开幕致辞当中,我谈到目前学术界、文化界、广大民众都在关注着医学,关注着中医,这是因为新冠疫情给我们提出了很多前所未遇的新问题。正是因为疫情提出了新的问题,让我们更加关注文明,关注文化对医学的影响,更有兴趣进一步了解有关文化与医学互动的史实。在今天的新冠疫情防控中,除了中西结合、中西药并用等防疫措施,中国的传统文化也起到了非常重要的作用。正是这种文化的教化,使我们今天严格地遵守着防疫的规定和措施,同时也塑造了当代中国防疫的医学状态。最后,我总

结一句话：以史为鉴，以文化人。我们应当进一步关注中国传统文化和当代科学文化对医学的影响。

〔王振国，山东中医药大学副校长，中医文献与文化研究院院长，济南250355；文字整理：陈子明，陕西师范大学医学与文明研究院硕士研究生〕

中国历史疫灾地理研究回顾与展望

龚胜生

疫灾指的是急性、烈性传染病大规模流行,导致大批人口死亡和生命健康损失的一种灾害。"疫灾"与"疫病"、"疫情"是有区别的,并不是所有的疫病(或传染病)都能够导致疫灾。本文讲到的疫灾主要是人疫,不包含畜疫。历史疫灾地理研究属于历史地理学和医学地理学的交叉领域,跟疫病史、疾病史、灾害史、医疗史都不一样,我个人把它定位为一种地理学的研究。今天的汇报有两个主题:第一是对中国历史疫灾地理研究的回顾,主要是本人的研究,同时包括学界同仁的一些研究;第二是对中国历史疫灾地理研究的展望。

一、中国历史疫灾地理研究成果回顾

先秦两汉时期总共有57个年份发生过疫灾,疫灾频度是5.74%,其中,春秋战国疫灾频度1.64%,西汉疫灾频度7.33%,东汉疫灾频度15.90%,总体来讲呈现出越来越频繁的趋势,其中西汉晚期和东汉末期比较严重。在先秦时期,北方疫灾主要集中在黄河中下游流域的几个诸侯国中,而在南方疫灾主要发生在吴国。西汉时期,疫灾依然集中在黄河中下游地区,疫灾主要与自然灾害、病原生物的发展有关;同时还受战争的影响,比如发生在长江流域绿林山的疫灾。西汉晚期和东汉末期疫灾最为频繁。西汉元帝朝"百姓疾疫饥馑,死者且半"[1];成帝朝"群灾大异"[2]。"灾厉横流"[3],道

---

① [东汉]班固撰:《汉书》卷80《淮阳宪王钦传》,北京:中华书局,1962年,第3314页。
② [北宋]司马光:《资治通鉴》卷32《汉纪·孝成皇帝中》,北京:中华书局,1956年,第1027页。
③ 王明编:《太平经合校》,北京:中华书局,2014年,第3页。

教《太平经》也诞生于此时期;王莽朝"疾疫大兴,灾异蜂起"①。东汉时期,南方地区的疫灾有所增多,主要还是与战争有关。

魏晋南北朝时期是我国历史上的第一个疫灾高峰期,有76年发生过疫灾,疫灾频度达21%,高于先秦两汉时期。其中,三国魏时期15.6%,西晋时期34.6%,东晋时期19.4%,刘宋时期23.7%,萧齐时期12.5%,萧梁时期16.7%,南陈时期20.8%。西晋时期的疫灾频度高达34.6%,相当于整个西晋三分之一的年份都有疫灾发生。西晋末年"屡值疫疠"②,曾有大疫"死者过半"③,特别是永嘉之乱时期"丧乱弥甚"④,疫灾规模较大且比较频繁。三国西晋之后的疫灾集中在黄河中下游和江淮之间;东晋十六国时期有南北两个片,分别是黄河中下游地区和长江下游地区,长江中游地区也开始有了疫灾,长江上游人口密度比较大的成都平原,疫灾流行也比较频繁。南北朝时期疫灾范围有所扩大,主要集中在黄淮流域和长江下游地区,但是东部人口密度比较集中的地区依然很多。整个魏晋南北朝时期疫灾范围有逐步扩大的趋势;且疫灾重心有由北向南迁移的趋势;一般都城所在地为疫灾多发区,都城区位的变迁影响着疫灾重心的变迁。

隋唐五代疫灾总体比较轻,有疫灾之年47个,疫灾频度为12.40%,与魏晋南北朝时期相比疫灾频度明显降低了。其中,隋朝疫灾频度16.22%,唐朝疫灾频度12.11%,五代疫灾频度11.32%,隋唐之际和安史乱后疫灾相对多发。隋朝疫灾主要集中在黄河流域,分别是以关中、河西走廊为中心的西北地区和以"山东"为主导的黄河中下游地区。战争出现的地方也会出现疫情,比如隋炀帝三征高丽时候的辽西地区,每一次攻打期间都有大规模疫灾出现。唐朝的疫灾范围比较广,长江下游地区明显增多,像福建、广东这样的岭南地区也有零星的疫灾发生,当时人口密度比较集中的四川盆地的成都平原疫灾也比较多。五代十国只有半个世纪的时间,疫灾记录不多,主要分布在北方的黄河中下游地区。

宋元时期开始疫灾就多了起来,共有192个疫灾之年,疫灾频度47.06%,其中,北宋时期35.1%,南宋时期53.29%,元朝时期57.78%,疫

①　[刘宋]范晔:《后汉书》卷28《冯衍传》,北京:中华书局,1965年,第966页。

②　[东晋]葛洪:《抱朴子内篇校释》卷9《道意》,北京:中华书局,1985年,第173页。

③　[东晋]葛洪:《抱朴子内篇校释》卷9《道意》,第174页。

④　[唐]房玄龄:《晋书》卷26《食货志》,北京:中华书局,1974年,第791页。

越来越频繁的趋势十分明显。宋元时期,从全国范围来讲,每隔一年要发生一次疫灾,从十年的疫灾指数来看,呈现出波动上升的趋势。宋代以后,由于疫灾记录得比较详细,时间和空间分辨率比较高,通过对每年疫灾的空间范围进行描述,可以发现发生疫灾的县数、发生疫灾风险的面积是高度一致的,这个变化在两宋之际是比较明显的。从宋元时期疫灾的分布状况来看,北宋的疫灾主要分布在东部,特别是京广线以东的黄河下游一直到长江下游地区,长江下游地区和成都平原的疫灾也都明显频繁。南宋时期的疫灾集中在长江下游三角洲,除此之外,江西、福建、成都平原、陕西关中、河南、河北这些地方的疫灾也比较多,最集中的疫灾区域是南宋都城附近的长江三角洲。元朝的疫灾大规模增加,河北、山东、河南、陕西关中、江苏、浙江等地区都曾出现;长江中游的江西和岭南地区的福建疫灾逐步增多,呈现出从东部向西部拓展的趋势。

明代共有 217 个疫灾之年,疫灾频度为 78.3%,超过之前任何一个历史时期。崇祯朝疫灾最为严重,其次为万历朝和嘉靖朝。从疫灾的广度来讲,这一变化还是一种缓慢的、波动上升的趋势。明朝的各个朝代都有疫灾分布,永乐朝在南方出现的疫灾中就有鼠疫的流行,随后疫灾流行就变得越来越频繁,分布的范围也越来越广。从整个明代疫灾的分布来看,"山海关—兰州—防城港"这一条弧线是我们国家过去两千年来人口稠密区跟稀疏区的一条界线,疫灾也基本集中在这一弧线的东南半壁之内,从明朝开始一直是这种情况。

清代疫灾流行极频繁,仅康熙朝和乾隆朝有 4 年(1664、1719、1762、1778)不是疫灾之年,疫灾频度高达 98.51%,比明朝更加频繁。清朝康乾盛世的疫灾是在几乎没有灾荒发生情况下的大规模流行,所以与人口密度和病原生物有很大关系。道光以后,清朝的疫灾流行就明显增多,特别是 1850 年代以后非常明显。嘉庆朝云南地区疫灾就多了起来,这与云南的鼠疫流行有很大的关系,岭南地区也是如此。整个清代的疫灾比明代明显增多,尤其是东北、西北、西南地区,但是东部沿海地区的疫灾和长江流域的疫灾比其他地方要多一些。

民国时期是中国三千年以来疫灾最频繁的一个时期,无年不疫;流行范围也十分广泛,每年都有上百个县有瘟疫流行,最高时甚至超过 600 个县,几乎占中国地域的三分之一。民国 38 年间(1912—1949),疫灾累计波及

10695 县次,危及面积 3473 万平方公里,年均疫灾县数 281 个,年均疫灾面积 91.39 万平方公里,所以说民国的疫灾是历史上最频繁的。整个民国疫灾分布范围比清朝还要广,疫灾流行的频率、波及的范围都在不断地扩大。民国之后疫灾的疫种(疾病的病种)是清楚的,民国时期鼠疫的发生,它的自然疫源地,有北方的疫源地和南方的疫源地:北方在黄土高原、蒙古高原和东三省这个范围;南方疫源地分布在云南到浙江南部的广大地区。天花流行在东南半壁,过去在全国都曾流行。霍乱是一种介水传播的疾病,在湿热条件、降水条件比较好的东南地区容易流行。

　　纵观中国三千年疫灾的时空变迁,可以发现一些规律。疫灾的朝代变化,第一个高峰期是魏晋南北朝时期,隋唐五代有所下降,到了北宋以后是节节攀高。我国共有 890 个疫灾之年,疫灾频度为 32.72%,呈阶梯状上升。疫灾的发生频率:春秋战国约 61 年一遇;秦汉时期约 8.7 年一遇;魏晋南北朝约 4.7 年一遇;隋唐五代约 6.6 年一遇;北宋时期约 2.8 年一遇;南宋时期约 1.9 年一遇;元代约 1.7 年一遇;明代约 1.3 年一遇;清代几乎一年一遇;民国时期完全是一年一遇。我国三千年来的疫灾频度呈波动上升趋势:第一波从公元前 8 世纪到公元前 5 世纪,第二波从公元前 5 世纪到公元 8 世纪,第三波从 8 世纪到 13 世纪,第四波从 13 世纪至 20 世纪 40 年代。疫灾的世纪变化大体如此。历史上温暖时期的疫灾比较少,比如 8 世纪的唐朝疫灾频率比较低;寒冷时期、小冰期的明清时期相对比较多。

　　疫灾的季节变化。历史上的疫灾流行主要在夏、秋季节,但是不同历史时期,因为流行的疫种不一样,发生疫灾的季节也是不一样的。这个有地理学上的解释:一是因为夏秋炎热多雨,高温、高湿有利于致病微生物、寄生虫等病原体的繁殖;二是因为水、旱、蝗等自然灾害多发于夏、秋季节,它们容易诱发疫灾流行。在公元 1000 年以前,疫灾频度低,每 10 年季节频数只有1—2 个;在 11 世纪到 15 世纪之间,每 10 年季节频数很不稳定,有的 1—2个,有的 2—3 个,有的 3—4 个;在 15 世纪以后,疫灾频度高,疫灾季节性向均衡化发展,每 10 年季节频数达 4 个,季节多样性特征明显,这可能与史料记载的详细程度有关系。在 10 年时间尺度上,其中,1400—1870 间,虽然春、夏、秋、冬都有疫灾发生,但季节频数差别较大,而在 1880 到 1940 年间,不仅春、夏、秋、冬都有疫灾发生,而且季节频数基本相同。

　　疫灾的长期趋势有阶段性、周期性、趋势性三个特点。首先是疫灾的阶段性,可分为先秦时期、秦到唐五代时期、宋金元到明中叶时期、明中叶到清前期和清后期这五个时期。其次,中国历史上疫灾的流行具有周期性,最常见的周期是 370 年、220 年、170 年、90 年和 60 年的周期。最后,疫灾的流行趋势大致可以分为前一千年和后一千年这么两个大的阶段,前一千年主要受气候变化的影响,后一千年主要受人地关系演变的影响。

疫灾的总体分布特征有五个规律:第一,人口稠密区是疫灾高发区。人口密度是疫灾流行的"启动器",疫灾重灾区与人口稠密区基本吻合。第二,交通沿线区是疫灾频发区。疫灾具有空间蔓延性,人口流动是疫灾流行的"加速器",历史上的疫灾蔓延基本上都是通过人口流动(军士、难民、移民)来实现的。第三,城市周边区是疫灾重灾区。易感人群集中的京畿地区总是疫灾频发的易感地带。城市是人口汇聚之中心和交通连接的结点,人口密度高,人口流动性强,战争或者灾荒发生时,还是难民、灾民、兵士、流民等聚集的地方。第四,自然疫源区是疫灾多发区。病原体的繁殖力和致病力都与生态环境密切相关。病原体适生环境后久而久之形成自然疫源地,使疫病流行具有地方性。第五,灾害频繁区也是疫灾频繁区。疫灾更多地是其他灾害诱发的次生灾害,水疫、旱疫、蝗疫、震疫、饥疫、兵疫、旱蝗饥疫是主要灾害链,所以说凡是灾害频繁的地方,疫灾也频繁。整个中国三千年以来的疫灾主要分布在东南半壁。清代以后东北地区、云南地区疫灾逐渐增多,西北地区河西走廊和新疆地区疫灾分布区多是人口比较密集的绿洲。

二、中国历史疫灾地理研究的展望

历史疫灾地理的研究现在还面临着一些问题,有些研究薄弱的环节。下面我从这么几个方面谈谈今后的研究问题。

第一,历史疫灾地理有冷门绝学、交叉学科、历史地理学的学科特性。首先,历史疫灾地理是一门冷门绝学;其次是一门交叉科学,是历史学、地理学、医学和灾害学几大学科交叉的产物,人口学、社会学、环境学和健康学也与疫灾地理的研究有关系。疫灾还与地理环境、与人类活动有很大的关系,其时间变化和空间分异也有一定规律。当然,从我个人的角度来说,我认为历史疫灾地理属于历史地理学(体系)里面的历史医学地理学范畴。

第二,历史疫灾地理应该研究五个方面的内容:一是疫灾的时间变化规律,二是疫灾的空间分异规律,这(两个方面)是最基本的历史地理学研究。三是疫灾的疫种传播机制,我们研究疫灾、疫种的传播机制,不同疫病传播的途径、方式、易感人群不一样,病原体也不一样。传播机制是现在整个历史疫灾地理研究最薄弱的环节,中国历史文献所记载的大疫,是一种传染病大规模流行的统称,但不清楚究竟是哪一种疫病传播。四是疫灾的环境机理机制,要了解为什么有时间变化、空间分异,从环境与疾病的关系出发进行机理机制的解释。五是疫灾的社会历史影响。历史学研究要古为今用,要对疫灾的社会历史影响进行剖析,但是现在历史疫灾地理的研究在我国还是比较薄弱的,我在知网以"疫灾地理+中国"为主题进行搜索,只找到20篇文章,这些研究的论文,有全国研究,也有区域研究,有具体的疫种的研究,像鼠疫、疟疾、霍乱等,但总体来讲还是相当的薄弱。

第三,未来历史疫灾地理的研究还应该在以下几个方面去下功夫:一个是时空尺度上的精细化和系统化;二是视野上的全球化和全时化;三是内容上的交叉化和综合化;四是方法上的科学化和计量化。

首先是尺度上的精细化和系统化。其一是时间尺度上的精细化和系统化。现有研究大多是通代的或断代的,时间尺度过大会忽略一些历史的真实,或掩盖一些时间的规律,因此需要各种时间尺度综合的系统化研究,目前大多数研究通史和断代史的时间尺度过大,会忽略掉历史的真实,掩盖时间的规律,所以我们需要各种精细时间尺度的综合研究,尤其是帝纪尺度、年代尺度、年际尺度、事件尺度的精细化研究,这样才能够对某一个事物有更全面的了解。其二是空间尺度上的精细化和系统化。现有研究大多是全国或省域的研究,如山西、湖北等;少量研究关注热点地区,比如江南地区就是一大研究热点;县域尺度的研究很少。空间尺度过大会造成一些空间的虚假,比如制图时只能以整个政区为疫灾范围,或掩盖一些空间的规律。需要各种空间尺度综合的系统化研究。一方面,需要省域尺度、市域尺度、县域尺度的精细研究;另一方面,也需要跨国家的大区域尺度和全球尺度的研究。我前面讲到的中国三千年疫灾分布图是到县域的,整个研究工作量非常大。我们现在需要弥补的一个弱点是要进行时间尺度上的精细化研究,以及与它相对应的空间尺度的精细化研究。

其次是视野上的全球化和全时化。视野上的全球化要中外对接。全球化深入科学和社会各层面,微生物与人类一直在全球化进程中。从空间上面讲,研究历史疫灾地理应该有全球的视野。因为疫灾的发生,跟其他自然灾害不一样,疫种的星星之火,可以成疫灾的燎原之势。它不管从哪里发生,都是可以传遍整个世界的,所以历史疫灾地理的研究要有国际视野。研究历史疫病或者是疾病的传播,应该是一个全球化的问题。视野上的全时化为古今对接。鉴古知今,古为今用,揭示历史疫灾流行的时空规律,为当前和未来疫灾的防控提供历史经验和科学依据。第一要加强在史前时期、古典时期疫病基因的环境考古和疫病扩散的研究。要了解中国是不是鼠疫疫源地,可以对秦汉到隋唐时期的历史遗存,比如尸骸进行去氧核糖核酸(DNA)的鉴定。现在欧洲对于疫病的研究主要是从古代的一些埋葬物、尸骸里面寻找基因进行鉴定。在中国的新疆地区、喜马拉雅山地区,可以找到鼠疫的所有基因谱系,所以也有学者怀疑中国是否是欧洲鼠疫的疫源地之一。第二要加强近代口岸城市疫病的输入与输出研究。我们在编制晚清、民国这类疫情史料的过程中,发现中国沿海港口城市对于疫灾的输入、输出是非常重要的。第三要加强历史上大规模疫灾主要传染病史的研究。历史疫灾地理的研究一个很大的难点就是对于某一些疫灾的疾病名称无法确定,因为历史记载很简约,且一部分有症状记载的,也不一定能够判断是哪一个具体的病种,包括关于天花和鼠疫在皮肤上面长疮还是长疱的差异问题,仍不能从字面上加以确定。第四要加强"一带一路"沿线国家与地区疫病流行与防治史的研究。目前对于疫病传播的研究还是不够。第五是加强新中国成立以来传染病流行与防控的研究。

再次是内容上的交叉化和综合化。第一,内容上的交叉化体现了学科交叉的性质,疫灾既是一种自然生态现象,也是一种社会文化现象;既可以是病原生物引起的原生灾害,也可以是其他自然和人为灾害诱发的次生灾害。疫灾以人的生命健康为代价,是人类的顶级灾害,病原所系,影响所及,涉及的面十分广泛。历史疫灾地理研究涉及的学科众多,地理学、历史学、灾害学、医学是其核心基础学科,历史地理学、历史灾害学、灾难医学、环境卫生学、健康地理学、社会医疗史、流行病学、灾害地理学是其相关基础学科,它的病原属性、影响属性涉及的面非常广泛,需要多学科的融合交叉。第二,内容上的综合化。历史疫灾地理研究不能停留在简单的时间变化、空间分布和原因分析上，更应该探究其地理机理和历史影响，进行"过程、格局、机理、效应、管治"的综合性分析。现代地理学一般研究前面三个部分：过程、格局和机理。疫灾发生的效应跟历史社会发展的影响是一个值得研究的问题，历史疫灾地理应揭示疫灾发源、扩散、流行规律，通过长时间序列分析对未来疫灾风险进行预测，通过历史防控经验教训指导当代疫情的防控，进行"史前、历史、现在、未来"的全时性分析和"全球、区域、国家、地方"的全域性分析。所以，疫灾发生以后如何来管控和治理也是我们实现"古为今用、以史为鉴"要做的工作。

最后是方法上的科学化和计量化。第一，方法上的科学化。历史学研究比较偏重于考据、记叙和描述，人文科学用这个方法的比较多，但是要有国际化、全球化的视野，我们的研究要对接自然科学的研究方法，这里就有科学化的问题。方法上的科学化表现在历史疫灾地理的研究要以历史文献为数据基础，通过历史学的社会科学或人文科学方法进行科学化，但其无论作为历史地理学的一个分支，还是作为健康地理学的一个部分，都必须引入地理科学、环境科学、传染病学等自然科学的研究方法，特别是疫灾环境机理的探究。第二，方法上的计量化。这表现在历史疫灾地理研究需要进行高分辨率的时空分析，这有赖于疫灾指标的计量化。历史计量学方法在历史地理学界并没有得到重视。我们发展了一套疫灾计量指标，但由于发表不久，且发表在地理学刊物上，似乎还没有为历史疫灾地理研究者所接受。方法计量化是历史研究国际化、历史疫灾地理研究全球化的必由之路，这也是历史疫灾地理研究的历史意义所在，或者说是医学史、疾病史也应该努力的一个方向。

"十四五"规划提出，科学研究要做到坚持"四个面向"，即坚持面向世界科技前沿、面向经济主战场、面向国家重大需求、面向人民生命健康。其实，这也是我们研究社会医疗史、疾病史、历史疫灾地理所应肩负的社会责任。因此，我们历史疫灾地理研究者要为健康中国建设做出自己的贡献。

〔龚胜生，华中师范大学"博雅学者"、城市与环境科学学院教授、可持续发展中心主任、国家社科基金冷门绝学专项"华中师范大学历史医学地理学术团队"负责人，武汉 430079；文字整理：聂雪绒，陕西师范大学医学与文明研究院硕士研究生〕

疾病医疗史研究的现实意义

余新忠

史学的现实意义历来备受重视，"以史为鉴，以史为镜"的思想认知流传至今。虽然史学研究成果不能直接作为现实生活的指导标准，但历史学的丰富内涵，使其能够对不同时代的人文观念乃至实践行为产生重大影响。疾病医疗史研究结合了医学、历史学、社会学等诸多学科特点，加之当今时代医疗卫生领域面临的重大传染病挑战，使得探讨医疗史的现实意义也具有了多元的学科价值和实践价值。

引　言

作为一名研究医疗史的学者，新冠疫情发生后，我对我们的研究工作在疫病应对方面的作用有了更深刻的认知。尤其是在帮助大众了解疫病知识、反思疫情应对举措等方面，医疗史研究领域的学者的责任不可小觑。广大研究人员共同作出的努力，使我们的研究成果得到了社会、民众的关注和认可。但是，在目前疾病医疗史研究领域，尚存在许多值得思考和反省的问题。是否真的可以简单地认为，传统中国医学的各种举措在应对疫病方面战无不胜呢？还有个别研究，得出一些所谓的历史经验，如发挥中医药在抗疫中的作用，早发现、早隔离、早治疗的御灾思想，防范有害动物等。这类文章的问题在于，它们并不是从历史角度得到的对现实的若干启发，而不过是按照现实的想法对历史资料进行主观性论证，实际上是现实思想在历史资料梳理中的投影、映射。这种用现实观念引导历史资料梳理的做法，不过是用历史资料对现实观念做了一个注脚而已，因而其研究价值不太大。

一、新冠疫情下的历史思索

那么,我们进行历史研究的意义在哪里? 现在已有很多学者提出了自己的观点,比如历史研究可以作为现实的行动指南,或者以史为鉴得到历史启示,进一步探索历史规律等。以我个人角度来看,历史研究最重要的意义在于视角,即通过研究历史达到"思接千载,视通万里"的效果。另外一个意义在于历史研究的人文性。就历史学而言,不管是哪个方向的研究工作,最终都要将研究成果转换为具有人文性的东西。那么何谓人文性? 就是以人为出发点来思考问题。这样做的优点,是能给我们的现实生活带来新的认知以及实践方面的启示。现以新冠疫情为背景来具体分析医疗社会史研究的意义。其一,通过呈现历史上人们应对瘟疫的经验和举措,给疫情中惶惶不安的人们带来些许心理慰藉,一定程度上消解人们的紧张和恐慌情绪。新冠疫情发生以来,很多学者从专业医学角度出发,认为古代的疫病应对措施在今天的应用意义不大,原因在于古代科学技术落后。其实不然。应对疾病或者疫病,不能单纯从科学、效率等角度考虑。正如在新冠疫情流行期间,我们针对疫病所做的大量工作,有多少是真正与医学本身相关的呢? 其实很多举措需要不同专业、不同部门的人相互配合、支持才得以完成。因此对历史上疫病的研究,包括对应对措施的经验梳理和思考,能够给现代人带来有意义的启发和思考,也能起到心理安抚作用。其二,引入历史视野和维度,可以让我们更好地认识和思考人与瘟疫的关系,对"现代性"少一些骄傲,而多一些对历史和自然的敬畏。其三,对历史上的疫情及其应对举措的观察和梳理,有助于我们在应对瘟疫时,拥有更全面的视角和理念。其四,让瘟疫转化为历史的"推手"。瘟疫虽然给人类社会带来灾难,但是从历史发展角度来看,瘟疫在很多时候对人类文明起了重要的"推手"作用。虽然人类自身的理性能够帮助我们约束自身的贪婪和欲望,但是毕竟程度有限,因此需要一些外在的东西来帮我们强化自身的理性。瘟疫就是这样一个帮手,它让人类时刻反思自身与外在环境的关系和人类未来的走向。此外,让瘟疫成为"推手",必须要有一种反省和批判的精神,需要建立在真实的历史事实疾病之上,否则这种反省和批判就显得无力。最后,也许是最重要的,一个事件必然会形成一种或多种叙事,而这些叙事又势必会直接或间接影响历史的演进。历史学者积极而理性地参与历史事件的解读,将会对未来社会的发展产生若干正面效应。

二、医疗史研究的现实意义

医疗史研究的现实意义主要体现在三个方面。一是有助于人们更全面、系统地理解疾病和医学的社会文化属性,从而推动当下的医学人文教育。医学居于科学与人文之间,并非简单地归属于二者中的任何一方,而是包含了双方的许多特性。医学是最人文的科学,也是最科学的人文。我们希望医学生有更好的人文素养,这是大家共同的期望。医疗史研究需要和医学、人类学、社会学等学科更好地结合,用更具体的事实和案例对学生以及公众进行教育,让大家真真切切地理解疾病和医学的社会文化属性,意识到医学和疾病不仅是科学的问题,更多是人文方面的问题。因此人文、文化的学习和普及必不可少。二是有助于从认识论的高度改善现实中的医患关系。现代社会紧张的医患关系引起了每一个人的思考。有的人在一些历史故事或者建构出来的名医形象的影响下,认为古代的医患关系较为和谐。虽然古代的医患纠纷,确实至少在法律层面比现在要少得多,但主要是因为以下两个原因。首先,古代患者对医治效果没有那么高的期待。而现代患者对医学效率和医疗技术的过高期待,则为医患纠纷埋下了隐患。其次,古代患者看医生基本上都是通过熟人,因此医生和患者的关系就存在更多社会联结,从而减少了冲突的发生。对当今的医患纠纷问题来说,加强医学人文教育,让医生和患者加深彼此了解,可以在一定程度上缓解双方的矛盾。三是医疗社会史研究可以为提升现代公民素质提供有意义的思想文化资源。反思当下,包括历史学在内的人文科学研究的关注点往往是社会、国家的发展,对个人苦难的关心不够,缺少一种温馨的人文性。在此情况下,我们倡导的关注人本身的"生命史学",对"人"的发现和人的全面发展有重要意义。

梁启超先生有言:"二十四史非史也,二十四姓之家谱而已。"然而到了近现代,随着民族国家的兴起,我们的历史也由王朝的历史转向国家的历史。社会发展的立足点更多的是国家、民族强盛和中华民族的伟大复兴,我们倡导的卫生的现代化就充分表明了这一点。但到了 21 世纪,如何使中华文明更具有竞争力和发展潜力呢? 我认为,人的全面发展将成为一个我们必须要面对和正视的问题。在此情况下,加强医学领域对"人"的探讨,自然对中国人民的人文素养以及精神状貌的形塑有一定价值。因此,只有通过聚焦于"人"的医疗史和"生命史学"的研究,才会对现实的社会发展产生积极的影响。

结　　语

人类伟大的文明历程波澜壮阔,源远流长,历史长河中的朵朵浪花虽易消逝但不容抹去。现代人完全可以从厚重的历史底蕴中汲取当代所需要的营养,盈肌养骨,弥补现代社会发展中存在的缺陷。同时,对于创造伟大历史的人,我们也不能忽视。在历史研究中尤其要做到聚焦人的历史,聚焦人的丰富心理,聚焦人与自然的互动,从而呈现社会的多元性和复杂性。因而对医疗史研究而言,需要以时代任务为出发点,同时注重彰显人类文明的价值,突出人的重要性和独特性。这是医疗史领域未来发展的重点。

〔余新忠,南开大学历史学院院长,中国社会史学会医疗社会史专业委员会主任,天津 300350;文字整理:王素娟,陕西师范大学医学与文明研究院硕士研究生〕

访　谈

编者按：于赓哲教授是陕西师范大学历史文化学院、医学与文明研究院教授，研究方向为隋唐史、魏晋南北朝史，尤其对中国古代医学社会史有深入系统的研究，科研成果颇具学术影响力。他还活跃于各类媒体平台，推动历史学的科普工作，获得了广泛好评。本文系《医学与文明》杂志对于赓哲教授治学经验、理论观点的访谈，访谈时间为 2022 年 7 月 18 日下午。

探索人类医学文明，把脉历史深层因素

——于赓哲教授访谈录

于赓哲

问题1：于老师，您好！非常感谢您接受此次采访，您多年致力于中国古代医学社会史研究，您能介绍一下您的学术经历，以及您是如何对医学社会史产生兴趣的吗？

我的外曾祖父名叫宋洛川，是研究伤寒论的专家，也是山东省中医进修学校（今山东中医药大学）中医进修教育的奠基人之一。他的治学经历对我们家族产生了很大影响，正是在他的影响之下，我从小就对医学问题比较感兴趣。不过我在准备硕士学位论文时还没有正式涉足医学史领域，我当时研究的是唐太宗贞观十九年的高丽战争问题。后来在攻读博士学位期间，我发现在以往的史学研究中，政治史、制度史通常是史家们研究的主流，但我心中始终萦绕着一个问题，那就是疾病和死亡是人类文化无法回避的两大主题，它们对人类社会的影响难道比政治、制度的影响要小吗？除此之外，在我接触到布罗代尔等法国年鉴学派史家提出的"总体史""长时段"等概念后，越发感受到政治问题只不过是众多深层因素的外在表现形式，实际上气候、地理、疾病，包括应对疾病的手段，以及由此所衍生出的文化，恐怕对历史进程的影响并不亚于政治，甚至比政治因素还要大。我也就是在思考这些问题时，对医学社会史产生了兴趣。

问题2：众所周知，史料是历史学研究的基础，从您的著述中能看出您有非常扎实的史料功底。读史要耐得住寂寞，坐得住"冷板凳"，请问您是如何坚持下来，并保持热爱的？

医学社会史和政治史在史料方面有很大不同。在古代，除了医家以外较少有人专门系统论述医学问题。正因为如此，医学社会史的史料有两个特点：第一，涉及面极广，我们在世俗类文书、宗教类文书中都可以发现这方面的史料；第二，特别零碎，这给我们的史料搜集工作增加了难度，也非常考验历史学研究者的史料功力。

至于冷板凳的问题，坦白来讲，史学工作者就得要坐得了冷板凳。即便是在有了电子检索的今天，历史学研究仍没有什么捷径可言。我们使用电子检索，仍然需要了解在你所研究的问题中"关键词是什么？""它究竟有多少种表达形式？"等一系列问题。我不反对使用电子检索，我本人在日常生活中也经常使用电子检索。但关键在于，电子检索永远代替不了我们的阅读和逻辑思维。

此外，我认为人是需要有不断的正面激励的。我年轻的时候曾发表了一些还算有影响力的文章，获得了学界的认可，这对我日后的学术研究有很大的激励作用。我们有必要去鼓励年轻人坚持奋进，并在他们最需要的时候，有力地推动他们前进，从而让他们在繁琐枯燥的史料中静心宁神，保持热忱。

问题3：医学社会史研究并不是单纯研究医学本身，现实中的医学发展时时与阶级、种族、性别等社会因素交叉互动，您也提到要"体会文字背后的东西，把握史料表面意图与真实根基之间的微妙关系"，如何理解这一点？

史料文字不是平面的，而是立体的，从任一角度切入观察，都会产生不同的维度和感受。实际上这和文学作品一样。有句话常讲，文学作品写出来后就不再属于作者，这就是"只缘身在此山中"的缘故，他自己并没有意识到为何会有这种表达。所以这时候就需要别人站在第三者的视角上进行剖析。文学评论家存在的意义也是如此，这也意味着作者对自己的作品并不具有最高解释权。史料也是一样的。作者向读者传达的是字面意思，但是在史料背后，作者为何做出这种描述？这样的描述体现出他怎样的潜意识？这需要我们替史料作者来回答。在这个方面，我们的工作和文学评论家很相似。我们需要体会文字背后的动机，把握史料表面的意图和真实根基之间的微妙关系，在史料话语权掌握者的笔下体会医学、疾病对思维模式的影响，这也是研究医学社会史的重要手段。

在史学研究中的确应该关注到医学与阶级、种族、性别等社会因素之间的交叉互动，我想举一个有趣的例子来说明。中古时期，从秦汉一直到唐宋，我们几乎在史料当中极难找到有关女性月事用品的记载。它是什么形态？如何使用？我们知之甚少。那些医者本身对此问题也漠不关心。例如，孙思邈在《千金要方》中将"妇人"放在了最前列，体现出了他对妇女疾病的重视，但也缺乏有关月事用品的记载。而月事用品跟每一个女性密切相关，直接影响到她们的生活质量，可以说这是占总人口一半人的重大卫生问题，但为何相关叙述这么少呢？再者，明代之后，有关妇女卫生用品的论述突然开始增多，原因何在？在我看来，由于明代以来，中国流行起将女性月经入丹药的做法，这才使女性月事用品逐渐成为人们关心的话题。换句话说，中国历史上关于女性月事用品的论述，无论是少是多，都是站在男性的视角之上。当男性觉得这个问题无关痛痒且无需关心的时候，相关的论述就少，而当其对此事物有所需求后，便会多加关注。从这个问题上，我们就可以看出我们所阅读的史料，是一种男性视角的史料。这就是一个史料主观性的典型例子。

问题 4：您在著述中提到过汉宋之间医学文本的价值问题，认为医学文本有上层社会和基层社会的区别，这种观点是否影响到了您的史料选择？历史上精英与大众的医学观念的差别主要体现在哪些方面呢？

汉宋之间医学文本的价值问题实际上是由技术问题导致的，因为那个年代印刷术还没有大规模普及运用。在前印刷术时代，史料文本话语权始终为非医阶层所操纵。在士、农、工、商四个阶层里，医者毫无疑问被人定义为工，但医者中具备知识分子身份者却往往不甘于此，拥有话语权的人也会出于各种目的对医人形象进行重新模塑，这导致医者定位始终随着时代价值观的改变而摇摆不定。

中国在唐代时就出现了印刷术，不过当时的印刷制品大多数是佛经和吏书。真正把印刷术大规模运用到世俗文书印制中的主要是五代时期的冯道。在他之后，敦煌文书中也曾有印刷本存在的证据。比如，敦煌出土的《新集备急灸经》文书本身是手抄本，但书页之前有"京城东市李家印"的字样，这说明该部手抄本应当是抄自一部印刷本，从而证明这部医经在当时是存在印刷本的。这一案例说明印刷术在当时的普及程度还非常有限，虽然抄写者所依据的蓝本是印刷本，但敦煌本地或许并不具备印刷的条件，他便只能自己手抄。类似这样的技术问题导致医者书写医书时会着重考虑要针对的对象，大部头的医书并不作为从医者师徒相授的教材，作者也没有畅销大众的观念，他们撰述的目的是引起上层人士对医学的重视，所以他们的书写面向的是特定受众,这表明医学文本是具有阶级性的。此外,像《千金要方》《外台秘要》这些书对于士大夫致仕之后的荣养,服食的丹药,以及发背、脚气等具有阶级特点的疾病给予了特别关注,这也表现出医书编撰的阶级性特征。与此同时,也有一些医学文书是面向普通大众的,例如在吐鲁番的出土文书中有一些民间的医学文本,它们是为一般民众服务的,其特点是少谈理论,而重药方,重操作,篇幅短小,经常夹杂作者自创的医学术语,这都展现出民间文本与传世文献的不同撰写方式与"接受心理"。普通民众不关心也看不懂医学理论,因此文书中的描述就是病症与药方的对应,什么病症对应什么药方,这就是方书。总之,在医者眼中,治疗的对象具有上层和下层的区别。明白这点,有助于我们理解医学人士为何从受抑逐步变为与儒合流,为何医学知识具有低门槛的特征,以及为何官方医学与民间医学会渐行渐近等问题。

在我看来,这种区别影响的不是历史选择,而是史料批判。任何一个史料拿过来,我们都要明白,第一是谁写的?第二为谁而写?第三怎么写?这些是史料批判的基本思想。我们在审视史料文本时要学会史料批判,理清史料背后的阶层背景、目的意图等等。此外,文本之间的区别也可以反映出精英与大众医学观念的区别,这主要体现为精英阶层对医学理论更加关注,而普通大众更关心自身健康问题,追求治疗的简便与实用。

问题5:您曾探讨过"古典医学的'西学镜像'"问题,认为今人对于中国古典医学的理解实际是在"西学镜像"中认同、模塑自身的,而要全面了解古典中医的发展道路,必须摆脱这种"西学镜像"的模式,您觉得如何做才能摆脱呢?

"西学镜像"的模式是很难摆脱的。我们活在当下,思想具有现代性,看待历史的眼光肯定与古人是不一样的。现如今,在西学东渐的背景下,中国古典医学被人们重新审视和阐释之时,其本来面貌必然会受到一定程度的扭曲,所以人们对古典医学的理解实际是以西学为基础重新包装、阐释的结果。不过从另一个角度讲,人们也不必摆脱"西学镜像"。近代中西文化碰撞之后,尤其是西医大举进入中国之后,中医以西医为一面镜子,竭力塑造自己的"科学"形象,以回击对中医的质疑。事实上,"中医"这个词本身就是中西医之争的结果。当古典医学被叫作"中医"或"国医"的时候,它实际上已经受到西医潜移默化的影响。在民国早期,质疑中医的代表性人物余云岫等人就拒绝把医学分为中医和西医,而是称为旧医和新医。而对于中医的从业者来说,他们当然不愿意被称为"旧",所以才使用中医和西医的区分方式,以使二者能够保持一种平等关系。与此同时,秉持中医治疗方式的医者们还要回击许多问题,像怎样解释中医解剖学的问题,怎么解释经脉和五运六气的问题,怎么解释中医的基础理论问题,等等。当中医医者在阐释这些问题的时候,即便立场是保护中医,也一定受到了西学的影响。例如,中医究竟是否科学一直以来是一个争论不休的话题。尤其在新文化运动之后,全社会对科学宗教般的崇拜更使得中医学界不得不对自己与科学不一致的地方作出"科学"解释。而当其开始以科学与不科学的标准来衡量中医的时候,本身就已经体现出西医的巨大影响了。现在医学史上的很多话题,都是近代以来西学影响中国的结果。因此,对中医无论持批判态度,还是支持态度,都很难回避西医潜移默化的渗透作用。

问题6:结合中国古代医学社会史来看,全球化似乎是一把双刃剑,一方面它把疾病传播到世界的各个角落,另一方面它又促进了不同文明之间医学技术的交流,推动了人类文明前进的脚步。您认为这对辩证关系在当今的全球化潮流中是否依然成立呢?

这一定是成立的。全球化不可能只有正面的东西,没有负面的东西。负面影响之一就是疾病,尤其是传染病会在全球范围内快速传播。随着人类文明的发展,人口愈发密集,贸易、战争逐步增加,传染病由此获得了广阔的舞台,瘟疫传播的速度也越来越快。譬如,一些病毒一旦出现一个变异株,通常就能够在几天内,甚至几个小时内传到别的国家,成为蔓延全球的疫情,这是我们必须要面对的。

虽然文明发展在客观上可以为传染病的传播提供途径,但文明因交流而强大,强大的文明和现代化的卫生体系反过来能够克制传染病的传播。在人类社会早期,各个文明的体量还不够大,往往一场疫病就能摧毁一个文明。随着文明实体的不断壮大,人类对抗饥荒、瘟疫和气候、地理变化的能力逐渐增强,特别是全球化的到来大大促进了人类文明水平提升,也提供了更多应对疫病的手段。面对突如其来的疫情,全球化的国际合作必然会增强人类抵抗瘟疫的能力,像港口疫检制度就是在这种情况下应运而生的。当黑死病沿着地中海的贸易路线向欧洲大肆传播时,意大利首当其冲成为瘟疫重灾区,作为贸易重镇的威尼斯和米兰最早实施了港口疫检制度。当地政府要求来自疫区的船只全部停靠在港口隔离，直至隔离期满无病例之后才可靠岸贸易。1383 年，法国马赛港也采取了这种措施，后来欧洲各港口相继效仿。另外，在 18 世纪早期的马赛鼠疫中，法国与西班牙两国制定了国际法，保证疫检合作，也取得了良好的效果。在一次次的瘟疫考验中，人们意识到，充分的国际合作、卫生情报的交换、技术和经验的交流是保障检疫措施有效的不二法门。所以说，虽然疾病的传播摧残了人类健康，但也为我们提供了应对疾病的手段和条件，可以说这是不幸中的万幸。

总的来说，全球化是几千年来人类发展的结果，是人类壮大自己、丰富自己的必要途径，瘟疫是与它相伴相随的"副产品"，任何事物都有正负两面，瘟疫是人类发展必须要付出的代价。因为瘟疫而终止全球化，不是也不可能是我们的选择，更何况全球化还能带来更有效、更全面的抗疫手段。从医学社会史的角度来看，人类的历史其实就是一部不断应对疾病的历史，任何新的疫情都不会彻底扭转全球化的趋势。

问题 7：中国古代的医院是否仅是照顾病患的慈善组织，有没有医治疾病的功能？您能否谈谈为何古代医院没能得到民间拥护和政府扶持，仅是昙花一现呢？

医院在中国古代一直存在，"医院"这个词本身在宋代已经出现了，类似医院的组织机构甚至从先秦时代开始就有了。中国古代虽有"官医"，也有所谓的"医院"，但都不成气候，担负起救治普罗大众之重任的依然是民间医人。少量存在的医院通常需要借助政府力量或宗教势力的帮助，但受时局和政策的影响，它们往往无法持久发展。举例子来说，唐宋时期著名的悲田病坊起建于佛寺，承担收养贫病的义务。在唐武宗灭佛时期，悲田病坊受到了严重打击，其主办权被褫夺，转化为官办。而如大多数官办组织的命运一样，悲田病坊很快就流于形式，因为从当时的文献中我们并未发现在病坊里得到有效救治的充分记载。到了黄巢起义时期，悲田病坊的治疗功能进一步丧失，逐渐变为专门收留乞丐和卖艺人的场所。据记载，当神策军想花钱雇人打仗时，专门赴悲田病坊征兵，因为其中收容了大量乞丐。所以，悲田病坊的功能，从医院变成了慈善组织，最后变为补充兵源的兵站。

中国古代的医疗机构也很难满足民间医疗的需求。以唐代的太医署为例，其中的医师规模很难承担起全民医疗的重任，根据编制额定人数和人口比例推算，长安城内平均每千人拥有太医署医师约 0.33—0.5 人，根本不足以满足百姓需求。地方上虽然也设有"医博士"的职位，但规模更加有限，而且水平不足。唐代的求医者还有贫富之别，医疗资源大多集中在大城市内，只有财力雄厚的病人才会前往求医，普通百姓支付不起昂贵的医疗费用，只能被迫忍受疾病的折磨。到了宋代，地方官医体系逐渐发达，多处医疗机构虽说与前代相比更加受到重视，但人亡政息的特征依旧存在，统治者的好恶依然是决定机构兴衰的关键因素。

除了以上谈到的，在我看来，中国古代的医院"昙花一现"还有几个方面原因。首先是医患关系问题。医院模式必须建立在医者主动、患者从动的医患关系基础上。欧洲中世纪的医院依托于教会，医者具有天然的优势。而在中国古代则相反，患者居于主动地位，医者居于从动地位，从而不利于医院的建设、运作。其次，医院必须要有分科协作，必须要有固定的场所，医院内部也一定要有医学技术交流的平台，但这些东西在中国古代都不存在。这是由于中国古代的医者和其他的技术阶层一样，习惯于技术保密和单打独斗。所以说中国古代的医院只能是"昙花一现"。

问题 8：中国古代医者对于巫术、丹药、蛊毒等依赖神秘力量的治病方法具有何种态度？如何看待古典医学的"迷信"问题？

回答这个问题需要从史料入手来进行考察。我们看到，中国古代大多数医史文献都出自士大夫之手，从态度上来说，这些知识分子秉承儒家"子不语怪力乱神"的思想，对这些神秘的治疗方法敬而远之。但在现实当中，很多士大夫又会将各种法术应用在日常生活中。以士大夫对丹药的使用为例，在宋代内丹理论兴起之前，丹药一度是整个上层社会趋之若鹜的药品，所以不能说士大夫们对这些超自然的治病方法完全反对，只是态度是相当复杂的，即作为一个整体，士大夫群体不愿意承认超自然力的存在，但另一方面他们又会寻求一些超自然的手段达到延年益寿、长生不老的个人目的。托卡托斯的"保护带"理论或许可以说明这个问题。他认为科学研究纲领由硬核和保护带构成，科学家应竭尽一切可能不让硬核遭受经验事实的反驳。如果将这一理论社会化，改头换面，应用到丹药案例中的话，可以说丹药就是硬核，即使士大夫们眼睁睁地看到服用丹药致死了那么多人，却坚信通过这一办法可以长生、成仙。至于为什么会死这么多人？他们的理由就是方法不对，或是由于触犯了某种忌讳，围绕硬核形成了保护带。他们不断地置换保护带，目的就是保护其硬核。那么为何到了宋代内丹压倒了外丹呢？我想是由于丹药历经七八百年的流传，反例占据了大多数，正面的例子几乎没有，从而压倒了丹药的硬核，内丹便取而代之了。

对于中国古代医学的"迷信"问题，现代学术界的确有批判的倾向。传统医史界中的一些人讳言医巫不分的历史，中医的反对者们便抓住这点不放，尤其是以缺乏科学性为由迫使传统医界摆脱这段历史。比如《圣济总录》1962年版就将原书中将近七万字的咒禁术资料全文删除，《千金翼方》1955年版虽然保留了《禁经》内容，但是在《内容提要》中特地提醒读者："由于受历史条件所限，书中有一些不当之处，希望读者正确对待。"事实上，中国古典医学从未与巫术彻底分离，从一定程度上讲，完全排斥和反对咒禁、祝由等术是西学强加的结果，古典医学的指导思想和手段从来都是形而上学的产物，这里面已经孕育着科学的萌芽，而究竟哪一部分是巫术、哪一部分是"科学的"，完全是现代人划分的。人为割裂古典医学与巫术的关系，或者一再强调巫术疗法中的"科学性"，实际上都是徒劳无益的。古典医学脱胎于巫术，也从未打算与巫术分离，更多的是一种并行状态。

问题9：我们注意到您在新媒体平台很活跃，很多"粉丝"都喜欢听您讲历史，您觉得这类工作对大众来说有何意义？您在这一过程中有哪些收获？

我认为历史学来自社会，也必然要回报社会，我们研究的历史学正是古代社会的方方面面，所以活在当下，很有必要给大众普及一些正确的历史知识。此外，在学术普及的过程当中，我们也能够得到一些积极反馈。换句话说，如果我们不跟大众接触，我们也不知道他们是怎样看待历史的，不知道他们有什么样的疑问。有时候问题意识的建构还来自社交平台，他们的反馈让我意识到原来有些看似简单的问题很多人却有疑惑。既然有疑惑，问题便得以建立起来，之后我们再从专业的角度加以解释，这便是问题意识的建构。这对我的研究是非常有益的。

对于大众而言，科普工作能够纠正一些他们轻信的传闻。现代社会中，大家的信息来源非常多元，获取信息的渠道也很便捷，但也难免会接触到一些虚假甚至错误的信息。我在个人社交平台上曾经谈到过华佗与麻沸散、张仲景与饺子等话题，这些原本就是一些虚无的传闻，但由于与普通人的日常生活联系十分密切，久而久之就被默认成为一种事实。对我们从事学术研究的人来说，书读多了，历史学相关研究做得久了，民间传闻即使是不熟悉的领域，也会有一种学术直觉，通常从它的逻辑表述中就能察觉到问题，但要深入钻研的话,还要借助于很多科研成果。但一般非史学专业的民众并不知道什么是科研成果,这就需要科普工作把他们领进门。

问题 10:您的学术成果颇为丰富,您能否在学术创作方面给学界晚辈们分享一些经验?

不敢说有什么经验,其实我的成果不算丰富,因为我发文章的数量并不多,平均每年也就两篇左右。不过我认为年轻人应该有吃苦精神和批判精神。吃苦就是勤奋,这自然不必多说。而所谓批判精神,实际是建立在广泛阅读和掌握前人研究成果的基础之上的,而不是拍脑袋拍出来的,更不能强行标新立异。不迷信权威是对的,但关键在于我们要知道权威的对和错在哪里。如果只是为了颠覆而颠覆,那就成"学术杠精"了。学术界的年轻人还要切记一点,有时候越年轻的学者越喜欢故作高深,怕受到别人轻视,于是就用一些晦涩的语言以及高深的理论来包装自己的学术成果。其实我认为大可不必,把话说清楚,把问题摆出来,把问题解决了,这就是一篇好文章。在史学理论的运用方面也不要太过牵强,理论的运用最好能融入到行文当中,让理论、史料和逻辑充分融合起来,形成一种"润物细无声"的感觉,而不是瓢泼大雨式的书写。

非常感谢您接受采访!

〔于赓哲,陕西师范大学历史文化学院、医学与文明研究院教授,西安710119;文字整理:刘培源,陕西师范大学医学与文明研究院硕士研究生〕

专题研究

古典医学思想的调适与发展*

——普鲁塔克《道德论丛》中的医学文本探析

江　琴　朱仲睿

摘　要：普鲁塔克的《道德论丛》中一些散存的医学文本囊括了对著名医生和患者、疾病预防、各类型疾病情况、致病原因、治疗方法、养生方法、药物应用等有关古典医学的叙述。通过对这些文本的解读可以一窥古典医学在罗马帝国时代的发展状况以及普鲁塔克个人对古典医学思想的调适与发展。

关键词：普鲁塔克；《道德论丛》；古典医学

罗马帝国初期的希腊作家、史学家普鲁塔克（Plutarch，约 46—120 年）为后世留下了两部著作《名人传》（*Parallel Lives*）和《道德论丛》（*Moralia*）。普鲁塔克在《道德论丛》这部散文集里广泛地探讨了政治、哲学、道德、教育等问题。在长期研究中，国内外学者都肯定了《道德论丛》在道德垂训、哲学思辨、政治品格塑造等层面的价值，将其视为普鲁塔克道德和哲学观念的结晶，但通过对《道德论丛》各章节的研究，重新审视普鲁塔克的医学训练经历后，可见分散在《道德论丛》中对著名医生和患者、疾病预防、致病原因、各类型疾病情况、治疗方法、养生方法、药物应用等有关古典医学的记述。普鲁塔克作为罗马帝国时期的希腊人，他不仅努力传承了阿斯克勒庇俄斯（Asclepius）①、希波克拉底（Hippocrates of Cos，前 460 年—?）及科斯学

---

* 本文系安徽省教育厅 2021 年度高校科学研究重点项目"文明交流互鉴视域下的普鲁塔克史学思想研究"（SK2021A0077）阶段性研究成果。

① 阿斯克勒庇俄斯（Asclepius）：古希腊神话中的"医神"，太阳神阿波罗之子，形象为手持蛇杖者，在古罗马神话中被称为埃斯库拉乌斯（Aesculapius）。古希腊有很多医生都自称为"阿斯克勒庇阿德斯"（Ἀσχλεπιάδες/ Asclepiads），意为"阿斯克勒庇俄斯的后裔"。

派(School of Cos)①悠久的医学传统,还在罗马统治者逐渐接受希腊医学的时代背景下,不断调适希腊与罗马医学思想,对后世的医学发展起到了一定作用。

19 世纪中后期,英国医学教育家罗布利·邓格利森(Robley Dunglison)在其所著《医学史》中多处提及了普鲁塔克对古埃及、古希腊和罗马医学家治疗方法和药物应用的记述。② 20 世纪末以来,国外学界日益关注普鲁塔克的希腊、罗马双重背景,试图从微观层面解析其在文明交流互鉴中的作用,部分学者也开始探析普鲁塔克的医学思想及贡献。20 世纪 80 年代末,德国学者达米亚诺斯·茨库拉基斯(Damianos Tsekourakis)在《毕达哥拉斯主义、柏拉图主义或是古代医学? 普鲁塔克〈道德论丛〉所述素食主义之缘由》一文中不仅介绍了普鲁塔克的医学背景,还指出普鲁塔克在研究各学派医学著作后形成了自己的素食主义思想,并要求公正地对待动物。③ 90 年代中期,英国学者理查德·J. 德林(Richard J. Durling)的《普鲁塔克〈道德论丛〉的医学内容》对《道德论丛》中的医学内容进行了目录式梳理,为此后学者的研究提供了便利。④ 丹麦奥胡斯大学教授卢吉·森扎索诺(Luigi Senzasono)探讨了普鲁塔克《养生之道》一文中健康与政治的关系,并就此指出普鲁塔克将健康、道德和治国之道捆绑在一起,其中的政治以比较或类比形式出现,目的在于阐明健康的本质。⑤ 进入 21 世纪,学者们更加系统地探究普鲁塔克的医学思想。德国学者阿尔贝托·乔瑞(Alberto Jori)在系

---

① 公元前 5 到前 4 世纪之间,科学医学开始在古希腊兴起,其中最具代表性的是以希波克拉底为代表的科斯医学学派,相关历史介绍参见 Susan M. Sherwin-White, *Ancient Cos*: *An History Study from the Dorian Settlement to the Imperial Period*, Gottingen: Vandenhoeck& Ruprecht, 1978.

② [英]罗布利·邓格利森:《医学史》,李洪浩、刘淑译,天津:天津科学技术出版社,2020 年,第 8、14、66、73 页。

③ Damianos Tsekourakis, Pythagoreanism or Platonism and Ancient Medicine? The Reasons for Vegetarianism in Plutarch's 'Moralia', *Teilband Philosophie*, *Wissenschaften*, *Technik*. *Philosophie* (*Historische Einleitung*; *Platonismus*), Berlin, Boston: De Gruyter, 2016, pp. 366—394.

④ Richard J. Durling, Medicine in Plutarch's 'Moralia', *Traditio*, vol. 50 (1995), pp. 311—314.

⑤ Luigi Senzasono, "Health and Politics in Plutarch's *De Tuenda Sanitate Praecepta*", in Judith Mossman, *Plutarch and his Intellectual World*: *Essays on Plutarch*, London: Duckworth in association with The Classical Press of Wales, 1997, pp. 113—118.

统分析《养生之道》一文后强调普鲁塔克希望当时的"哲学家"和"政治家"接受医学教育,学习医学概念,倾听医学建议,采取健康的生活方式从而远离疾病,对此后的研究具有重要的启示意义。① 希腊学者埃莱尼·普拉蒂(Eleni Plati)的博士学位论文《普鲁塔克的医学隐喻:以政治和医学为例》通过语义学解读《名人传》《道德论丛》中的大量原始文本,试图厘清普鲁塔克笔下哲学与医学的互动关系。普拉蒂认为,普鲁塔克大量运用隐喻表达其哲学思想,同时视医学为哲学的一部分。普鲁塔克作品中的隐喻不仅是一种文学修辞手法,而且促使读者改变认知方式,有助于他们深入思考医学与政治思想间的联系与交流。②

综上,目前关于普鲁塔克《道德论丛》中所涉及的医学文本研究多局限在《养生之道》一文,鲜有学者从整体上透视普鲁塔克对古典医学思想的调适及其思想在医学、哲学和教育领域的推动作用。本文在前辈学者的研究基础上,试图以希腊和罗马哲学、社会医学的发展状况为背景,通过对《道德论丛》中医学文本的整体解读,以希腊和罗马文明交流互鉴的视角构筑普鲁塔克的古典医学思想。

一、崇敬与传承——普鲁塔克对医者形象的描绘

作为自幼接受了良好希腊传统教育的知识分子代表,普鲁塔克常常流露出对希腊医学的崇敬。在《道德论丛》中,他记录了数位希腊医者,通过描绘其理性的思考、诗意的语言与高超的医术,树立起崇高的形象,以示自身对希腊传统医学的认可与传承。同时,普鲁塔克对医者群体并不持盲目崇敬的态度,他在《道德论丛》中刻画了一些"庸医"的形象以与优秀医者形成鲜明对比,并在面对一些医者的不良行径时进行较为客观的评判。

---

① 参见 Alberto Jori, Medical Popularization and Moral Therapy in Plutarch's Treatise De Tuenda Sanitate Praecepta (Ygieina Paraggelmata), *Medicinanei Secoli*, vol. 19, no. 3 (2007), pp. 667—703. Alberto Jori, Medizinische Bildung für Laien: Der Beitrag Plutarchs, *Sudhoffs Archiv*, vol. 93, no. 1 (2009), pp. 67—82.

② Eleni Plati, "Medical Metaphors in Plutarch: The Example of πολιτικὴ ἰατρεία", PhD diss., Fakultät für Geisteswissenschaften, Universität Hamburg, 2020, pp. 1—2.

(一) 哲思的医者:对希波克拉底的描绘

作为希腊传统医学的奠基者,希波克拉底因打破传统宗教医学的禁锢,寻求科学的治疗方法,创立体液学说被后世传颂。在《道德论丛》的众多文章中,普鲁塔克都曾提及希波克拉底的医学理论和医疗技艺。

《罗马的问题》一文曾引述希波克拉底的话,"(医生)必须正视和接触可怕的事物,将患者的痛苦情绪转化为自身的痛苦情绪"①。普鲁塔克此处以希波克拉底口中的医生与患者关系类比政府和民众关系,引导统治者理解并尊重民众的意志。在《论控制愤怒》中,普鲁塔克通过观察发现,易被愤怒驱使的人在容貌、肤色、步态和嗓音等方面都会发生很大变化,再结合希波克拉底的观点,指出严重的疾病往往源自患者自身容貌的改变。因此,普鲁塔克试图控制自己的怒气,反思自己在朋友和妻儿面前粗鲁失态的形象并以此为戒。② 在与友人们谈论"带有凶眼(一种目视某人或某物而使之遭殃的魔力)之人"(On Those Who Are Said to Cast an Evil Eye)时,普鲁塔克阐释了希波克拉底辩证的健康观念,即身体达到健康的顶峰时,并不能一直停留,而是逐渐下降。当患者认为健康状况彻底好转,甚至超出预期时,他们会惊讶地审视自己的身体,但实际上已过健康顶峰而逐渐走入低谷,而当病情恶化时,他们往往认为自己被施以魔力。普鲁塔克由此得出结论,儿童的健康问题并不能被归咎于那些所谓凝视他们并施以了魔力的人。③ 在《愉快生活的可能》中,普鲁塔克进一步借助希波克拉底"极端优越的体格并不稳定"的论断,驳斥了年轻人身体虚弱、健康受损是"凶眼"所致的观点。④ 此外,普鲁塔克认为,世人应遵循希波克拉底的健康观念,从自身身体状态着手,科学地解释健康问题。至于消化不良和倦怠等问题,根据希波克拉底的理念,没有外在疾病的侵扰而身体仍感沉重和疲劳,大概源自过度饮食所致的饱胀而压迫了体内神经。⑤ 正因如此,世人应节制饮食,以获得良好的体魄。⑥

---

① Plutarch, *The Roman Questions*, 113C.

② Plutarch, *On the Control of Anger*, 455E—F.

③ Plutarch, *Table-talk*, V, 682E—F.

④ Plutarch, *A Pleasant Life Impossible*, 1090C.

⑤ Plutarch, *Advice about Keeping Well*, 127D—F.

⑥ Hippocrates, *Aphorisms*, I. III.

在上述文章中,普鲁塔克不仅表达了对希波克拉底医学理论和医疗技艺的认可,还将其与哲学家并列,突出其医学思想在哲学思考方面的启发性,试图用其医学解释解决实际生活问题,为读者描绘出了一位哲思的医者形象。

（二）生理探索者：对埃拉西斯特拉图斯的描绘

埃拉西斯特拉图斯(Erasistratus,前304—前250年)是塞琉古一世(Seleucus I Nicato,前358—前281年)的御用医生,同时还是一位在亚历山大里亚创立了解剖学校的解剖学家。埃拉西斯特拉图斯通过深入研究人的大脑和小脑来探索心脏、动脉和静脉之间的关系,被誉为西方生理学的奠基人。① 尽管埃拉西斯特拉图斯对人体生理功能的解释与希腊世界主流希波克拉底学派"体液论"不同,但普鲁塔克仍然秉持较为客观的态度,在《道德论丛》中多处摘选了埃拉西斯特拉图斯有关生理功能的阐释,塑造了一位生理探索者的形象。

普鲁塔克在《论子女之爱》中探讨自然与儿童发展之间的联系时引入埃拉西斯特拉图斯的观点,认为自然如能工巧匠般没有任何缺陷和无用之物,儿童也像自然一样已蕴含了良好的品质。② 在讨论"多种食物是否比单一食物更易消化"时,普鲁塔克又介绍了被埃拉西斯特拉图斯称为"神之力量"(the hands of gods)的强效解毒剂,其成分为陆地上、海洋中的矿物、植物和动物。③ 此外,普鲁塔克还大量引述了埃拉西斯特拉图斯在生理功能方面的观点。就"为何喝水可以缓解饥饿,但进食却会加重口渴"的问题,埃拉西斯特拉图斯把水视为营养的载体,水与干燥、沉重、体积大的食物结合,能够让食物变软从而加快消化速度,最终将食物残渣从体内带走。④ 而针对柏拉图的"饮下的酒将通过肺部"这一论断,埃拉西斯特拉图斯给出了两方面反对的理由:一方面,水和食物在胃部混合,变得柔软后才进入下腹部,从而让人体吸收营养;另一方面,由于肺部并不是完全光滑并紧密连接的,当人们喝下 *kykeon*（一种在酒中混入大麦糠和

---

① Nigel Wilson, ed., *Encyclopedia of Ancient Greece*, New York and London: Routledge, 2013, p. 267.

② Plutarch, *On Affection for Offspring*, 495C—D.

③ Plutarch, *Table-talk*, IV, 663C.

④ Plutarch, *Table-talk*, VI, 689F—690B.

碎奶酪的饮料)时,为何大麦不会在肺部卡住? 据此他得出结论,只有未混合的纯酒才能由肺浸透吸收。① 尽管在现代医学视角下这些生理知识显得稚嫩,甚至带有相当的想象和误区,但却体现出埃拉西斯特拉图斯可贵的求真精神。

(三) 客观的审视:普鲁塔克对医者行径的反思

虽然普鲁塔克对以希波克拉底、埃拉西斯特拉图斯为代表的希腊医者群体表达了敬意,但在面对一些希腊医者不合理的做法时他也能秉笔直书。

普鲁塔克对赫罗迪科斯(Herodicus)②的评价承袭自柏拉图。柏拉图笔下的赫罗迪科斯并非一位良医。《理想国》中柏拉图借苏格拉底之口向赫罗迪科斯发难,认为赫罗迪科斯仅是一名教练员且把体操和医术混而为一,这种医疗方法不仅折磨了自己,而且折磨了后人。赫罗迪科斯身患不治之症,依靠长年不断细心照料自己,居然活了很多年,但并未治愈自己的顽疾。他的一生除了治疗自己外,什么都没干,一天到晚就是发愁有没有疏忽了规定的养生习惯;他靠自己这套医术,在痛苦的挣扎中夺得了年老而死的冠军。赫罗迪科斯不知道在有秩序的城邦里,每一个人都有他应尽的职务。人们没有工夫来生病,不可能一生没完没了地治病。③ 柏拉图对赫罗迪科斯的揶揄讥讽跃然纸上,继承了柏拉图思想的普鲁塔克也不认可赫罗迪科斯过度医疗的观点。他认为赫罗迪科斯所患顽疾——"衰弱"(φθίσις)是上天的惩罚。普鲁塔克认为死亡是不可避免的,赫罗迪科斯这种看似逃避衰老、延续了生命的"恶人",只会在惩罚中慢慢变老。④

在医生的职业认知上,普鲁塔克记录过一位名叫佩里安德(Periander)的医生,其因医术精湛受到许多人称赞,同时他也是一位写作蹩脚诗歌的诗

---

① Plutarch, *Table-talk*, VII, 698B—699B.

② 赫罗迪科斯:公元前 5 世纪的希腊医生。在医疗实践中,他不仅要求精致饮食和长期按摩,而且首次将运动与疾病治疗结合起来以维持身体健康,因此也被誉为运动医学的奠基者。一些学者认为,希波克拉底对卫生运动的关注正是受到赫罗迪科斯的影响。参见 Jack W. Berryman, Roberta J. Park, *Sport and Exercise Science: Essays in the History of Sports Medicine*, Urbana & Chicago: University of Illinois Press, 1992, pp. 12—13.

③ [古希腊]柏拉图:《理想国》,郭斌和、张竹明译,北京:商务印书馆,1986 年,第 114—115 页。

④ Plutarch, *Table-talk*, III, 648A—B.

人。阿希达缪斯(Archidamus)医生向佩里安德发问:为何你宁愿被称作拙劣的诗人,也不愿被称作技术高超的医生?① 这里的认知矛盾实则反映出当时希腊医者复杂的心态。医学在广博的希腊文化中并不居于首要地位,希腊人在深层次的意识中并不以担任技术型医者为荣。作为一名医生所需掌握的技艺不仅包括医学知识、运动健身知识,甚至还需要具备演说技艺和哲学思想。公元前 4 世纪以后,希腊医学逐渐衰落,医学中心开始转向亚历山大里亚,医生原有的职业地位进一步下降,这种职业认知冲突也就更加明显。

论及对希腊医学的态度,大部分厌恶手工劳作的罗马贵族认为有文化者开业行医并不体面,他们蔑视希腊医生。在罗马征服希腊后,希腊医学思想和技艺,如医学态度、方法论和医疗实践方面影响日盛,逐步取代了罗马医学。老加图(Marcus Porcius Cato,前 234—前 149 年)对罗马人模仿希腊社会的雕塑、文学和医学颇为鄙视,并认为希腊医学和医生是罗马的重大威胁。② 他曾经写信给自己的儿子马库斯(Marcus):"希腊是粗鲁和邪恶的种族。相信我告诉你的话,希腊人每次带给我们的一些新知识都将使罗马腐化,但是更坏的是他们打发医生来,他们曾发誓要用药杀死野蛮人,而他们就称罗马人为野蛮人。记住,我不许医生到你那里去。"③老加图并不是唯一对希腊医学持不信任态度的罗马贵族,老普林尼(Gaius Plinius Secundus,23—79 年)也称希腊医生在病人床边争吵着会诊,不赞同彼此的意见,因为谁掌握了话语权就掌握了主导权,导致逝者纪念碑上出现"那群医生杀了我"这样黯然的铭文。④

在如此社会环境下,优秀希腊医者的生存空间进一步被压缩,据普鲁塔克记述,他们不仅无法获得患者的信任,还会遭到罗马"庸医"的挑战。马略(Gaius Marius,前 157—前 86 年)双腿都患有严重的静脉曲张,他拒绝了固定双腿的治疗方案而选择让希腊医生手术切除病灶。在成功完成一条腿的

---

① Plutarch, *Sayings of Spartans*, 218F.

② Anonymous, Household Medicine in Ancient Rome, *The British Medical Journal*, vol. 1, no. 2140 (1902), pp. 39—40.

③ [意]阿尔图罗·卡斯蒂廖尼:《医学史》(上),程之范、甄橙主译,南京:译林出版社,2014 年,第 190—191 页。

④ Pliny, *Natural History*, XXIX. V. 11.

手术后,马略却拒绝了就另一条腿的手术建议,认为不值得在治疗中承受如此大的痛苦。① 卢库鲁斯(Lucius Licinius Lucullus,前118—前57年)在竞选成功后沉溺于奢侈享受,强烈反对庞培(GnaeusPompeius Magnus,前106—前48年)艰苦生活的要求。庞培患病后,他的医生却建议在日常饮食中加入画眉鸟(thrush)。② 因当时已经过了繁殖季节,画眉鸟难以捕获,而卢库鲁斯的家中却饲养颇多。庞培怒斥卢库鲁斯的做法并遣散医生,让他的日常饮食不那么复杂难得。③ 由此可见,普鲁塔克虽没有直接表达对医者群体的善恶评判,但其所选取记述的内容已包含了他对当世医者行径的反思。

二、迷思与探求——普鲁塔克对疾病形态的描绘

由于普鲁塔克本人并非医者,其所描绘的疾病形态多数来自他人转述或既往经验的总结,并不能完整还原疾病原貌。在生活实际所遇疾病与经验不相符时,普鲁塔克会产生迷思,但他也积极探求实践以期做出合理的解释。

(一) 对发热的探析

根据希波克拉底的体液理论,"每当胆汁或痰液被加热时,身体的其他部分也会随之加热,这就叫发热"。此外,"那些药物不能治愈的疾病可以用刀治愈。那些刀不能治好的,可用火治好。火仍不能治愈的人可认为是无法治愈的"④。其中的"火"主要指患者发热。当然,这里夸大了发热治愈疾病的能力,但此理论应该受实践观察的启发,一些感染并发高热的患者,因为达到体液均衡,在疾病好转过程中往往会有意想不到的变化。普鲁塔克遵循了希波克拉底的理论,在发热原因、症状、影响等方面做出了一定论述。他认为发热会将体内的水分转换为胆汁。⑤ 随着胆汁过度分泌,患者饮食时会感觉苦涩并失去胃口,看到别人饮食也会不悦。⑥ 春季的发热

① Plutarch, *Sayings of Romans*, 202B.

② 这里的画眉鸟很可能指一种燕科鸟类,罗马本地人把燕子看成治疗脱臼的有效药,他们把燕子拿来当牺牲品。参见[意]阿尔图罗·卡斯蒂廖尼:《医学史》(上),第191页。

③ Plutarch, *Sayings of Romans*, 204B.

④ Hippocrates, *Aphorisms*, VII. LXXXVII.

⑤ Plutarch, *Natural Phenomena*, I, 991E.

⑥ Plutarch, *On Tranquillity of Mind*, 468E.

症状往往最为凶猛,而伴随着炎热夏季的到来,发热将会好转。① 发热会引起脾脏肿胀,但脾脏肿胀后会缓解发热的程度。② 当患者的舌头变得柔软光滑则是身体转好的预兆。③ 当时的医生对可以由明显原因解释的发热并不恐慌,而惧怕原因不明且温度逐渐上升的发热。④ 例如,伴有腹股沟处肿胀的发热并不可怕,但如肿胀消失后仍继续发热,医生就判断患者有更深根源的疾病。⑤

此外,普鲁塔克兼采了埃拉西斯特拉图斯有关发热的论述,即发热是人体主要血管中血液的快速流动,它不以人的意志为转移,如同海洋一般,当猛烈的风吹拂它时,它就会涌动起来,被浪花包围。人的身体也是如此,当血液快速流动时,就会集中在脑内血管里,并在那里产生异常的热量,使整个身体发热。发热是疾病的附属品,受外在的影响,诸如伤口、发炎囊肿,腹股沟脓肿。⑥ 据此,我们可以说,普鲁塔克秉持谨慎态度探讨发热这一病症,并认为有限度的发热能促使身体自愈。

(二) 对各类型疾病的描述

《道德论丛》中记载的疾病类型十分多样,不仅包括各种可视可感的病痛,普鲁塔克还关注到了一些当时难以解释成因的疑难杂症和精神类疾病。

首先是异食癖。普鲁塔克指出当身体患有特殊疾病时,患者就会产生对奇异和有害食物的渴望。⑦ 例如怀孕的妇女常常想吃石头和泥土,晕船的人想吃咸菜之类的东西。吃了这些后,过一会他们又把这些东西吐出来并感到厌恶。⑧

其次是一些特殊病(具有特定病原的疾病)。普鲁塔克记录过因痛风、风湿和溃疡造成的手脚疼痛和肢体腐烂;⑨因男子不洁而患的痛性尿淋沥、痢疾、肺痨和水肿;⑩因无教养生活而致的胸膜炎和脑炎;⑪因麻风和天花

① Plutarch, *Table-talk*, III, 656E—F.
② Plutarch, *On the Control of Anger*, 460D—E.
③ Plutarch, *On the Control of Anger*, 456E.
④ Plutarch, *Advice to Bride and Groom*, 141B.
⑤ Plutarch, *On Tranquillity of Mind*, 468D.
⑥ Plutarch, *Table-talk*, VII, 699E.
⑦ Plutarch, *On Brotherly Love*, 479B.
⑧ Plutarch, *Precepts of Statecraft*, 801A.
⑨ Plutarch, *A Pleasant Life Impossible*, 1087D—E.
⑩ Plutarch, *A Pleasant Life Impossible*, 1090A.
⑪ Plutarch, *Advice about Keeping Well*, 124B.

传染而出现的鳞片状疱疹;①因某种热力效应和血液水分综合作用而产生的淋巴结和腺体肿瘤;②被当时人认为是一种新病种的橡皮病和一旦到了末期就无药可医的狂犬病。③ 在众多病症中,普鲁塔克多次提到癫痫。他认为癫痫是一种由呼吸道狭窄引起的"严重疾病",癫痫症者发病后四肢伸展躺在地上,只有芳香的配制药剂才能使患者苏醒,但也无法根除癫痫。只有理性之人永远不会患上绞痛、痢疾、虚弱和浮肿。④

再次是眼部疾病。普鲁塔克常常关注到眼炎症状,他曾指出由于眼睛暴露在外,所以很容易受到眼炎传染,较之其他疾病更难防治。⑤ 而那些光耀夺目的东西会对发炎的眼睛产生刺激。⑥ 在论及治愈眼炎的方法时,普鲁塔克表示需要割开静脉血管从而恢复视觉功能。⑦

另外还有关于瘟疫的记录。普鲁塔克在解释埃及神话时说到埃及人遵循健康规定,医生相信燃烧那些具有芬芳气味的树木可以让空气变得轻薄以抵抗传染性疾病。在公元前430年的雅典鼠疫中,阿克隆(Acron)医生命令在病人旁边生火,以净化空气,从而救治了许多病人并赢得了巨大的声誉。⑧ 公元前361年,瘟疫让罗马的舞台演员全部丧命,迫使罗马人从伊特鲁里亚(Etruria)调来演员。⑨

此外,还有一些被普鲁塔克记录过的慢性疾病或者病痛很难被推定。但可以肯定的是,普鲁塔克对各类型疾病的探查分散在《道德论丛》各部分中,他或以自己的口吻,或借用医学家、哲学家的视角记述了早前和当世的各类疾病,以引起读者的关注与重视。

(三) 对致病原因的浅析

关于不同疾病的致病原因,普鲁塔克分析得不多,如他劝阻人们不要在

---

① Plutarch, *Table-talk*, IV, 670E.

② Plutarch, *Table-talk*, IV, 664D

③ Plutarch, *Table-talk*, VIII, 731A.

④ Plutarch, *A Pleasant Life Impossible*, 1089E—F.

⑤ Plutarch, *Table-talk*, V, 681D.

⑥ Plutarch, *On Envy and Hate*, 537A.

⑦ Plutarch, *The Divine Vengeance*, 559F.

⑧ [古希腊]普鲁塔克:《论埃及神学与哲学——伊西斯与俄赛里斯》,段映虹译,北京:华夏出版社,2009年,第147页。

⑨ Plutarch, *The Roman Questions*, 289D.

饮酒后再大量饮水,在暴饮暴食后应选择清淡的饮食,从而减少身体里的残留物。因为这些残留物本身就是致病因素,还会增加其他致病因素的效力。①

普鲁塔克并不认可当时已经流行的、后经盖伦(Claudius Galenus,129—216年)总结的"疾病种子"(seeds of disease)②致病论。他认为根本没有所谓特殊的"疾病种子",不可能有一种新疾病违背自然法则从无到有且很难找出其致病原因;除非有人能够证明新的气体、异常的水源或前人未吃过的食物,从外部进入到他的生活中。患病是由于长时间不同的饮食习惯或错误的饮食搭配干扰了身体系统。所谓的新疾病,只是人们对不同干扰形式的新命名。疾病仅是自然规律的一部分。因此,在有限数量的疾病中,其名称的多样性是造成混淆的根源。普鲁塔克对致病原因的思考可能相比于盖伦较为保守,但其中反映了他所调适的来自柏拉图、亚里士多德、毕达哥拉斯等人的哲学思想,即一方面尊重自然的原有规律,另一方面对"新致病原因"的确定要进行对照,只有排除多余事物的干扰,才能最终得出结论,这与今天的实验对照方法有相同之处。

受制于自身认知和社会环境,普鲁塔克对各种疾病形态的描述具有鲜明的时代特征。但值得指出的是,普鲁塔克反对崇信各种医者,从前人著述和现实观察入手,基于哲学思辨,对病因、病程和病态进行相对全面的描绘,通过实践性认知为各种疾病的治疗方法提出个人宝贵建议。

三、教化与破界——普鲁塔克对医学与哲学的调适

《养生之道》一文由普鲁塔克的两位友人摩斯契昂(Moschion)和朱克西帕斯(Zeuxippus)的对话构成。开篇部分,摩斯契昂问朱克西帕斯为何赶走前来参加哲学讨论会的格劳库斯(Glaucus)医生,朱克西帕斯回答说是格劳库斯没有意愿参加哲学讨论会并对哲学介入医学感到不满。由此引出了

---

① Plutarch, *Advice about Keeping Well*, 129E.

② Vivian Nutton, The Seeds of Disease: An Explanation of Contagion and Infection from the Greeks to the Renaissance, *Medical History*, vol. 27, no. 1(1983), pp. 1—34.

哲学与医学的对立,为普鲁塔克从哲学家的视角解析医学与哲学的关系,总结自己的医学和保健思想奠定了基础。

(一) 医学与哲学的界线

格劳库斯是医学领域的佼佼者,朱克西帕斯也承认他应该受到荷马式的赞誉:"高明的医生抵过很多人。"①格劳库斯认为医学与哲学的题目不相为谋,如同"迈西亚人(Mysians)和弗里亚基亚人(Phrycians)的边界",虽然一个在西一个在东,两者还是会接壤。② 这一基于哲学讨论的参与者有关健康生活方式讨论的论断,引起了格劳库斯的鄙夷。这也反映出当时医者的一种普遍观点,即当他们掌握了相关医学知识后,再将医学知识传递给普通民众是不合理的,甚至是非法的。医学与哲学最大的区别就在于医学教育更加专业化,它的目的是培养有资格的医生,民众学习医学知识没有意义,当他遇到疾病时求助医生即可。哲学家作为没有系统学习医学知识的外行人讨论健康生活方式自然也就是越界的。

医学与哲学之间的冲突一直存在,早在公元前 5 世纪,希波克拉底就针对这一冲突提出了自己的看法。他在《古代医学论》中说道,有些医生和哲学家断言,不了解人的人便不可能了解医学。他们说,能恰当治疗病人的人也必须明白这一点。但是,他们提出的问题是个哲学问题,属于恩培多克勒(Empedocles,前493—前432年)等人的领域。他们的书讲自然科学,他们讨论人最初是什么,一开始怎样变成人,人的原始构造中有什么元素这类问题。但希波克拉底认为,那些哲学家和医生就自然科学所说的、写的东西和医学的关系并不大于绘画和文学的关系。此外,他还认为,自然科学确切的知识可通过医学获得,而且没有其他来源。当医学本身能够被完全地、恰当地理解时,人们便获得了自然科学知识。③ 从中可见希波克拉底对医学的骄傲和推崇,而这种论调深刻影响了古典医学发展,格劳库斯也正是在这样的理论背景下要求医学与哲学分界。

---

① 《伊利亚特》中的原文是:"须知一个高明的医生能抵过许多人。他既会拔出箭矢,又会把创伤医治。"这里的医生指能治疗外部和内在疾病的医生。虽然战争中受伤的英雄是由其他英雄医治的,但诗人在《伊利亚特》中会把他们塑造成阿斯克勒庇俄斯的后裔。参见 Homer, *Illiad*, XI, 514—515.

② Plutarch, *Advice about Keeping Well*, 122C.

③ Hippocrates, *Ancient Medicine*, XX.

　　普鲁塔克借朱克西帕斯之口指出,摩斯契昂是一名真正的哲学家,对医学持开放态度,对其他不关注医学只满足于几何、逻辑和音乐方面知识的哲学家予以谴责。医学由于无法让人感受到文雅、声誉和满足,因而处于较低的地位,殊不知医学可以让学生获得最为重要的知识,那就是如何保护他们的生命和健康。哲学家讨论与健康有关的事情,就不能对他们加以越界的指责。哲学家的责任在于消除医学和其他学科的分界线,不能将它们作为单一体进行研究。应将医学方面的素养视为很普通的知识,可以被大家当作不可或缺的题材进行愉悦的讨论。① 但这里需要注意的是,普鲁塔克并不认为医学和哲学之间的界限必须完全消除,其所理解的医学知识核心在于健康的生活方式,消除界限的目的是要求医学家不能垄断相关知识,不能人为地将医学与外界隔离开,因为医学知识关系到每个人的生活,它是医学和哲学关键性的"接壤"部分。

　　这里似乎有一对矛盾,如果一个人与格劳库斯的情况类似,不学习哲学,他仍然可能成为一个优秀的医生;但如果不学习医学,他就不可能成为一个优秀的哲学家。从这个角度看,似乎相较于医学,哲学处于不利地位。然而,普鲁塔克思想中的哲学包含了生活各个领域和一切所需知识,它基于德尔菲神庙的神谕和苏格拉底的呼吁——"认识你自己",人既是认识的主体,也是被发现的客体。所有类型的知识最终都与人相关,构成了一种"全面"的知识,故而包括医学。普鲁塔克试图以一位哲学家的身份,促使这种知识开源并进行教化,但他的教化对象并不是所有人,而是局限于"学者与公职人员",因为在普鲁塔克看来他们更有经验并少有恐惧。② 这种知识教化的受益者,就是我们今天意义上的知识分子群体,因为他们能认识到预防医学和保健的价值,且他们的文化水平能理解这些理论知识,在之后的生活实践中遵循相关建议。

（二）　医学与哲学的调适

　　普鲁塔克在努力打破医学与哲学界线的同时也积极进行两者间的调适,他在《养生之道》中有关预防医学和保健的教育内容大致可分为四个方面:了解自身情况、注重日常饮食、养成良好生活习惯和预防潜在疾病。

---

① Plutarch, *Advice about Keeping Well*, 122E.
② Plutarch, *Advice about Keeping Well*, 137B—C.

　　了解自身情况是学习医疗保健知识的基础,也是控制自身行为的必要条件。普鲁塔克将身体和心灵作为一个统一的系统来审视。一方面要求学习者明晰自己的脉搏跳动规律、体温和体液等情况;另一方面认为相较于身体,心灵(精神)更为坚韧,可以让人获得更高的成就,所以要避免琐碎事务对其产生不良影响。① 此外,普鲁塔克也明确指出要就自身情况向医生咨询相关意见,因为这与日常生活息息相关。

　　在日常饮食方面,普鲁塔克既反对暴饮暴食也反对禁绝饮食。暴饮暴食会使"身体陷入不满和斗争",引起肠炎和腹泻,②而禁绝饮食、阻挠食欲将对身体产生暴力和严重的伤害。因此,相对健康的方式是有节制的饮食,用价廉物美的食物将食欲控制在自然限度内,③针对当时饮宴奢侈浪费的现象,他甚至提出愈是便宜食物愈有益于身体健康的理念。④ 对于饮食的两个重点环节——食欲和消化,普鲁塔克也有独到见解。他赞同老加图"必须尽量运用食物特性,所需数量不得大于带来的负担"的观点,对于固体但富含营养的食物,例如肉类和奶酪、干无花果和煮熟的蛋,一旦食用就要小心;而对于味道清淡的东西,像大部分的蔬菜、家禽和不会太油腻的鱼,要学会享受。⑤ 同时,他指出催吐剂和泻剂除非是紧急状况,不要任意滥用,妄图用药剂排出食物再进食会让各种身体器官受损。⑥

　　养成良好生活习惯的核心要求是"禁欲和自律"。在普鲁塔克看来,健康的身体不会滋生出过于强烈的、难以解决的、无所事事的、无法控制的欲望。⑦ 在此基础上还要配合适当的身体锻炼,如不断地说话,加强口腔和肺部的练习;散步前在温暖的房间中推油按摩、放松肌肉;运动时不要在意旁人的目光,尽量排除体内多余的废物;运动后避免冷水浴等。⑧

　　普鲁塔克将预防潜在疾病作为健康的最后一道屏障。他认为,日常生活中口渴、饥饿是身体处于反常状态的标志。睡眠断断续续不得安宁,在梦

① Plutarch, *Advice about Keeping Well*, 136C—D.
② Plutarch, *Advice about Keeping Well*, 125F.
③ Plutarch, *Advice about Keeping Well*, 125C—D.
④ Plutarch, *Advice about Keeping Well*, 123C.
⑤ Plutarch, *Advice about Keeping Well*, 131D—132A.
⑥ Plutarch, *Advice about Keeping Well*, 134B—C.
⑦ Plutarch, *Advice about Keeping Well*, 127A.
⑧ Plutarch, *Advice about Keeping Well*, 130A—C.

境中看到异常和幻想等于在告知体液过多或过浓,也可能是精神受到刺激。人们经常无缘由沮丧和恐惧、暴躁易怒、苦心于小事等心理问题可能也是疾病的危险预兆。① 当身体产生了问题时,一定要减轻身体负担并尽早就医,不要等到消化不良、腹泻、体温增高和晕眩等症状出现时才采取处理措施,这往往为时已晚。② 普鲁塔克还创造性地指出,探索自己的身体以及向卧病在床的朋友询问致病原因都是预防疾病的有效方式,了解人们日常生活习惯的缺陷和错误,改进自己的过失才不至于再陷入到同样的疾病困境中。③

　　综上所述,普鲁塔克《道德论丛》中所涉医学内容,承启于辉煌的希腊医学,又将其统合于希腊哲学关于人全面发展的框架之下,同时不遗余力地利用道德教化的形式在罗马社会中传播希腊医学的精髓内容。在普鲁塔克对医生与患者、疾病与药物以及预防保健方法等内容的记述中,人们不仅了解到古典医学的发展情况,而且可以汲取一定的养生经验。作为一名非专业医学人士,普鲁塔克的探索和实践精神更值得传承和发扬。他不盲从固有的医学观念,在继承中不断反思、批判,为此后罗马帝国又一医学高峰——盖伦学派的兴起起到了奠基作用;他也为希波克拉底学派和盖伦学派的融通搭建了桥梁,为古典医学的调适和发展做出了独特的个人贡献。

〔江琴,安徽师范大学历史学院讲师,芜湖 241002;朱仲睿,安徽师范大学历史学院硕士研究生,芜湖 241002〕

---

① Plutarch, *Advice about Keeping Well*, 129C.
② Plutarch, *Advice about Keeping Well*, 128F—129A.
③ Plutarch, *Advice about Keeping Well*, 129E—F.

古希腊理性医学的兴起

唐晓霞

摘　要：公元前5世纪下半叶，以希波克拉底为代表的理性医学在古希腊社会获得广泛的认可。理性医学的兴起得益于古希腊哲学的发展。从早期的神话传说到自然哲学的产生，再到关注人本身，哲学的发展为医学的发展奠定了坚实的理论基础。理性医学的兴起对西方医学产生了深远的影响。

关键词：理性医学；自然哲学；《希波克拉底文集》

疾病的产生与人类的发展一直密不可分。无论何时，疾病总是与人相随。为此，医生作为掌握治疗疾病的技艺人在很早以前就存在了。医生的技艺随着社会观念和哲学思想的变迁而得到进一步的发展。随着自然哲学思想的出现，对人体的认识也得到加强，这种认识推动人们去寻求对疾病的新认识和新的治疗方法，由此促成了古希腊理性医学的出现与发展。医学的发展离不开思想的变革，但真正推动医学发展的还是医生，作为"西方医学之父"的希波克拉底就是古希腊医学变革时期的关键人物。希波克拉底和他的学生，以及其他托名的作者，共同著成了由亚历山大学者编撰成集的《希波克拉底文集》。① 这部文集是西方社会的第一部医学巨著，其影响一直延续至今。

---

① 目前《希波克拉底文集》收集最为全面的版本为法国学者利特雷编辑翻译的版本，共有十卷，参见 Littré, *Oeuvres complètes d'Hippocrate*, vols. 1—10。洛布古典丛书现已出版了十一卷，参见 *Hippocrates*, vols. I-XI, Loeb Classical Library。英国学者 Craik 出版了一本介绍《希波克拉底文集》内容与背景的书，参见 E. Craik, *The 'Hippocratic' Corpus: Content and Context*, Routledge, 2014。

一、早期希腊的医学

在早期古希腊人的观念中,自然与神的力量是紧密相关的,他们认为几乎每一个自然现象背后都有着一个主管的神。例如,宙斯是掌控雷电的主神,雷电让人如此畏惧,以致宙斯成为众神之神。他们还认为宙斯是日食的原因,因为"宙斯,奥林波斯的众神之父,当他遮住闪闪发亮的太阳光芒时,白天瞬为黑夜"①。波塞冬作为古希腊的十二主神之一,是主宰海洋的神,古希腊人将地震与海啸的原因归于他。由于奥德修斯伤害了他的儿子,波塞冬愤恨难平,于是在海上发现奥德修斯的踪迹时,掀起海啸,几乎使奥德修斯难逃一死。② 阿波罗和阿尔忒弥斯分别被认为是男人和女人死亡的原因。阿波罗用他的箭射杀男人,而阿尔忒弥斯则射杀女人。这两位神曾因为尼俄柏嘲笑他们的母亲勒托,分别射杀了尼俄柏的六个儿子和六个女儿。在这种观念的影响之下,人们一度把疾病视作神对人的惩罚,不同的神对不同的病负责。因而,治疗疾病的主要方法便是向神进行献祭和祈祷。

荷马在《伊利亚特》开篇描绘了一场极为残酷的瘟疫,这场瘟疫便是由阿波罗所降。阿波罗因阿伽门农侮辱了他的祭司,而怒气冲冲地从奥林波斯山上下到亚该亚人驻军的附近,对着军队连发几箭,将瘟疫降到联军当中。③ 此时,阿波罗是瘟疫之神。不过,阿波罗既可降下瘟疫也能消除瘟疫。当阿伽门农派奥德修斯把祭司的女儿还回去并举行了百牲祭后,阿波罗平息了怒气,停止了造成希腊联军极大伤亡的瘟疫④。阿波罗同时具有致病与治病的双重功能。

神还会因为出于保护或嫉妒某个人而导致英雄的疯狂。古希腊的悲剧中就曾出现好几个这样由超自然能力,即由神力导致的疯狂。例如,雅典娜为了避免奥德修斯受到伤害,使埃阿斯陷入疯狂,在迷乱中,他将那些牛羊当作人杀了,"我使他的眼睛产生了严重的幻觉,使他恶毒的发泄得到了虚

---

① Archilochus, 74. 3.
② Homer, *Odyssey*, 5. 282—96.
③ Homer, *Iliad*, 1. 48—52.
④ Homer, *Iliad*, 1. 430—474.

幻的满足,我使他的怨恨转到了牛羊身上……也是我,在他疯病发作举止狂乱时使他狂上加狂,把他推入了不幸的陷阱"。① 赫拉因为嫉妒而使赫拉克勒斯进入了疯狂状态,后者因为疯狂而将自己的妻儿都杀死了,"赫拉想要叫他染上新的血污,杀害他的孩子……黑夜的未婚女儿,把你的心肠无情地硬起来,叫这个人发狂,使他的心迷乱去杀自己的孩子"。② 彭透斯反对狄奥尼索斯崇拜,他把狄奥尼索斯关进了监狱,后者从监狱出来,使彭透斯的母亲陷入疯狂,在迷乱中,她和同伴将自己的儿子当作狮子撕碎了。③

以上这些疯狂当然比较特殊。但由此可见,在古希腊人的观念中,神具有使人陷入疯狂的能力。在《神圣病论》中,作者提到了癫痫发作时,其不同症状与其相对应的神:

> 如果病人像一只山羊般吼叫,或者右侧痉挛,他们就说这是众神之母之过。如果病人说话断续不清且大声哭喊,他们就把病人比作马,而去责怪海神波塞冬。如果病人发病频繁,而且身体削瘦得像鸟,他们则把罪归咎于阿波罗·诺米俄斯。如果病人口吐白沫,乱踢,战神阿瑞斯就会遭到谴责。当人们晚上害怕、恐惧、谵语,从床上跳起来到外面乱跑,他们就说是赫卡忒在攻击,或者说是英雄们在突袭。④

在这种因神致病的观念之下,病人要解除痛苦,只能通过祈祷献祭等途径向神寻求和解,让神平息愤怒,停止惩罚,以重获健康。不过,这一观念后来又发生了转变,疾病由特定的神导致变成了无差别的外部威胁。根据赫西俄德的说法,疾病作为众神的礼物之一被潘多拉从奥林波斯带到人间,当潘多拉打开盒子后,疾病便开始肆虐,他们四处游荡,给人带去痛苦。⑤ 疾病不再是神对某个特定的冒犯了他们的凡人的惩罚,而是对所有人类的惩罚,它具有随机性。在这种情况下,人类更是祷告无门,因为疾病是随机的,不是因为他们冒犯了神,所以祈祷与献祭都失去了作用,人们只能默默地忍

---

① Sophocles, *Ajax* 51—60.

② Euripides, *The Heracleidae* 831—840.

③ Euripides, *Bacchae*.

④ Hippocrates, *On Sacred Disease*, 4.

⑤ Hesiod, *Works and Days*, 102—103.

受着来自众神的"赠礼"。

　　当然,在人们把疾病视作来自神的惩罚或是外在的威胁同时,医生并非毫无用武之地。在荷马时代,医生作为当时最令人尊敬的三个职业之一,获得了很大的荣誉。例如在特洛伊战场上伊多墨纽斯要求涅斯托尔去救马卡昂时就曾说,"因为一个医生能抵许多别的人,他既会拔出箭矢,又会撒上温和的药"①。从伊多墨纽斯的话可以看出医生在战场上的重要性。

　　由于战争频发的缘故,荷马时代的医生在创伤治疗上积累了一定的经验。古希腊人交战使用的多半是冷兵器,如弓箭、刀、枪和剑。这些兵器的使用因距离的不同而产生不同的结果,一般而言,距离越大,其致命性就越低。在《伊利亚特》中,接受治疗的英雄们通常所受之伤都是箭伤或是枪伤,这是因为枪和箭在使用时都有一定的距离,不容易致命。虽然不致命,但这些创伤也必须得到及时的医治,否则伤口会很容易因感染发炎而变严重。荷马提到神医派埃昂医治哈德斯②、马卡昂医治墨涅拉奥斯③和帕特洛克罗斯医治欧律皮洛斯④等事例,这三例处理的都是箭伤,且治疗手法基本相同。他们治疗伤口的过程为:首先处理伤口,如拔出箭矢;接着清洗伤口;最后敷上药膏。不过神与人的治疗也有不同之处。神医派埃昂医治的对象是神,他们没有血液,所以不需要处理伤口,而是直接敷上药膏就行了。但人在敷上药膏前,还必须对伤口进行清理,唯有这样才能保证伤口不会受到感染。古希腊人已经懂得研磨某些草根作为解痛止血的药剂。帕特洛克罗斯在为欧律皮洛斯治疗时就当场把草根研磨成药膏来治疗创伤。

　　古风时代的作品提到医生不仅能治疗创伤,还能治疗其他疾病。来自底比斯的抒情诗人品达(Pindar)曾这样描述阿斯克勒庇俄斯的医学技艺:

所有来到他这里的人,或是遭受着天然的痛苦,　　　　　　　　47
或是四肢被灰铜器
或被从远处发射的流石所伤,
还有人的身体因夏天的炎热　　　　　　　　　　　　　　　　　50

---

① Homer, *Iliad*, 11. 514—515.

② Homer, *Iliad*, 5. 395—402.

③ Homer, *Iliad*, 2. 213—219.

④ Homer, *Iliad*, 11. 844—848.

> 或冬天的寒冷而受到损害,他治好了他们,
> 解除了他们的各种痛苦;他用温和的符咒
> 治疗一些人,给另一些人喝温和的药物,
> 或者把草药敷在他们身体的
> 各个部位;他还通过手术使一些人恢复健康。①

根据上面的叙述,可将疾病分成三类:没有明显原因的自生疾病;外部创伤;由气候所引起的疾病。阿斯克勒庇俄斯采取了不同的方法来医治这三类疾病。他用符咒治疗由不明原因产生的疾病,用药剂和药膏来治疗外部创伤和因气候引起的疾病,还用一些辅助手段来治疗创伤,如通过手术取出留在身体里的箭头或矛头等武器。品达的三种疾病分类表明疾病已经不再被认为是神的惩罚,疾病的产生源于自然或是来自外部,如外部器物造成的创伤或是气候变化引发的损害。这一疾病观念的转变主要与当时的哲学发展有关。

二、自然哲学的兴起与理性医学的萌芽

古希腊历史学家希罗多德在《历史》一书中提到公元前 6 世纪希腊最好的医生是克洛同人,仅次于他们的是库列涅人。② 波斯与希腊的第一次接触便是源于一名来自克洛同的医生——戴谟凯代斯(Democedes),希罗多德称他为"当代最高明的医生"。戴谟凯代斯是希腊文献中记载的第一位公共医生,他曾先后受聘于埃吉纳、雅典和萨摩斯,直接从城邦获得薪资。③ 在萨摩斯做公共医生时他被波斯人俘获成为了奴隶。成为奴隶后,他因为治好了波斯国王大流士因扭伤发炎的脚获得了重视,他还治好了大流士妻子胸口的肿物。④ 治好王后之后,戴谟凯代斯设法回到了他的故乡克洛同。

---

① Pindar, *Pythian Odes*, 3. 47—52.

② Herodotus, *The Histories*, 3. 131.

③ Herodotus, *The Histories*, 3. 131. 1—2.

④ Herodotus, *The Histories*, 3. 129. 1—130. 5; 3. 133.

克洛同是毕达哥拉斯学派所在地。公元前 6 世纪早期,来自萨摩斯的毕达哥拉斯在这座位于意大利南部的城市创建了毕达哥拉斯学派。毕达哥拉斯学派主张平衡的观念,他们认为健康就是各方面的均衡,因此提倡要注意日常饮食和摄生。古希腊第一个留有医学作品的哲学家阿尔克迈翁(Alcmaeon of Croton)同样诞生于克洛同。相传阿尔克迈翁是毕达哥拉斯学派的一员。① 阿尔克迈翁不仅学习了毕达哥拉斯学派的思想,还吸收了伊奥尼亚学派的哲学观念。

公元前 7 世纪末,在小亚细亚的米利都出现了古希腊第一位哲学家泰勒斯。泰勒斯首先提出"水为万物之原"②,事实上,泰勒斯的哲学思想与当时流行的有关大洋神俄刻阿诺斯(Oceanus)的观念有相似之处。荷马曾说众神的始祖为俄刻阿诺斯,始母则为忒提斯,③这两位神都是海洋神。根据赫西俄德的说法,俄刻阿诺斯是盖亚与乌拉诺斯第一个生出来的孩子。④亚里士多德提到远古希腊人是以神话方式来表达他们的宇宙观念,即水是神圣之本,"他们以俄刻阿诺斯(大洋神)和忒提斯(Tethys,海洋女神)为创世的父母,而且叙述众神皆以水起誓,并假之名号曰斯堤克斯(Styx)"。⑤他还指出,"泰勒斯曾这样指称了世界的第一原因"。⑥ 泰勒斯的故乡米利都所属的伊奥尼亚地区和整个希腊世界都处在地中海的包围当中,他们的生活与水紧密相联,这也容易让人联想到水包围着陆地。泰勒斯认为水是万物之源的观念与当时流行的神话观念是具有相似性的。然而,不同的是,泰勒斯的指称是具有物质形态的水,而非抽象的神。水是所有生命的源泉,人体的产生与滋养均离不开水。

----

① 关于这个说法,学界尚有争议。有学者以毕达哥拉斯的传记作家杨布里库斯(Iamblichus)和第欧根尼·拉尔修斯(Diogenes Laërtius, *Lives*, VIII, 83.)的记载为证据,认为阿尔克迈翁属于毕达哥拉斯学派,而有学者则以亚里士多德(Aristotle, *Metaphysics*, 986a22—986b1)的记载为依据,认为两者的观点是对立的,因而他不属于毕达哥拉斯一门。具体讨论参见 James Longrigg, *Greek Rational Medicine: Philosophy and Medicine from Alcmaeon to the Alexandrians*, Routledge, 1993, pp. 48—50。

② Aristotle, *Metaphysica*, 983b20.

③ Homer, *Iliad*, 14. 201.

④ Hesiod, *Theogony*, 133.

⑤ Aristotle, *Metaphysica*, 983b27—30.

⑥ Aristotle, *Metaphysica*, 984a3,译文参见亚里士多德:《形而上学》,吴寿彭译,北京:商务印书馆,2020 年,第 9 页。

阿那克西曼德(Anaximander)和阿那克西美尼(Anaximenes)同样来自米利都,两人是师生关系。阿那克西曼德认为万物的本原是"无限者"(apeiron),这无限者可以为原则或元素。阿那克西美尼把"气"视作第一元素。他甚至从这个第一元素来推断下雨的自然原因,认为雨是由很多云"挤出来"的,由此否定了认为宙斯制造雨的传统观念。这两位哲学家对自然和自然气象的认识破除了神操控自然能力的观念。

阿尔克迈翁进一步发展了毕达哥拉斯和伊奥尼亚哲学家的思想。阿尔克迈翁认为人体的健康由几种质料所决定,当这些质料的力量保持均衡时,人是健康的,而一旦均衡被打破,人就会生病:

> 健康就是由各种力量的均衡所维持的,这些质料包括潮湿、干燥、冷、热、苦、甜等等,这些力量只要有一个突出就会引发疾病,任何一个的突出都具有破坏性。疾病的原因是过多的冷或热,营养过剩或缺失,这些力量位于血液、骨髓或大脑当中。对某些人而言,病因源于外部,比如:水的性质、令人疲倦的环境或是对所有人几乎相等的自然规律。健康是各种质料的协调混合。①

阿尔克迈翁的疾病观念颠覆了此前认为疾病为外来物的观念。根据阿尔克迈翁的说法,疾病产生自人体内部,它是人体内各种质料失衡所导致的结果。阿尔克迈翁还将人体与自然类比,他把人体当作与自然这个宏观世界相对应的微观世界。阿尔克迈翁是第一位提出把人体解剖当作一种观察手段的哲学家,②这为了解生物的本质提供了一种方法。③

在距离克洛同不远的西西里还有一位关注医学的哲学家,他就是恩培多

---

① H. Diels and W. Kranz, *Fragmente der Vorsokratiker*, 1952, Aëtius tius, V 30, 24B4.

② 公元 4 世纪柏拉图的译者和评述家 Chalcidius 认为阿尔克迈翁是第一个把人体解剖当作观察手段的哲学家,然而现代学者 G. E . R. Lloyd 认为阿尔克迈翁做的应该是动物解剖而非人体解剖,Longrigg 认为 Lloyad 的说法缺乏说服力,阿尔克迈翁做的就是人体解剖。参见 G. E . R. Lloyd, "Alcmaeon and the early history of dissection," *Sudhoffs Archiv für Geschichte der Medizin und Naturwissenschaften*, 59 (1975), pp. 116ff; James Longrigg, *Greek Rational Medicine. Philosophy and Medicine from Alcmaeon to the Alexandrians*, Routledge, 1993, pp. 59—60.

③ 洛伊斯·N. 马格纳:《医学史》(第二版),刘学礼主译,上海:上海人民出版社,2009年,第 77 页。

克勒,与阿尔克迈翁停留在医学理论上的研究不一样,他同时还是一名医生。恩培多克勒认为医学一定不能仅限于对疾病现象的经验观察,还要把疾病放在整个自然当中进行观察。恩培多克勒把阿尔克迈翁提出的多种质料限定为四个元素,即气、水、土和火,这四种元素又分别与传统的两对对立特质相对应,气对应冷,水对应湿,土对应干,火对应热。恩培多克勒认为这四种元素就是构成人体的成分,例如,"肉是由均等的四种元素混合而成;腱是由火和土与两部分的水混合而成"。[①] 他主张把自然当作一个有机整体进行研究,并发展了早期生物哲学和生理学,特别是与呼吸、生产、出生与死亡有关的内容。恩培多克勒的四元素说对希波克拉底的体液学说产生了直接的影响。

以上这些都是前苏格拉底哲学家的自然哲学思想以及他们在医学方面的相关认识。这些思想打破了古希腊人对超自然能力的想象,人们开始试图以一种朴素的唯物主义方式去认识自然,摆脱了因神而造成的下雨、日食或地震等现象的观念,也摆脱了因神致病的观点。对人体的认识也从阿尔克迈翁的各种质料进一步发展到恩培多克勒的四元素,这为理性医学的兴起提供了坚实的理论基础。

三、理性医学的兴起

公元前 5 世纪到公元前 4 世纪,古希腊的医学发生了重大的转变,以科斯医学为代表的理性医学开始兴起。[②] 科斯岛位于靠近小亚细亚的爱琴海东边,古希腊最著名的医生希波克拉底便诞生于此岛。在希波克拉底诞生之前,他的家族已在此岛行医多年,不过在希波克拉底的发扬光大之下,科斯医生终于成为公元前 4 世纪古希腊最为著名的医生群体。《希波克拉底文集》是科斯医学成就的集中体现。由于这部文集并非希波克拉底一人所著,因此著文者又可统称为"希波克拉底医生"。

希波克拉底被后人尊称为"西方医学之父"。他出生在一个医学世家,医术由其父亲赫拉克里德传授,但希波克拉底的成就远远地超出了他的父

---

① Empedocles, DK31A2.

② E. D. Phillips, "Doctor and Patient in Classical Greece," *Greece & Rome*, vol. 22, no. 65 (Jun. 1953), p. 70.

亲。据记载,他还师从其他的医生和哲学家。在希波克拉底生活的时期,希腊出现了许多开门授徒或者四处演讲以吸引学生的智术师。希波克拉底也不例外,他广招学徒,其中最为知名的一个学生是波吕克勒斯。波吕克勒斯后来成为希波克拉底的女婿,在希波克拉底离开科斯之后,他继续在岛上行医与教授医学。科斯医学最大的成就是提出了一套适用于解释人体构造的理论。

在古希腊,不少哲学家与医生都曾试图解释人体的构成。有人认为构成人体的要素是血液,有人认为是胆液,也有人说是黏液。一开始,不少人主张人体是由单一要素构成的,虽然他们提出的要素各不相同,不过都属于液体。波吕克勒斯在其《自然人性论》一文中把前人的观点综合在一起,认为人体是由黑胆汁(black bile)、黄胆汁(yellow bile)、黏液(phlegm)和血液(blood)四种体液组成的,这就是著名的"体液论"。这四种体液分别与气、水、土、火四种元素相对应,具有冷、湿、干、热四种属性。① 当构成人体的这些要素的量和能适当结合且充分混合时,人体便处于完全健康的状态当中,当这些要素之一过多或过少,或分离出来不与其他要素结合时,人体便感到痛苦,这样就出现了所谓的疾病。②

人体要素的变化与自然环境和气候的变化息息相关。因为四种体液具有的四种属性会随着气候的变化而变化,而属性的变化又会引起体液的变化。通过对人体四种体液的观察,医生可以判断每个季节最易出现的疾病。例如,冬天人体内最冷的成分黏液增加,因此疾病一般呈黏液性;春天人体内的黏液仍有很多,但与此同时,血液也在增加,因此赤痢和鼻衄最常见。夏天血液还很盛,但胆液增加,并一直持续到秋天,故而夏秋两季胆液在体内盛行,发热和中风就具有这种性质。秋天是黑胆液最多最强的时候。这四种体液构成人体,它们随着一年四季的变化而在人体进行着相应的变化,随着冷、热、干、湿的作用而有着相应的消长。③ 因此,医生在治疗疾病时要尽可能使用各种符合时令的方法,这样才能保证最有效。

鉴于外部环境对体液变化有着非常大的影响,希波克拉底强调医生要格外注意外部环境。在《气候水土论》一文中,希波克拉底提到,医生在抵

---

① Hippocrates, *Nature of Man*, 2—4.

② Hippocrates, *Nature of Man*, 4.

③ Hippocrates, *Nature of Man*, 7.

达一个地方后,要首先考察当地的气候、水质和土壤。考察气候就是要了解
当时是什么季节,盛行何种季风,这样有助于医生判断有可能会盛行的季节
病;水质和房屋的朝向都是重要的考察要素,因为这些都会影响病人的病
情。除此之外,他还要考察当地流行的地方病。《格言论》的作者总结了当
时一年四季的多发病和恶化病。春天常见的有忧郁症、感冒、癫痫和狂躁症
等;夏天常见的为持续热、疟性热、口腔溃疡和多汗症;秋天还可以见到多数
夏天的疾病,但盛行的主要是三日热、痨病、痢疾和腰腿痛等;冬天随着气温
的降低,则多见胸膜炎、肺炎、感冒和中风等疾病。① 这些季节性疾病是一
个好医生必须牢记于心的。另外,不同年龄段常见的疾病也各有不同,作者
仔细地列出了每个年龄段所易患的疾病,像婴幼儿多见口疮、呕吐、不眠和
惊吓等症状;老年人则多见呼吸困难、关节痛、胃痛、中风和白内障等。②

　　不同的风对城邦居民的健康也有不同的影响。一个面朝热风的城市
(也就是面朝南方),当热风不断且避开北风时,当地的水通常会很丰富,而
且水位也会很浅,这种水冬冷夏热,在这里居住的妇女容易患月经过多,还
会多因病不孕或容易流产;儿童则易患痉挛和气喘;男人易患痢疾、腹泻。
冬天,这个地方会有急性或慢性发热,许多人患湿疹和痔疮出血。这些就是
这个地方易流行的疾病。另外,在西南地区,刮来的南风干燥,不利于健康;
朝北的房子,则容易因北风而引起居住者的紊乱和疾病。城镇背面有洼地,
或北面面向岛屿时,这个地区被夏风吹热,也容易令人患病。③

　　有些城市与之相反,它们在夏季的白天面向冷风(北风),也能避开从
南方吹来的热风。这些地方的水通常硬而凉,当地常见的地方病有:胸膜炎
及其他被认为是急性的疾病。朝向日出方向(东方)的城市,其居民常较坐
北朝南或坐南朝北的城市居民要健康。这里生长的一切东西都较他处为
好。因为这里天气冷热适度,水清洁、味甜、质软,很令人喜爱;而朝向日落
方向(西方)的城市则易受东方袭击,热风和冷风同时刮过这里,这些城市
处于最有害健康的地方,这里的居民易患各种疾病。④

　　上文提到水质对于人的健康有很大的影响,无论何时,水对于人而言都

①　Hippocrates, *Aphorisms*, 3. 20—23.

②　Hippocrates, *Aphorisms*, 3. 24—31.

③　Hippocrates, *Airs*, *Waters and Places*, 3.

④　Hippocrates, *Airs*, *Waters and Places*, 5—6.

是必不可缺的。对于水质的研究极为细致,《气候水土论》一文还仔细地分析了不同的水对人健康的影响。水可以给人健康,水也可以使人患病。泉源朝向东方的泉水是最好的,那些咸水、涩水和硬水都不宜饮用,水如果要饮用必须先煮沸、净化。冰水和雪水最不适宜饮用,因为结石、肾病、痛性尿淋沥、腰腿疼和疝等常见疾病与饮水关系十分密切。①

以上这些关于人体健康与外部环境的阐述是希波克拉底医生基于其丰富的观察经验所得出的结果。希波克拉底强调观察的重要性,他以事实和经验作为医疗实践的依据,不仅关注病人本身,还关注病人的居住环境。通过这些观察,他们得以进一步探讨人体本身,从而更好地理解人体构成要素与外部环境之间的关系,然后针对不同的情况为病人排除病痛。

药物、烧灼术和摄生法是古希腊医生常用的治疗手段,他们偶尔也会采用手术进行治疗。其中,通过药物进行催吐或是排泄是最常用的治疗手段,因为根据"体液论"的说法,疾病源自体液不均衡。为了使病人的体液恢复均衡,医生会采用清泻、催吐或放血疗法。根据希波克拉底的说法,医生给病人服下祛黏液药,他就吐出黏液;给他祛黄胆汁,他就吐出黄胆汁;给他服祛黑胆汁,他就吐出黑胆汁。② 这些治疗方法一定程度上可以帮助病人排除毒素,但另一方面也使得病人变得更为虚弱,尤其是当病人做完手术后还要继续接受上吐下泻的药物疗法,那更是一种折磨。即便如此,因为"体液论"为人体的运行提供了一套可行的解释,它成为了理性医学最重要的理论成果。

除了对身体要素构成的探讨,希波克拉底还提到人体的中心是大脑。"大脑中心论"(encephalocentrism)的说法最早源于阿尔克迈翁,他认为所有的感觉均以某种方式与大脑相连接,人的智力所处之地也是大脑。③ 除了阿尔克迈翁之外,希彭(Hippon)、阿那克萨戈拉斯、狄奥戈尼斯(Diogenes)和以德谟克利特为代表的原子论学派都认为思想源自大脑。④ 希波克拉底进一步强化了这一观念,在《神圣病论》一文中,他明确说道:

---

① Hippocrates, *Airs*, *Waters and Places*, 7—9.

② Hippocrates, *Nature of Man*, 5.

③ H. Diels and W. Kranz, *Fragmente der Vorsokratiker*, 1952, 24A5；24A13.

④ James Longrigg, *Greek Rational Medicine*：*Philosophy and Medicine from Alcmaeon to the Alexandrians*, Routledge, 1993, p. 56.

"人只有通过大脑才能产生愉悦、快乐、欢笑或诙谐，伤心、痛苦、悲哀或痛哭。只有通过大脑，我们才能思考、能看、能听，能分辨美丑、善恶、好坏。"①柏拉图同样主张感觉源自大脑。②

亚里士多德不认同以大脑为中心的观点，他认为心脏才是人体的中心，这一理论被称为"心脏中心论"（cardiocentrism）。亚里士多德否认大脑为人体中心的观点，理由如下：一、脑部无肌肉，脑质无感觉；二、任何无血动物皆无与脑相似的部分；三、大脑是最冷最湿的部分，无血。③ 亚里士多德支持作为大脑对体的心脏才是人体的中心的观点。亚里士多德并非"心脏中心论"的首位提出者，早在公元前 6 世纪，恩培多克勒斯就已经提到人的思想位于心脏，因为血环绕在心脏周围。④ 不过，亚里士多德在前人的理论基础之上，做了进一步的阐述。他提到心脏位于身体的中央，⑤是味觉与触觉的寓居之地。⑥ 心脏的一般运动引起思想，心脏的特殊运动则引起人体的各种不同的情绪。⑦ 感觉的中心在心脏，⑧而梦源于灵魂的感觉机能的活动。⑨ 亚里士多德认为人体的器官都是因其功能而演变的，即人体的器官都有其目的。

希波克拉底认为人体各个部分的血管都通向大脑，这些血管中，大部分血管都是细的，不过也有两条粗的：一条来自肝脏，一条来自脾脏。在没有发现血液循环和神经系统之前，只能通过血的聚集来解释思想所在地。希波克拉底认为思想在大脑是正确的，但是他无法提供令人信服的证据，因为当时对神经系统的认识还相当不足，而与之相反的是，亚里士多德因其更为"科学的"解释使得"心脏中心论"的说法获得了更多的认可。

狄奥克勒斯（Diocles of Carystus）试图把希波克拉底医学和亚里士多德

① Hippocrates. *On Sacred Disease*, 17.
② Plato, *Phaedo*, 96b4—7.
③ Aristotle, *On Sense and the Sensible*, II, 439a1—4.
④ H. Diels and W. Kranz, *Fragmente der Vorsokratiker*, 1952, 31B105.
⑤ Aristotle, *Parts of Animals*, III. 4. 665b19—21.
⑥ Aristotle, *On Sense and the Sensible*, II. 439a1; *Parts of Animals*, II. 10. 656a30.
⑦ Aristotle, *On the Soul*, I. 4, 408b5—9.
⑧ Aristotle, *Parts of Animals*, II. 10. 656a29.
⑨ Aristotle, *On Dreams*, 459a23.

的动物学和哲学理论结合在一起。狄奥克勒斯是古典时期名声仅次于希波克拉底的医生①，他被雅典人称为"小希波克拉底"（the younger Hippocrates），他熟知希波克拉底和亚里士多德的作品。狄奥克勒斯所写的医学作品涉及范围非常之广，包括解剖学、病理学、绷带学、妇科学、胚胎学、外科学和摄生法等领域。由于狄奥克勒斯留下的作品是残篇，大部分散见于盖伦、奥利巴修斯（Oribasius）和索拉诺斯（Soranus）等人的医学作品当中。② 根据盖伦的说法，狄奥克勒斯是第一个编写解剖学指南的人，③他把人体研究和动物研究进行比较，延续亚里士多德的说法，对人体结构进行了目的论的解释。狄奥克勒斯把大脑、心脏和灵魂结合在一起，他认为心脏是思想或灵魂的所在地；但对于一个活着的生物来说，要锻炼其感官和智力能力，似乎有必要让气从心脏开始，向上移动到头部和大脑。④ 这是狄奥克勒斯为融合"大脑中心论"和"心脏中心论"所做的努力，然而他的工作并不成功，因为关于心脑何者主宰身体的争论持续了相当长的一段时间。

四、理性医学的影响

随着对自然探索的哲学观念的产生，人逐步开始认识自身，尤其是个体的身体。越来越多的哲学家开始关注身体的构成因素，科斯的希波克拉底结合前人的理论提出"体液论"，正式为人体的构成做出了一种医学上的解释。虽然到今天这当中的许多理论已不再适用，但这是当时最为先进的医学理论，它使人们摆脱了因神致病的疾病观念，以相对科学的观念来看待人体和疾病。

希腊化时期，希腊的医学得到进一步的发展。来自亚历山大里亚学派的赫洛菲罗斯（Herophilos）和埃拉西斯特拉图斯（Erasistratus）便是当时最

---

① Pliny, *Natural History*, 26. 6.

② Philip J. van der Eijk, *Diocles of Carystus: A Collection of the Fragments*, vol. 1, Brill, 2000, p. vii.

③ Galen, *On Anatomical Procedures*, 2. 1.

④ Anonymus Parisinus, *De morbisacutis et chroniis*, 5; Philip J. van der Eijk, *Diocles of Carystus: A Collection of the Fragments*, vol. 2, Brill, 2000, p. xxviii.

为杰出的代表。

赫洛菲罗斯是科斯岛的普拉萨戈拉斯(Praxagoras of Kos)的学生,后者是希波克拉底的学生。普拉萨格拉斯在临床和病理学方面坚守希波克拉底传统,他在希波克拉底的体液论的基础上又添加了其他的体液,认为所有疾病的产生均由这些体液的不均衡引起①。普拉萨格拉斯区分了动脉和静脉。神经系统的发现与动脉和静脉的区分对医学而言意义重大。赫洛菲罗斯最大的贡献是发现了神经系统②,他还区分了感觉神经(sensory nerves)和决定神经(decision nerves)。亚里士多德之所以无法正确认识大脑的功能就是因为他没能发现神经系统。通过神经系统的发现,赫洛菲罗斯有力地驳斥了"心脏中心论",进一步证实了希波克拉底所秉持的"大脑中心论"。赫洛菲罗斯还有一个很大的贡献是他提出了脉搏理论,通过脉搏的跳动和水钟的运用,他可以测量发热病人的体温。③

埃拉西斯特拉图斯在赫洛菲罗斯的基础上修改了神经系统的区分,他把神经系统划分为感觉系统和运动系统。通过活体解剖,埃拉西斯特拉图斯发现了心脏瓣膜,并由此认识到心脏是由心脏瓣膜构成的双汞组织。埃拉西斯特拉图斯认为疾病是由于局部血液过量,即多血症(paremptosis)引起的,然而他并不主张使用放血疗法来治疗疾病,而是提倡使用催吐法进行治疗。④ 埃拉西斯特拉图斯摧毁了亚里士多德对人体的目的论解释,认为人体的许多器官都是无目的的。

赫洛菲罗斯和埃拉西斯特拉图斯的解剖学遭到了经验学派的强烈攻击。公元2世纪,虽然盖伦试图在希波克拉底的临床医学、亚里士多德哲学和亚历山大里亚的解剖生理学之间寻得一个平衡,但这个平衡并未达成,希波克拉底医学仍占据了主流。

总之,希波克拉底派医生使医学成为了一门独立的学科,使之不同于其他的技艺,也不再依附于自然哲学,他们提出了体液论,强调在医疗实践中

① Mirko D. Grmek, *Western Medical Thought from Antiquity to the Middle Age*, trans. Antony Shugaar, Harvard University Press, 1998, p. 80.

② Heinrich von Staden, *Herophilus: The Art of Medicine in Early Alexandria Edition*, Cambridge University Press, 1989, p. 159.

③ Mirko D. Grmek, *Western Medical Thought from Antiquity to the Middle Age*, pp. 88—89.

④ Mirko D. Grmek, *Western Medical Thought from Antiquity to the Middle Age*, p. 96.

注重经验和观察。这种将理论与实践相结合的理性医学突破了早期宗教医学的禁锢,为之后医学的科学发展奠定了基础。

〔作者唐晓霞,复旦大学历史系博士研究生,上海 200433〕

中世纪欧洲大学生环境与卫生观念初探

张　倩　周美玲

摘　要：本文对中世纪欧洲大学生的环境与卫生观念进行探究。首先阐述了城镇环境与卫生状况如何影响着作为城镇居住者的大学生的卫生观念的形成。其次论述了大学生对城镇的水、噪音和空气污染及街道卫生状况的看法。再次对大学生个人卫生以及宿舍和园舍卫生情况进行了论述，认为当时已有诸多大学生养成了卫生习惯，园舍卫生也因学校和市政府的努力而得到维持。中世纪欧洲大学生勇于对城市糟糕的环境与居民们的不卫生行为与观念提出批判，在一定程度上推动了城镇环境与卫生状况的改善。

关键词：卫生观念；欧洲大学生；中世纪；城镇环境

中世纪欧洲大学通常都建在城镇之中，因此大学生就成为了城镇居民的重要组成部分，甚至像在牛津这样的大学城中，大学生还构成了城镇居民的大多数。那么，作为居住于城镇中的大学生，他们对于其所在城镇的环境卫生有着怎样的看法？对于这一问题，学术界却鲜有讨论。尽管城市史和大学史的研究都已经取得了丰硕的成果，但翻检这两类著作，我们却几乎找不到专门研究有关大学生城镇卫生观念的著作，迄今，笔者也只看到一篇叙述中世纪欧洲大学生与污染做斗争的短文。[①] 可以说，长期以来，学术界缺乏从大学生的角度来看待中世纪的城镇环境卫生，这既是城市史研究的遗漏，也是大学史研究的不足。有鉴于此，笔者尝试以自己在耙梳有关中世纪

---

① Steven J. Overman, "Medieval Students, too, Had Battles against Pollution," *The American Biology Teacher*, vol. 35, no. 2(1973), pp. 81—83.

大学生文献资料过程中所搜集到的相关记载为基础,并参考现代学者相关的研究成果,就中世纪欧洲大学生有关城镇环境与卫生状况的看法,以及大学生自身的卫生习惯与修养作一初步探讨,以求教于方家。

一、作为城镇居民的大学生

大学生不仅是中世纪欧洲大学的核心成员,也是中世纪城镇的重要居住者。因此,大学生与城镇之间有着紧密的联系。

在中世纪盛期的欧洲,伴随着农工商业的复兴,旧的城镇得以复苏,新的城镇也陆续建立起来,新兴的大学就诞生在其中。在城镇的建设中,一排排房屋沿街建立了起来,狭窄的街道上人来人往,中世纪的城镇人声鼎沸,可以说,城镇是"黑暗时代"欧洲一股充满活力的清流。伴随着人们对新知的渴望,以及西方社会对知识型人才的迫切需要,大学这颗种子在该时期文化复兴的浪潮中顽强地"冲破了主教座堂学校和修道院学校的枷锁,创造了学者的职业",①在"新兴的城市落地生根"。② "它吸引着众多的热血青年——他们就像下一个时代里乔叟笔下的牛津教士'心甘情愿求学,心甘情愿传授'——翻山越岭、越洋过海,汇集到巴黎和博洛尼亚,组成了许多学术团体"③,而这些学术团体也就是现代大学的雏形。可以说,城镇是大学诞生的摇篮,也是大学赖以发展的沃壤,而作为大学主要成员的大学生的卫生观念就在其中萌发。因此,城镇的环境与卫生状况在一定程度上影响着大学生个人卫生观念的形成。

早期的欧洲大学不仅数量甚少,而且通常良莠不齐,这就导致学子们为了求学必须远离家乡,奔走异国他乡。与此同时,为了学到自己所需的知识,他们也不得不云游于各大学之间听自己喜欢的课程。据记载,英格兰人尼卡姆·亚历山大于 1178 年左右离开自己的家乡邓斯特布尔,远赴巴黎求

---

① 查尔斯·霍默·哈斯金斯:《大学的兴起》,王建妮译,上海:上海人民出版社,2007年,第4页。

② Steven J. Overman, "Medieval Students, too, Had Battles against Pollution," *The American Biology Teacher*, vol. 35, no. 2(1973), p. 81.

③ 查尔斯·霍默·哈斯金斯:《大学的兴起》,第5页。

学,他将自己的旅程记录下来。① 再如,英格兰著名人文主义者索尔兹伯里的约翰曾离开家乡到欧洲大陆各学校求学,并将他自己的求学经历记在了他的著述之中。② 事实上在牛津大学建立之前,有不少来欧洲大陆求学的英国人,同样,生活在欧洲大陆各地的学子也需要外出求学。倘若你想习得高超的医术,你需要到萨莱诺医校去学习;倘若你想成为一名优秀的律师,可以去博洛尼亚大学;倘若你想钻研神学,那巴黎大学是个好去处。总而言之,中世纪欧洲大学生的一个鲜明的特点就是他们的跨境性与流动性,这也赋予了中世纪早期大学一个特性——国际性。这种跨境性的流动使得大学生成为一名见多识广的城镇观察员,他们对城镇卫生环境的看法带有一种归纳式的总结,即他们不是局限于评价某一城镇而是评价他们那个时代城镇的总体面貌,只有从这个角度去理解,才能最大化地利用经过几百年历史沉淀保留下来的只言片语。

流动的大学生不仅往返于各个城镇,同时也流连于城镇的各个角落。中世纪欧洲大学生主要来自乡绅阶层,生活在农村与城镇是不同的体验,城镇的许多地方对于大学生来说是很新奇的存在,而当时大学生的年龄普遍较小,初入学的学生年龄大都在 15 岁左右。正是这种好奇与探索的本能使得他们兴高采烈地在城镇各处游走。除了玩乐,大学生还需要解决衣食住行的问题,而"在建造专门的建筑物之前,老师和学生必须在租用的房屋内住宿和工作"。③ 这也就决定了大学生来到求学之地时,第一件要解决的事情是向市民租一间卧室,而且要尽量"选择远离所有恶臭、沟渠或厕所的住所",从而能"呼吸到纯净的空气"。④ 这就要求大学生在城镇四处考察,熟悉城镇环境,以便挑选到满意的房间。吃饭则有两种选择:一是放学回到其租住的房间,房东会提供伙食;二是去城镇上的食品

① Urban Tiger Holmes, *Daily Living in the Twelfth Century*, Madison, Milwaukee, and London: The University of Wisconsin Press, 1966, p. 18.

② *The Metalogicon of John of Salisbury*, *A Twelfth-Century Defense of the Verbal and Logical Arts of the Trivium*, Translated with an Introduction & Notes by Daniel D. Mcgarry, Berkeley and Los Angeles: University of California Press, 1955.

③ Alan B. Cobban, *English University Life in the Middle Ages*, London: UCL Press, 1999, p. 183.

④ Lynn Thorndike, *University Records and Life in the Middle Ages*, New York: Columbia University Press, 1944, pp. 154—155.

店或者向沿街叫卖的商贩买食物。所有这一切无疑加深了大学生与城镇之间的联系。

　　总而言之,大学生日常生活中的各种活动都与城镇密切相关。因此,他们是我们考察中世纪城镇环境与卫生的一个绝佳切入点。

二、大学生对城镇环境与卫生的看法

　　当中世纪欧洲大学生来到城镇里的大学寻求知识并产生一种新鲜感的时候,也感受到了城镇的狼藉和喧嚣:"那里充满了大量的噪音、气味和景象,既能吸引人又能扰乱人的感官。"①大学生流连于那些吸引人的地方,同时对那些扰乱人感官的噪音、气味和景象加以评判,其言辞直指那些不绝于耳的噪音、被污秽污染的河流、令人作呕的空气。据记载,一位学生写了两句小诗以批评当时城镇的环境卫生状况:"肮脏的粪便、废物、垃圾、有毒的液体,这些污秽说也说不完。"②那么,大学生是如何直面这种如此糟糕的学习环境并提出怎样的观点呢?

　　在人类生活中,水与人类息息相关。因此大学生对于城镇用水极为关切,并形成自己的独特观念。早期城镇通常都沿水而兴,几乎可以说哪里有水道哪里就可能兴起城镇,诞生于城镇的大学更是选择沿河修建,著名的巴黎大学沿着塞纳河畔修建,牛津大学也在泰晤士河边,可以说水对城镇而言非常重要。当时的大学生也认识到,正是水"给土地带来了肥沃,多亏了水让一切都变绿了",如果没有雨水,"草和庄稼就会干枯,花和叶也会枯萎。那扭曲的葡萄藤蔓永远不会结满硕果,枝叶凋零殆尽,它光秃秃地在地上爬来爬去"。③同时,水也是口渴之人的救命稻草,在漫长的朝圣路上,正是水"把朝圣的人从四面八方带到圣所",④如果没有水,"所有的人都干瘪了,变得无助和脆弱。饥饿折磨着这片土地,满目疮痍,所有的人都在哭泣"。

---

①　Steven J. Overman, "Medieval Students, too, Had Battles against Pollution," p. 81.

②　Steven J. Overman, "Medieval Students, too, Had Battles against Pollution," p. 82.

③　*Carmina Burana*, vol. 2, edited and translated by David A. Traill, Cambridge, Massachusetts, London, England: Harvard University Press, 2018, p. 287.

④　*Carmina Burana*, vol. 2, p. 285.

为了雨水的降临,"基督教徒向基督倾诉他们的祷告,犹太人和异教徒也同样热心。"①可以说,大学生完全认识到水在生活与生产中的重要性。

然而城镇的兴盛也导致了某种程度的水污染,大量的用水不文明的行为造成水的变质与破坏。前文提及的尼卡姆·亚历山大在途经伦敦时有这样一段对水的记载:"他停下来凝视着兰博恩河,因为它把自己的污秽带进泰晤士河。"②他看见的河流里的污秽是由"腐烂的动物尸体、腐烂的农产品以及粪便"构成,而这粪便既有动物的也有人的。这些垃圾先是堆积在街道上,被来来往往的人踩在脚下,在时间的发酵中产生令人作呕的气味,清道夫们将其铲进邻近的下水道,顺着下水道流向河道。伴随着一场降雨,所有的污物冲进河道,城镇被冲洗干净了,但河水则充满了各种污秽。③ 可见,水污染问题在中世纪的城镇中已比较普遍了。

中世纪的欧洲大学生就曾针对水污染的问题进行过认真的辩论。此次辩论的辩题是酒和水能否相融,而透过这一辩题,中世纪大学生事实上想传达的是对水污染的不满和控诉。辩论双方分别代表水与酒,他们各执一词,酒方代表认为,酒与水不可能相融,因为它们的相融取决于水是否洁净,而当时的水遭到了严重的污染,所以他们认为"水是不洁而邪恶的"。④ 他们之所以形成这种看法,其理由主要有两点:第一,由于携带大量的污秽,水是粗俗而不洁的;第二,人喝了这种水之后会生病,并对人体内部器官有损害。酒方代表对水污染的控诉是激烈的,他们愤怒地呼喊:"你(水)是世界渣滓的下水道!你捡起厕所里的东西,你带去污秽、不洁,以及许多我说不出的毒药……有许多人看见你携带着人类在白天产生的污秽。"⑤辩论的最终结果是酒方代表获胜。辩论主席义正辞严地宣读结果说:"愿那些把二者混为一谈的人受诅咒,从基督教会里永远被除名。"⑥可见当时的水污染有多么严重,需以此绝罚警告世人。

在城镇中,不仅水受到了污染,而且街道上也是污秽遍地,环境卫生状况不堪入目,空气亦相应地遭到了污染。《布兰诗歌》中的有些诗歌就记载

① *Carmina Burana*, vol. 2, p. 289.
② Urban Tiger Holmes, *Daily Living in the Twelfth Century*, p. 39.
③ Urban Tiger Holmes, *Daily Living in the Twelfth Century*, p. 39.
④ *Carmina Burana*, vol. 2, p. 289.
⑤ *Carmina Burana*, vol. 2, p. 289.
⑥ *Carmina Burana*, vol. 2, p. 291.

了几位学生夜间在酒馆玩乐的情景,其中一对兄弟喝得酩酊大醉,"跪在路边,瘫倒在泥泞中"。[①] 而在中世纪的城镇中,泥泞的街道可谓随处可见,尤其是这种泥泞中还掺杂有诸多污秽。当时人们的生活是相当简陋和粗野的,索尔兹伯里的约翰为此作了一首小诗,带着一种极具贬抑的笔触刻画了城镇肮脏的生活。[②] 佛罗伦萨的布洛尼在颂词中也曾讲道:"有些城镇是相当脏的,无论人们在夜间制造怎样的垃圾,这些垃圾在第二天早上都会被倾倒在过路人的脚下。"[③]正如论者所言,"中世纪欧洲人把垃圾扔到大街上,堆积在街面上的动物尸体和粪便也无人清扫。"[④]更有甚者直接随意地"在院子或街道撒尿"。[⑤]

除了居民们肆无忌惮的污染行为,沿街而建的商铺也是各种垃圾制造的大户。中世纪的房屋构造大体遵循的都是一楼商铺、二楼居家的建筑模式,开在一楼的商铺既方便了来来往往的交易,但也方便了商铺住户随手将垃圾扔在街道上。例如,杀猪的屠夫直接将不需要的脏器等垃圾扔在路上,"他们宰杀猪和许多其他动物,水与被宰杀动物的血和毛,以及清洗(尸体)的其他污物混合后,流入街上的沟渠或狗窝"。[⑥] 而另有一些商户在自家门前熔融动物脂类。[⑦] 商户们种种污染行为使得本就逼仄的街道更难以行走。居住于这样的环境之中,倘若学生能找到一处离教室很近的住处,不用在肮脏的街道上来回走动,那便是相当值得高兴、炫耀的事情。奥尔良大学的两名学生曾在寄给父母的信中写道:"我们占据了一个很好的住处,这里距离学校和市场只有一户之隔,所以我们每天上学都不会弄湿鞋子。"[⑧]在家书抵万金的时代,在短短的一封信中写上这么一句话,足见当时的街道污染有多么严重而又多么使人烦恼。

---

① *Carmina Burana*, vol. 2, p. 309.

② Gabriel Compayre, *Abelard and The Origin and Early History of Universities*, New York, Chicago, Boston: Charles Scribner's Sons, 1893, p. 277.

③ Lewis Mumford, *The Culture of Cities*, New York: Harcourt, Brace and Company, 1938, p. 45.

④ Steven J. Overman, "Medieval Students, too, Had Battles against Pollution," p. 81.

⑤ Lewis Mumford, *The Culture of Cities*, p. 42.

⑥ N. J. Ciecieznski, "The Stench of Disease: Public Health and The Environment in Late-Medieval English Towns and Cities," *Health*, *Culture and Society*, vol. 4, no. 1(2013), p. 95.

⑦ Hastings Rashdall, *The Universities of Europe in the Middle Ages*, vol. 3, p. 80.

⑧ 查尔斯·霍默·哈斯金斯:《大学的兴起》,第67—68页。

　　城镇居民的这些恶习不仅对整个城镇的卫生环境造成了很大的破坏，使得街道每天都堆积了厚厚的污秽，而且随着行人来来回回的踩踏，这些垃圾散发出难闻的恶臭，从而造成城镇的空气污染。1300 年，一封给郡长的皇家信件抱怨说，牛津的"空气被街道上的污秽污染了"，"一种令人憎恶的恶疾（可能是'疟疾'）"在教师和学生中"扩散"。① 而巴黎大学的学生也曾向当地政府抱怨道："难闻的气味从附近的屠宰场传来，很明显，他们准是在烧动物的内脏。"②可见，空气污染在中世纪各城镇也不同程度存在着，而且空气污染甚至还使师生得了传染性的疾病，这当然会引起大学师生的不满。

　　当学生们待在宿舍休息或在教室上课时，他们可以短暂地避开堆满垃圾的街道，但他们却逃不开噪音的侵扰，因为"城市从早到晚充满了街上的叫喊声"。③ 这些叫喊声大致有以下几种。首先，对学生上课冲击最大的是匠人做工的声音。只要教室选址在了技工的店铺旁边，那么"木匠锤子的敲击声，伴随着铁匠的叮当声"会随着工匠日出而作、日落而息。④ 巴黎大学的师生就经常抱怨塞纳河畔左岸工匠们那不绝于耳的嘈杂声。其次，是大街上时不时传来的商贩们的叫卖声。"街上到处都是卖肉和水果馅饼的，卖馅饼的人挎着白布蒙着的篮子走来走去。"⑤他们一边挎着篮子到处晃，一边扯着嗓子高声叫卖。于是就出现了如下的奇特景象："讲座与贩卖食品和商品的小贩竞争。"⑥而老师和商贩们竞争的既是音量的大小也是学生的注意力。商贩们走到学校附近，学生的耳朵里是教授和小贩此起彼伏的声音，而最吵闹的当属卖针和香皂的。⑦ 除了卖吃的，中世纪还有一个特色是在街上吆喝着卖酒。之所以说这是特色，是因为他们并非一般的小贩，而是镇长官派的、有组织的群体。他们拿着一碗酒作为样品，端着走，不仅仅靠嗓子喊，手里还拿一截小木棍，边走边敲，吸引人们的注意力。⑧ 遇到

①　Hastings Rashdall, *The Universities of Europe in the Middle Ages*, vol. 3, p. 80.

②　Steven J. Overman, "Medieval Students, too, Had Battles against Pollution," p. 82.

③　Urban Tiger Holmes, *Daily Living in the Twelfth Century*, p. 40.

④　Steven J. Overman, "Medieval Students, too, Had Battles against Pollution," p. 82.

⑤　Urban Tiger Holmes, *Daily Living in the Twelfth Century*, p. 80.

⑥　Steven J. Overman, "Medieval Students, too, Had Battles against Pollution," p. 82.

⑦　Urban Tiger Holmes, *Daily Living in the Twelfth Century*, p. 40.

⑧　Urban Tiger Holmes, *Daily Living in the Twelfth Century*, p. 80.

这种情况,老师和学生们只盼着商贩赶紧过去,还一片清静来。再次,交通
工具带来的噪音。现代人饱受汽车鸣笛的煎熬,但是这种交通工具的噪音
却古已有之。虽然木制的车轮压过鹅卵石所产生的噪音小于汽车鸣笛的声
音,但是中世纪的道路逼仄狭窄,教室就在街道两边,因此一旦有路过的马
车,学生是听得非常清楚的。最后,一种具有中世纪特色的噪音是磨轮。这
种磨轮既用来抽水也用来磨面,不过这种噪音在中世纪相当普遍以致人们
见惯不惊。①

　　除了繁荣的商贸,中世纪的城镇仍然充满乡村气息,这主要是因为生活
在城镇的居民仍未完全摆脱农村的生产和生活习惯,比如他们会在房子的
后面开辟一片空地拿来饲养家禽。这种生活方式亦给学生带来了苦恼,牛
津大学的学生就曾指控学校附近的街道被污秽和猪堵得无法通行。② 市民
们虽然采用圈养的方式养猪牛等牲畜,但它们常常冲出圈舍,横行街道。学
生和市民为这种问题发生不少争执。如 1396 年 11 月 24 日,海德堡大学校
长对校内所有师生发布了一则禁令,"禁止任何人抓市民们的鸽子"。③ 抓
市民养的鸽子背后事实上是学生对市民养殖带来的污染问题的不满。中世
纪的街道非常窄,窄到"如果当时有雨伞也无法撑开的程度",同时"一条街
对面的两栋房子的高层通常非常近",④而中世纪的学校是混杂在居民楼之
间的,在如此狭窄的区域内,市民们养殖家禽,那些动物的粪便既污染了环
境也污染了空气,而动物发出的叫声也不啻为一种噪音。牛津女王学院于
1340 年也出台了一则学院章程,其中一条就是"禁止动物和鸟类进入",因
为"动物对空气的纯净构成了威胁,使同学们受到感染"。⑤ 可见,无论是禁
止学生抓市民养殖的动物,还是禁止动物进入校园,都说明动物的养殖对城
镇的卫生环境造成了破坏,对大学生的学习环境是一种扰乱。

　　总而言之,中世纪欧洲大学生生活的城镇卫生环境是不如人意的。每
天在昏暗而简陋的卧房醒来,一早穿过堆满污秽的泥泞之路,耳边伴着沿街
叫卖的商贩,时不时酸臭扑鼻,就这样一路穿行来到教室,教室同样是昏暗

---

① Urban Tiger Holmes, *Daily Living in the Twelfth Century*, p. 77.

② Steven J. Overman, "Medieval Students, too, Had Battles against Pollution," p. 82.

③ Lynn Thorndike, *University Records and Life in the Middle Ages*, p. 260.

④ Edwin Benson, *Life in a Medieval City*, p. 13.

⑤ Alan B. Cobban, *English University Life in the Middle Ages*, p. 204.

而简陋的。当课堂开始时,木匠和铁匠敲锤的声音掺杂着小贩的叫声也开始了,偶尔又听见马车压过鹅卵石作响的吱吱声,各种嘈杂的声音就这样伴随着老师讲课的声音灌进了学生的耳朵。中世纪的大学生就是在这样的城市环境中求学的,在市民们各种不讲卫生、放肆行为的耳濡目染之下,他们自己的卫生习惯又是怎样的呢?

三、大学生自身的卫生修养

中世纪大学生的个人卫生习惯主要包括两个方面:一是个人的身体卫生,即有关保持身体洁净的行为;二是为了个人和集体的健康并防止疾病传播的居住环境卫生,这包括宿舍和教室的清洁等。需要指出的是,我们在看待中世纪人们的卫生习惯时,需要"时刻警惕用现代观念去'阅读'古人",而是要"设身处地地感觉和体会古人","充分理解他们,并通过理解他们来理解自己"。① 唯有如此才能正确认知研究中世纪欧洲大学生卫生观念的意义与价值。

在身体洁净方面,虽然中世纪的人们在用水方面存在着诸多不便,但是他们也形成了一些清洁习惯,如每天洗脸和定期洗澡等,大学生尤其如此。在中世纪欧洲各大学中,学校并未给学院以外的学生提供集体的食宿,所以绝大多数学生通常都是自行租住于城镇居民的房屋中,但大学会通过相关的规章,对于向大学生出租的房屋进行定期评估,以便使房租保持在合理的价位上。根据研究,这些租住于出租房中的学生也养成了良好的清洁习惯。他们的房东一般会提供早上洗脸的便利。他们通常在醒来后会被叫到桌前,桌上摆放着木制的或金属的洗脸盆,用水把脸打湿,然后用羊油制成的软皂清洁脸部,洗完用长毛巾把脸擦干,大学生的脸洗干净了,但毛巾则变得又脏又湿。② 而各大学的学院中学生因其捐助人提供集体食宿,所以他们的个人行为会受到学院的集体管理,而学院条例也有对于个人卫生的要求。如巴黎大学索邦学院的条例就规定:"早晨起来要洗脸、洗手。"③进餐

① 刘新成:《日常生活史与西欧中世纪日常生活》,《史学理论研究》2004 年第 1 期,第 37 页。

② Urban Tiger Holmes, *Daily Lliving in the Twelfth Century*, p. 87.

③ 查尔斯·霍默·哈斯金斯:《大学的兴起》,第 60 页。

时,学生们在"洗手完毕后,一顿饭以祝圣开始。"①该学院还安排仆人为大学生"洗餐巾和毛巾",并且规定"餐巾每周至少洗两次,毛巾则每周至少洗三次"。② 可见,学院对于学生个人卫生的要求比较全面,而且还有管理人员依据明文规定对他们进行严格的监管,所以他们的卫生习惯显然要好于租住于出租房的学生。

在洗澡方面,虽然"按照惯例,至少每两周清洁一次肌肤",③而且自 13 世纪起,对于城镇居民而言,洗浴相对来说并非困难的事情,各大城镇基本都有公共浴室。④ 但是由于这些城镇的澡堂存在着诸多色情等不雅行为,所以学校和教会对于学生进澡堂也有着严格的把控,如有条例规定,大学生们"未经许可,不得进澡堂洗澡"⑤。当然,除了澡堂之外,学生们在气候适宜的情况下还可以"经常到凉爽的河里洗澡"。⑥ 尽管他们跳进河里更多的是为了嬉戏而非洁身,然而泡在水里玩闹也确实在无意中清洁了身体。但是到了冬季,学生们洗澡就很难了。"宿舍和教室又黑又冷"⑦,而且因为中世纪的大学生在教室里通常坐在稻草或灯芯草之上,所以"大学教室里不能生火",在寒冷的冬天,大学生只能"裹着沾满污垢的皮衣"御寒。⑧ 因此中世纪欧洲大学生的个人卫生习惯一定程度上也受季节变化的影响。

总的来说,中世纪欧洲大学生的卫生习惯并非如我们想象的那样糟糕。只是由于历史遗留下来的关于大学生的记载不多,而关于大学生个人卫生习惯的记载就更少,因此每位大学生是否都能按规范去做,笔者也无法肯定。但正如霍姆斯所言:"在 12 世纪,讲究卫生的人很少,但他们确实存在。在所有的时代里,除了史前时期,可能有三种人:讲究的人,不讲究的人,以及既不是最讲究的也不是不讲究的人,第三种人数量最多,但或多或少地在顺应环境。"⑨而从相关的学院条例和远方家长的来信中,我们可以

① Urban Tiger Holmes, *Daily Living in the Twelfth Century*, p. 89.

② Lynn Thorndike, *University Records and Life in the Middle Ages*, p. 94.

③ Lewis Mumford, *The Culture of Cities*, p. 47.

④ Lewis Mumford, *The Culture of Cities*, p. 47.

⑤ 查尔斯·霍默·哈斯金斯:《大学的兴起》,第 60 页。

⑥ Steven J. Overman, "Medieval Students, too, Had Battles against Pollution," p. 81.

⑦ Steven J. Overman, "Medieval Students, too, Had Battles against Pollution," p. 81.

⑧ Hastings Rashdall, *The Universities of Europe in the Middle Ages*, vol. 3, Oxford: Oxford university press, 1895, p. 415.

⑨ Urban Tiger Holmes, *Daily Living in the Twelfth Century*, p. 39.

看到,在校方和家长的催促下,许多学生还是逐渐形成了良好的个人卫生习惯和基本的个人卫生观念。

除了个人卫生外,大学生为了自身的身体健康还进而关注处所环境的卫生状况。因为在他们看来,要保持身体健康,防止疾病侵染,必须加强这方面的卫生清洁。这里所谓的处所的环境卫生指的是宿舍、教室和院舍的环境卫生。至于学生宿舍的卫生情况,由于当时他们所租住的房子狭小而逼仄,而且街道面对面的房子距离很近,导致洒进屋子的光线不足,因此房间通常是比较阴暗的,而这种环境很容易滋生细菌、害虫等,为此,"学生们不断抱怨无处不在的臭虫、床虱"。① 尼卡姆·亚历山大在其旅行日记中就记载了一个普通卧室的情况:"在卧室里,让一个窗帘体面地围绕墙壁,或搭一个好看的罩篷,以避免苍蝇和蜘蛛。"②一些有经验的家长还会更详细地叮嘱他们的儿子,在夏天为了避免屋内跳蚤横生,每天都要打扫卫生,用扫帚把地扫干净,但切忌洒水,因为潮湿的灰尘很容易滋生跳蚤,但偶尔洒一点强酸是有好处的,不仅保持屋内干净,而且对大脑和心脏都有裨益。③

在教室、院舍的卫生方面,根据资料记载,索邦学院专门聘请佣人"清洁礼拜堂、大厅和庭院,并在适当的时候割草,以及处理有关的一切事项"。④ 与此同时,一些大学条例还规定:"门房必须保持整个庭院内外的清洁,以及学校延伸的所有街道、人行道、台阶的清洁",同时"门房也需要提供厕所用水,保持厕所内外清洁"。⑤ 而城镇地方政府也对大学内的街道和教室卫生进行监管,如 1358 年 5 月发生在巴黎大学文学院的一起教室不洁事件就谈到了这个问题。事情是这样的,在法国小桥的那边有一条街叫费尔街(la rue du Feurre),是经过官方指派给文学院的学生上课用的。教授在这里上课,学生们过来学习,一直以来都很好。但从 1358 年 5 月开始,平静被打破了,一群心怀不轨的人在夜间闯进这条街,并肆意地将污物和垃圾扔在街上,更有极度下流的人把妓女带到了教室里,将令人作呕的污秽留了教

---

① Steven J. Overman, "Medieval Students, too, had battles against pollution," p. 82.

② Steven J. Overman, "Medieval Students, too, had battles against pollution," p. 82.

③ Lynn Thorndike, *University Records and life in the Middle Ages*, p. 159.

④ Lynn Thorndike, *University Records and life in the Middle Ages*, p. 94.

⑤ Lynn Thorndike, *University Records and life in the Middle Ages*, p. 97.

室及其椅子上。教授和学生们难以忍受这种做法,幸运的是市政府愿意出面为他们解决此事。市政官员向国王请愿,要求在该街道的两侧修建大门,白天开放夜间关闭,以保证正常的教学和课业活动。① 从这件事可以看出,大学生的教室卫生是得到了当地市政府的管控和保护的。

总的来说,在比较糟糕的中世纪城镇环境中,许多大学生既形成了良好的个人卫生习惯,也推动了处所环境卫生的改善。当然,他们这种卫生习惯和观念既有家庭和学校的催动,同时也受到了地方市政府的支持与维护。

四、大学生卫生观的总结与反思

中世纪欧洲人的卫生习惯之所以一直为人所诟病,主要有如下两个方面的原因。首先,一些圣人的苦行被人为地做了放大化的记载和传播。如圣亚博格坚持 50 年未洗澡而最终被封圣的故事就广为传播并被人们所津津乐道。事实上,中世纪的普通市民和大学生并非过着极少数圣人那样的苦行生活。其次,则是由启蒙运动以来的思想家和学者对中世纪的偏见所导致的,正如有的学者所说:"贫穷和匮乏无疑是造成这一现象的主要原因,但神秘主义的偏见也是原因之一。"②桑代克·林恩也曾坦言:"这种偏见是由于对历史的一种进步的解释,如果现代城市缺乏卫生和清洁,那么中世纪的城市肯定更糟。"③亦如另一位学者所指出的那样,"中世纪的生活并不像现代人想象的那么原始和野蛮"。④

而从本文的论述中,我们不难发现中世纪欧洲大学生实际上已经具备了一定的清洁卫生的观念。他们不仅是欧洲中世纪早期城镇发展的见证者,同时也是中世纪城镇环境与卫生的批评者。初到城镇里的大学的学生

①　Lynn Thorndike, *University Records and life in the Middle Ages*, pp. 241—243.

②　Gabriel Compayre, *Abelard and The Origin And Early History Of Universities*, p. 277.

③　Lynn Thorndike, "Sanitation, Baths, and Street-Cleaning in the Middle Ages and Renaissance," *Speculum*, vol. 3, no. 2(April 1928), p. 192.

④　刘新成:《日常生活史与西欧中世纪日常生活》,《史学理论研究》2004 年第 1 期,第 46 页。

们"完全不适应"嘈杂的城镇生活,他们对于城镇的环境卫生状况甚至"比城里人更加挑剔",①于是他们在诗歌中记录了很多对城镇环境的看法,特别是牛津大学等校的学生针对城镇污染展开了不懈的斗争。②

这种批判与斗争的态度和行动与当时兴起的东学西渐的文化运动有关,是拉丁西方文明化教育进程的结果之一。大学生区别于当时普通市民非常关键的点在于他们在接受知识,而这一时期的知识得益于阿拉伯世界,其中不少医学著作传入欧洲,这些医学知识与人们的生活息息相关,大学生将这些学到的知识运用在其生活的城市环境中。因此这种教育使学生以知识为依托对污浊的城市环境进行批评与斗争,在一定程度上推动了城镇环境与卫生状况的改善。同时大学生还在家长和学校推动下逐渐形成了良好的卫生习惯和个人的卫生观念,并进而促进了中世纪拉丁西方人环境与卫生观念的演进。

〔张倩,上海市市东中学教师,上海200082;周美玲,上海师范大学人文学院硕士研究生,上海200234〕

---

① Hastings Rashdall, *The Universities of Europe in the Middle Ages*, vol. 3, p. 80.

② Steven J. Overman, "Medieval Students, too, Had Battles against Pollution," p. 82.

中古时期大黄的药用及其他研究*

郭幼为

摘　要：从经典方书以及敦煌出土医学文献中可以清晰地看到，中古时期大黄的药用范围趋广，汤、丸、膏等剂型已基本完备。以"半斤八两"为单位的大黄用量在魏晋时期增多，或与当时大黄药用观念普及有关。大黄的炮制有酒洗和醋和的记载，酒洗在东汉及以前就有多处记录，醋和可能在敦煌地区运用较多。为了使大黄"易得快利"，作用大黄的方式也是五花八门，蒸煮渍浸早在魏晋时期就已出现。依据记录蜀大黄的文献，并结合其他相关研究或可蠡测一条由蜀入甘、一路向北的大黄全球化传播路线。

关键词：大黄；药用；用量；炮制；中西(外)医药文化交流

"大黄"是多种大黄属植物的名称，其共同特点为叶片大而丛生。而在中国古代，大黄有将军之称。大黄作为"将军"称号的最早记录应是魏晋时期《吴氏本草经》中的"为中将军"①，《名医别录》中也有简单记载。② 在敦煌出土文献《五藏论》③中有大黄被称为将军的引申，即"宣引众公"。④ 后

＊ 本文系国家社会科学基金重大项目"日本静嘉堂所藏宋元珍本文集整理与研究"（课题编号：18ZDA180）、仲恺农业工程学院国家级基金培育项目"'马克思主义基本原理同中华优秀传统文化相结合'融入高校思想政治理论课教学研究"（22GJSZ06）阶段性成果。

① ［魏］吴普撰，尚志钧辑校：《吴氏本草经》卷4，北京：中医古籍出版社，2005年，第53页。

② ［梁］陶弘景撰，尚志钧辑校，尚元胜、尚元藕、黄自冲整理：《名医别录》卷3，北京：中国中医药出版社，2013年，第179页。

③ 经考证，《五藏论》可能是托名张仲景的初唐写本。学界关于张仲景《五藏论》的研究情况，可参看范家伟：《中古时期的医者与病者》，上海：复旦大学出版社，2010年，第24—26页。

④ 陈增岳编：《敦煌古医籍校正》，广州：广东科技出版社，2008年，第18页。

人在此基础上又不断扩充,悉数被李时珍汇总记录在《本草纲目》之中。①
将军也是中古时期大黄为数不多的拟人化形象。而作为蓼科大黄属掌叶组
植物的大黄②,中外学者给予了一定的关注,多是从中外物质文化交流的角
度——张星烺先生在其编注的《中西交通史料汇编》中提及大黄③;法国学
者费琅辑录了一些波斯大黄的情况④;马伯英先生等观察到大黄在向外传
播中存在异化现象⑤;法国学者阿里·玛扎海里详细介绍了大黄沿着中国
的丝绸之路传播到西方,随后在西方近代医药业受到重视的情况⑥;美国学
者劳费尔则介绍了波斯大黄的情况⑦;石云涛根据玛扎海里的推测,认为中
国大黄早在汉代便经海、陆两线西运波斯,并在西方成为智慧树从而具有信
仰色彩⑧;林日杖则认为大黄是率先全球化的重要商品,其在全球化进程中
不断改变着自己的内涵及形象,展示了多样性及流变性⑨;葡萄牙学者若
则·爱德华多·门德斯·费朗认为起源于亚洲的大黄是改变人类历史的植
物之一⑩;直到十八世纪,野生大黄、种植大黄及其杂交品种才被视为食用
植物,不过只有它的长叶柄可食用,而富含草酸的叶子是有毒的。通过中外
学者赓续研究可见,走出国门的大黄在西方奢侈品中占有一席之地,与麝
香、绸缎一样被西方人视为最重要的中国商品,甚至因它在清代还引起了贸

　　①　[明]李时珍编纂,刘衡如、刘山永校注:《本草纲目》卷 17,北京:华夏出版社,2011
年,第 767 页。

　　②　我国历代本草医籍、方书中记载的大黄,经学者考证为蓼科大黄属掌叶组植物。参
见翁倩倩等:《经典名方中大黄的本草考证》,《中国现代中药》2020 年第 11 期。

　　③　张星烺编注:《中西交通史料汇编》,北京:华文出版社,2018 年,第 3 册,第 893 页。

　　④　[法]G. 费琅辑注:《阿拉伯波斯突厥人东方文献辑注》,耿昇、穆根来译,北京:中华
书局,1989 年,第 288—297 页。

　　⑤　马伯英、高晞、洪中立:《中外医学文化交流史——中外医学跨文化传播》,上海:文汇
出版社,1993 年,第 200—204 页。

　　⑥　[法]阿里·玛扎海里:《丝绸之路——中国—波斯文化交流史》,耿昇译,乌鲁木齐:
新疆人民出版社,2006 年,第 449—459 页。

　　⑦　[美]劳费尔:《中国伊朗编——中国对古代伊朗文明史的贡献着重于栽培植物及产
品之历史》,林筠因译,北京:商务印书馆,2016 年,第 409—414 页。

　　⑧　石云涛:《早期中西交通与交流史稿》,北京:学苑出版社,2003 年,第 395—
397 页。

　　⑨　林日杖:《何为大黄?——全球流动、历史演进与形象变迁》,《福建师范大学学报》
2020 年第 1 期。

　　⑩　[葡]若则·爱德华多·门德斯·费朗:《改变人类历史的植物》,时征译,北京:商务
印书馆,2022 年,第 139—142 页。

易争端①。

劳费尔认为,"有些作者推测古代的大黄来自中国,这种推测没有道理,因为中国人并非如前面所说的那样自古以来就知道大黄"②。这种观点虽不是主流观点③,但也说明大黄在中国古代的形象是比较模糊的,就大黄在中国古代尤其是在中医药发展的重要时期④——中古时期⑤的情况,学界给予的关注还是不够的。事实上,大黄在中国中古时期药用范围趋广,剂型已相当完备;用量趋多,以斤为单位的大黄用量已屡见不鲜;炮制有酒洗醋和,作用方式也多种多样;中古时期中国本土大黄的交流已很频繁,或存在着一条由蜀入甘的传播路线。

一、范围趋广剂型完备:大黄的药用情况

玛扎海里曾言,"中医从上古时代起就使用大黄"⑥。玛扎海里所言在出土医学文献中可以找到佐证——《武威汉简医方》中"治鲁氏囷行解解腹

---

① 关于清代大黄贸易研究的详细内容可参见,吴丽娟:《清代中俄大黄贸易研究》,山西大学硕士学位论文,2011 年;李阳:《论乾隆年间新疆的大黄贸易》,陕西师范大学硕士学位论文,2019 年等。

② [美]劳费尔:《中国伊朗编——中国对古代伊朗文明史的贡献着重于栽培植物及产品之历史》,林筠因译,第 411 页。

③ 玛扎海里明确说大黄出自中国,它又从那里沿丝绸之路向西传播;若则·爱德华多·门德斯·费朗也持大黄源自中国的说法,只是其中一些种类在古代就为地中海沿岸人们所熟知;马伯英先生等也认为在阿拉伯与西方世界无人不知大黄是从中国传栽移植的。[法]阿里·玛扎海里:《丝绸之路——中国—波斯文化交流史》,第 449 页;[葡]若则·爱德华多·门德斯·费朗:《改变人类历史的植物》,时征译,第 140 页;马伯英、高晞、洪中立:《中外医学文化交流史——中外医学跨文化传播》,第 200 页。

④ 冈西为人曾对中国本草的历史进行了分期,并指出中古本草学史处于隆盛期。林富士亦言,"医经、经方和本草为中国医学著作最主要的三大类型,而其经典作品……都是在战国、秦汉至隋唐期间成书,因此,讨论中国医学,势必要以这个时期为重"。冈西为人:《中国本草的历史展望》,选自刘俊文主编:《日本学者研究中国史论著选译》,北京:中华书局,1993年,第 10 卷,第 134 页;林富士:《中国中古时期的宗教与医疗》,北京:中华书局,2012 年,第511 页。

⑤ 在以往的中国古代史研究中,"中古"多指魏晋南北朝时期,此可视为狭义的"中古";广义的"中古"则涵盖秦汉至五代十国的朝代。本文所谓"中古",取其广义。

⑥ [法]阿里·玛扎海里:《丝绸之路——中国—波斯文化交流史》,耿昇译,第 459 页。

方""治伏梁裹脓在胃肠之外方""治大风方""残方";①《敦煌汉简医方》②和《居延汉简医方》的残方③中都有大黄的记载。这些药方多是出自西北地区,用于治疗伤寒和大风等疾病。

进入中古时期,大黄在中国作为一味传统中药材被广泛使用,由其配伍形成的药方治疗诸病的记载在传世方书中已非常普遍。从《外台秘要方》记录的大黄来看,一方面中古时期大黄医治疾病的范围是不断扩大的,从汉时治疗伤寒、黄疸、疟病、妇科④等疾病到魏晋南北朝时期增加治疗天行、温病、霍乱、呕吐、心痛心腹痛、寒疝、痰饮、胃反、咳嗽、癖、积聚、癥、鬼疰、风狂及诸风、虚劳、水病、瘿瘤、痔病、大小便难病、蛊注、坠堕金疮、癫、疮、头膏、乳石、六畜疾、痈疽发背⑤等,再到隋唐时期增加瘰疬、脚气⑥等前后共计约 40 种疾病。

另一方面也可以看出大黄在魏晋南北朝时期开始得到普遍使用,或与当时大黄广泛普及有关。《后周书》中记录了后周梁帝不听从医者姚僧垣的劝阻,不顾年老体弱,使用大黄除热,结果病从口入,一命呜呼⑦。"(梁)帝因发热,欲服大黄"也从侧面反映出,魏晋南北朝时期一些非医者生病时也会想到用大黄治之,大黄的普遍运用由此可见一斑。此外,六朝时大黄开始向日常生活迈进,时人已经开始用大黄和其他诸药配伍形成"生发方"(《深师方》)来治疗头发秃落。而在六朝时期,服石风气盛行,可以荡涤肠胃、推陈致新的大黄被纳入到治疗因服石而引发的疾病之中,成为服石人"当宜收贮药"⑧。

在中古时期,含有大黄或以大黄命名的散、汤、膏、丸等剂型呈现以下特点,(见下表)。

---

① 张雷编著:《秦汉简牍医方集注》,北京:中华书局,2018 年,第 169、179、192、231 页。

② 张雷编著:《秦汉简牍医方集注》,第 340 页。

③ 张雷编著:《秦汉简牍医方集注》,第 373、382 页。

④ [唐]王焘著,高文柱校注:《外台秘要方》,北京:学苑出版社,2011 年,第 8、10—11、37、53、126、129、136 页。

⑤ [唐]王焘著,高文柱校注:《外台秘要方》,第 95、115、185、190、208、210、229、236、237、243、247、248、305、341、374、384、388、389、393、431、485、486、488、491—492、497、528、536、542、548、580—581、663、684、685、781、785、890、939、984、996、997、1002、1003、1045、1060、1073、1154、1367、1370、1514 页。

⑥ [唐]王焘著,高文柱校注:《外台秘要方》,第 610、625、628、634、785、795、793、799 页。

⑦ 陈邦贤:《二十六史医学史史料汇编》,北京:中医研究院中国医史文献研究所,1983年,第 163 页。

⑧ [唐]王焘著,高文柱校注:《外台秘要方》,第 1412 页。

含有大黄或以大黄命名的散、汤、膏、丸剂型一览表

年代	方　名	文献名称	主　治
汉	大黄黄连泻心汤	伤寒论	伤寒
	桂枝加大黄汤	伤寒论	伤寒
	大黄䗪虫丸	金匮要略	血痹虚劳病
	大黄附子汤	金匮要略	腹满寒疝宿食病
	厚朴大黄汤	金匮要略	痰饮咳嗽病
	防己椒目葶苈大黄丸	金匮要略	痰饮咳嗽病
	栀子大黄汤	金匮要略	黄疸病
	大黄硝石汤	金匮要略	黄疸病
	大黄甘草汤	金匮要略	呕吐哕下利病
	大黄牡丹汤	金匮要略	疮痈肠痈浸淫病
	大黄甘遂汤	金匮要略	妇人杂病
魏晋	大黄散	集验	黄疸
	大黄豉汤	范汪	伤寒
	常山大黄汤	深师	疟病
	大黄膏	深师	恶疾大风癞疮
	大黄附子汤	小品	心痛心腹痛
	地肤大黄汤	小品	妇人
	大黄丸	靳邵	乳石
	大黄泻热开关格通隔绝汤	删繁	霍乱及呕吐
	大黄泄热汤	删繁	虚劳
	九物大黄薄贴	删繁	痈疽发背

　　汉时以大黄为主药配伍形成的药剂以汤药居多,被用来疗治伤寒[1]、血痹虚劳病、腹满寒疝宿食病、痰饮咳嗽病、黄疸病、呕吐哕下利病、疮痈肠痈浸淫病、妇人杂病[2]。到了魏晋时期,大黄的丸、散、膏等剂型已经基本完备,由此也可看出,魏晋南北朝时期成为大黄药用的暴发期,对后世也产生了深远影响。

---

　　① [汉]张仲景述,[晋]王叔和撰次,钱超尘、郝万山整理:《伤寒论》,北京:人民卫生出版社,2005年,第60、86、155页。
　　② [汉]张仲景撰,何任、何若苹整理:《金匮要略》,北京:人民卫生出版社,2005年,第24、35、47、60、61、66、72、85页。

二、半斤八两用量增多：大黄的药用剂量

《通典》曾载，"权衡以秬黍中者百黍之重为铢，二十四铢为两，三两为大两，十六两为斤。调钟律、测晷景、合汤药，及冠冕制用小升小两，自余公私用大升大两"①。《唐会要》亦载，"开元九年敕格云：《权衡度量并函脚杂令》……权衡以秬黍中者百黍之重为铢，二十四铢为两，三两为大两，十六两为斤。调钟律、测晷景、合汤药，及冠冕制用之外，官私悉用大者"②。从这两条史料可以看出，唐及以前"斤"为"合汤药"的最大计量。现按古时十六两计量（即一斤为十六两，半斤为八两）来梳理中古时期药方中大黄的用量就会发现以斤（半斤）或八两及以上为单位计量大黄的记载已有很多：两汉及以前大黄的用量多为两，比如在出土医药文献中大黄的用量以分来衡量③，只在《伤寒论》和《金匮要略》中有"一斤"和"半斤"的记载。周祯祥、邹忠梅曾对张仲景的《伤寒论》中大黄的药用情况进行汇总，统计出其用量，"最大 6 两，最小 1 两，一般传统用量为 4 两"④。虽略有出入但也可见，到了张仲景撰著《伤寒论》《金匮要略》的年代，大黄用量还多在半斤（6 两）以下。可能是大黄的产量在当时还是比较少，价格相对比较昂贵，所以用量较少。真正以斤来计量大黄的时期是魏晋南北朝时期，涉及治疗寒疝、痰饮、咳嗽、积聚、癥、虚劳⑤等 6 种疾病。可能一方面如前述当时先民已经掌握了克制大黄副作用的方法，并将其药用价值和炮制方法充分挖掘出来。另一方面，很有可能是到了魏晋时期大黄等药材的人工培育开始出现，使得大黄的产量增多，使用起来不再捉襟见肘，所以也就出现了诸如"十一物七熬饭后丸"中用二斤大黄、"雪煎方"中用一斤十三两大黄（《范汪方》）的大剂量记载。

---

① ［唐］杜佑：《通典》卷 6，北京：中华书局，1984 年，第 33 页。
② ［宋］王溥：《唐会要》卷 66，上海：上海古籍出版社，1991 年，第 1364 页。
③ 杨勇：《汉代出土医药文献中的"分"》，《文献》2021 年第 1 期。
④ 周祯祥、邹忠梅：《张仲景药物学》，北京：中国医药科技出版社，2005 年，第 86 页。
⑤ ［唐］王焘著，高文柱校注：《外台秘要方》，第 236、247、248、341、388、391、393、580 页。

三、酒洗醋和蒸煮渍浸:大黄的炮制及作用

东汉张仲景曾多有记载大黄的炮制为(清)酒洗①,此应是东汉及以前大黄炮制的主要方式。该炮制法似乎得到了传承:在《小品方》"治作痛令消方"中有"单捣大黄末,苦酒和薄之"的记载。在《千金翼方》亦有"大黄苦酒",其方法为"大黄八铢切,以苦酒二升合煮取一升"。除了酒洗(和),在传世医学文献以及敦煌医学文献中还发现有用醋和(研)大黄的记载。这些记载多是唐代的药方②,其中以敦煌地区为多。比如 S. 3347 中的"酢研大黄涂"③、P. 3596 中的"醋研大黄涂"④、P. 2666 中的"取大黄三合,人新粪和酢浆水,绞取汁一升"⑤等,可能是受到该地区很早就有用醋治疗内、外疾病传统的影响⑥。

魏晋之时,陶弘景曾录有作用大黄的方式如"渍""煮""蒸"等⑦,实际上方书中大黄作用方式更加多样。有一些比较初级简单的物理方法(如切、捣筛等),也有蒸煮方法——"煮""熬"应为较早作用大黄的方式,在汉时先民煮或熬大黄来疗治伤寒⑧或做成备急丸来解诸毒⑨。到了魏晋南北朝时期出现了别渍大黄,这种方式使用的范围较广,涉及魏晋时期疗治五痔、乳石⑩和隋唐时期疗治伤寒、天行、黄疸、疟病、呕吐、心痛心腹痛、骨蒸、

---

①　[汉]张仲景述,[晋]王叔和撰次,钱超尘、郝万山整理:《伤寒论》,第 31、42、52、71、72、77、92、99、123、128、138、140、144、154、155、156、162 页;[汉]张仲景撰,何任、何若苹整理:《金匮要略》,第 7、35 页。

②　[唐]王焘著,高文柱校注:《外台秘要方》,第 373、441 页;[日]丹波康赖撰,高文柱校注:《医心方》,北京:华夏出版社,2011 年,第 522、529 页。

③　陈增岳编:《敦煌古医籍校正》,第 214 页。

④　陈增岳编:《敦煌古医籍校正》,第 289 页。

⑤　陈增岳编:《敦煌古医籍校正》,第 346 页。

⑥　丛春雨:《论醋在敦煌遗书、马王堆竹简古医方中的临床应用》,《敦煌研究》2001 年第 2 期。

⑦　[梁]陶弘景编,尚志钧、尚元胜辑校:《本草经集注》(辑校本)卷 1,北京:人民卫生出版社,1994 年,第 45 页。

⑧　[唐]王焘著,高文柱校注:《外台秘要方》,第 11、37 页。

⑨　[唐]王焘著,高文柱校注:《外台秘要方》,第 1093 页。

⑩　[唐]王焘著,高文柱校注:《外台秘要方》,第 431、1367、1399 页。

虚劳、痈疽发背、妇科等疾病①。此外,煎、炙大黄也在该时期出现,用来治疗温病②、疟病、呕吐以及小儿痞病等③。隋唐时期作用大黄的方式出现了类似蒸炒时令蔬菜的蒸、炒方式,用来治温病、痰饮、脚气、咳嗽以及消渴消中④等。综合来看,中古时期大黄的作用方式以渍、煮、熬、蒸为主,都与火水有关,无"火""水"(切、捣筛)的则较少⑤,可能符合《本草经集注》中所说"力势猛,易得快利",用火蒸煮能使大黄出汁更多。

四、由蜀入甘一路向北:大黄的传播路线蠡测

成书于公元 741 年的《本草拾遗》中曾如是记载大黄,"用之当分别其力,若取和厚深沉,能攻病者,可用蜀中似牛舌片紧硬者;若取泻泄峻快,推陈去热,当取河西锦纹者。凡有蒸有生有熟,不得一概用之"⑥。这说明到了《本草拾遗》成书的中唐时期,大黄已有蜀大黄和河西大黄闻名于世。而李时珍也将大黄在各个时期(魏晋至明)的中国产地汇总在《本草纲目》之中,"[别录曰]大黄生河西山谷及陇西。[普曰]生蜀郡北部或陇西。[弘景曰]今采益州北部汶山及西山者,虽非河西、陇西。[恭曰]今出宕州、凉州、西羌、蜀地者皆佳。[颂曰]今蜀川、河东、陕西州郡皆有之,以蜀川锦文者佳。其次秦陇来者,谓之土番大黄。[时珍曰]今人以庄浪出者为最,庄浪即古泾原陇西地,与别录相合"⑦。由此可见,质量上乘的大黄其产地以今甘肃和四川地区为主,开始时很有可能是蜀大黄质量最佳,后经发展今甘肃省平凉市庄浪县的大黄"出者为最"。

---

① [唐]王焘著,高文柱校注:《外台秘要方》,第 28、95、119、148、185、202、411、419、528、545、548、851、1261 页。

② [唐]王焘著,高文柱校注:《外台秘要方》,第 115、137、185 页。

③ [日]丹波康赖撰,高文柱校注:《医心方》,第 519 页。

④ [唐]王焘著,高文柱校注:《外台秘要方》,第 115、249、303、365、615 页。

⑤ "炙"作用大黄的也较少,可能是不如蒸煮等方式能够实现大黄力势猛、得快利的效果。

⑥ [唐]陈藏器撰,尚志钧辑释:《本草拾遗》辑释,合肥:安徽科学技术出版社,2002 年,第 359 页。

⑦ [明]李时珍编纂,刘衡如、刘山永校注:《本草纲目》卷 17,第 767 页。

　　前述法国学者阿里·玛扎海里认为大黄是由丝绸之路走出中国的,石云涛则根据玛扎海里的推测认为早在汉代便经海、陆两路西运波斯。两位学者将大黄走出去的路线描绘得较为清晰,但大黄在中国本土的传播路线是怎样的呢? 学者孙其斌、吕有强根据《敦煌汉简》与《武威汉代医简》中记录的药物推测几乎所有的药物可能是中央政府运送过来的,而非出自敦煌地区①。如前述,在二简中都有大黄与他药配伍成方的记载,所以大黄在汉时很有可能是因治疗伤寒效果显著,被中央政府从他区征调到敦煌地区,为戍边将士疗治伤寒之病。那么,这个他区是哪里呢? 张仲景《伤寒论》的“大陷胸丸方”“大陷胸汤方”中都用到蜀大黄来治疗伤寒结胸②,而在敦煌出土文献中(P. 3287)“摩风膏方”“平胃丸方”中也有蜀大黄的记载③。由此推测,蜀大黄相较其他产地大黄出现的时间较早,在东汉及以前就已出现。即使到了隋唐时期,敦煌地区疗治一些疾病还是比较推崇使用蜀大黄。从这些药方中记载蜀大黄情况来看,上面说到的“他区”很有可能是蜀地。

　　再来看大黄的传播方向。姚崇新以义净《南海寄归内法传校注》中茯苓为例,认为茯苓已经传至波斯却没有传到印度,反映出中医药对印度的影响不大④。与茯苓类似,在保存一些印度医学治疗史料的《鲍威尔写本》(成书约在6世纪,相当于我国的南北朝时期)和记录印度医学理论及方剂的《医理精华》(成书约相当于我国的唐朝)中并未见到有大黄的任何记录⑤,很有可能大黄并未传至印度。继而姚崇新以《交河郡市估案》(该案中残存的药材约130余种,其中就有大黄)为中心,勾勒一张以西州为中心的巨大的国际药材贸易网络图⑥。结合前述众学者的研究,中古时期大黄

---

　　① 孙其斌、吕有强:《从〈敦煌汉简〉与〈武威汉代医简〉看两汉时期西北医学》,《西部中医药》2015年第9期。

　　② [唐]王焘著,高文柱校注:《外台秘要方》,第36、37页。

　　③ 陈增岳编:《敦煌古医籍校正》,第123、124页。

　　④ 姚崇新:《中古艺术宗教与西域历史论稿》,北京:商务印书馆,2011年,第417页注⑤。

　　⑤ 关于《鲍威尔写本》和《医理精华》的研究及相关史料,参见,陈明:《印度梵文医典〈医理精华〉研究》,北京:中华书局,2002年;《异殊药方:出土文书与西域医学》,北京:北京大学出版社,2005年。

　　⑥ 姚崇新:《中古艺术宗教与西域历史论稿》,第418页。

的传播路线很有可能是在汉时由蜀地一路向北，入甘后经丝绸之路传至世界其他国家。如宋朝时商人带往三佛齐的商品就有大黄①；明清时期中国大黄作为重要的中药材出口至东南亚各国，受到了沿途各国的欢迎②。到了十八世纪，野生大黄、种植大黄及其杂交品种被视为食用植物。现在，人们主要用它来制作果酱和馅饼③。

结　语

新世纪以来，一些学者对外来香料中的乳香④、麝香⑤、苏合香⑥做了重点考察。底也迦⑦、乌贼鱼骨⑧、附子⑨、含生草⑩、昆布⑪、阿魏⑫以及乳煎荜拨⑬等也成为汉唐时期东西方交流的重要物质载体。

大黄在中外物质交流中发挥了重要作用，但也许是不在"物以稀为贵"行列的缘故，大黄在中国中古时期并未踏出药用领域之外，只是在巫医并存

①　冯立军：《古代中国与东南亚中医药交流研究》，昆明：云南出版集团有限责任公司、云南美术出版社有限责任公司，2010 年，第 72 页。

②　冯立军：《古代中国与东南亚中医药交流研究》，第 30、58、64、82、92、104 页。

③　[葡]若则·爱德华多·门德斯·费朗：《改变人类历史的植物》，时征译，第 142 页。

④　王阳：《乳香之路：对丝绸之路的另一种认知》，《社会科学战线》2015 年第 7 期。

⑤　杨东宇：《丝绸之路上的阿拉伯、波斯与中国麝香应用比较研究》，《青海民族研究》2016 年第 2 期。

⑥　袁开惠、王兴伊：《苏合香考》，《中医药文化》2017 年第 2 期。

⑦　王纪潮：《底也迦考——含鸦片合方始传中国的问题》，《自然科学史研究》2006 年第 2 期。

⑧　陈明：《作为眼药的乌贼鱼骨与东西方药物知识的流动——从"沙摩路多"的词源谈起》，《西域研究》2009 年第 1 期。

⑨　余欣：《中古异相——写本时代的学术、信仰与社会》，上海：上海古籍出版社，2015 年，第 189—216 页。

⑩　胡梧挺：《"含生草"与"靺羯"：渤海国相关史料的讨论》，《哈尔滨学院学报》2015 年第 2 期；《含生草考：唐代阿拉伯药物的东传与渤海国的中继作用》，《元史及民族与边疆研究集刊》2018 年第 2 期。

⑪　胡梧挺：《"南海之昆布"：唐代东亚昆布的产地、传播及应用》，《中国历史地理论丛》2019 年第 7 期。

⑫　陈明：《历代译名及其词义流变：阿魏的文化史之一》，余太山、李锦绣主编：《欧亚学刊》新 8 辑，北京：商务印书馆，2019 年，第 143—157 页。

⑬　温翠芳：《唐太宗治气痢方与印度医学之关系》，《中国文化研究》2006 年秋之卷。

的年代,受到巫风的熏染①,因大黄具有荡涤肠胃、推陈致新而可以将鬼气排泄出来的疗效,才被纳入到除鬼方中来治疗因鬼祟而引起的各类疾病②。还有"疗黄疸"的大黄散③或三黄散④以及与之类似的敦煌地区疗黄丸(P. 3596)很有可能是用到同类相疗的模仿巫术,以"什么颜色的药治什么颜色的病"⑤——大黄、黄芩、黄连都为黄色药物,先民认为这样可以以黄治黄,除黄疸。除此之外,大黄在中古再未产生文化的遐思⑥,在全唐诗中甚至没有找到一篇关于大黄的诗文,为大黄钩织一幅文化图景是较有难度的⑦。学者陈明在考察敦煌医药文献时曾发现在敦煌医药文献中收录了一些应急且高度有效的方剂,最具有典型性的即为备急丸⑧。实际上该丸最早记录应是源于张仲景的《伤寒论》中的"三物备急丸",用来"疗心腹诸卒暴百病"。在张仲景生活的时代该丸亦"为散用"⑨成为"三味备急散"⑩或"司空三物备急散"⑪。该丸或散中都有大黄(其他两味是巴豆和干姜)反映了备急方的一个特点,即对症的药物往往用民间常见的并非很贵重的药剂。

① 巫术很长一段时间统御整个中国,对医亦产生了深远的影响。从殷商到隋唐时期医巫关系由不分到并行状态以一种结构化的形式存在,而不是由巫到医的线性演进。关于巫医关系,参见于赓哲:《汉宋之间医患关系衍论——兼论罗伊·波特等人的医患关系价值观》,《清华大学学报(哲学社会科学版)》,2014 年第 1 期;杨勇:《从出土文献再论战国秦汉时期的巫、医关系》,《简帛研究》2019(秋冬卷)。

② [唐]王焘著,高文柱校注:《外台秘要方》,第 81、295、415、425、431、432、433、434、485、488、491—492 页。

③ [唐]王焘著,高文柱校注:《外台秘要方》,第 122 页。

④ [唐]孙思邈著,李春深编著:《千金方》,天津:天津科学技术出版社,2017 年,第 947 页。

⑤ 高国藩:《中国民俗探微——敦煌巫术与巫术流变》,南京:河海大学出版社,1993 年,第 260 页。

⑥ 在《神农本草经》编撰体例中大黄无毒,却被置于下品,原因可能是大黄不具有致仙功效,与成仙初阶思想不符,所以只能位列末品。既然无仙也就引不起时人的文化遐想。关于成仙初阶思想与《神农本草经》的编撰体例(三品药划分法)之间的关系,参见于赓哲:《成仙初阶思想与〈神农本草经〉的三品药划分法》,《史林》2020 年第 3 期。

⑦ 此类现象并非大黄一例,郁金也存在。因时人对郁金香太过追捧,导致"鸠占雀巢",后人以为原产于中国的郁金就是外来植物郁金香。余欣、翟旻昊:《中古中国的郁金香与郁金》,《复旦学报》2014 年第 3 期。

⑧ 陈明:《敦煌的医疗与社会》,北京:中国大百科全书出版社,2018 年,第 262 页。

⑨ [唐]王焘著,高文柱校注:《外台秘要方》,第 1093 页。

⑩ [唐]王焘著,高文柱校注:《外台秘要方》,第 336 页。

⑪ [唐]王焘著,高文柱校注:《外台秘要方》,第 966 页。

从备急丸的名称也可看出大黄、巴豆、干姜配伍而成的备急丸是备不时之需。此外,以大黄单味药成方的记载在传世医学文献和敦煌出土文献中亦有不少①,或能一窥大黄在民间使用的普遍程度。正如现在一些家中卧室床前可能备有速效救心丸一样,我们可以说备急丸、速效救心丸等很平常,但谁又敢说它们不重要呢。

　　大黄只是诸多传统中药材中的一种,它走出国门并发挥重要作用并非偶然。要知道药物传播不仅仅是单一的物质传播,其所附着的用药观念也随之扬播千里。这也从一个侧面彰显了中医药宝库的丰富多彩,中医药文化的灿烂辉煌。大黄在药用领域的每一步迈进都是中国先民施药治病经验智慧的结晶。从这个角度来看一些享誉全球的中药材,比如大黄、茯苓等,其在走出国门之前或在中国本土的情形应多着笔墨,详加考察。借此我们可以正本清源,加深对中医药文化传播过程复杂性的理解和感悟。

　　〔作者郭幼为,仲恺农业工程学院马克思主义学院讲师,广州 510225〕

---

① 　[唐]王焘著,高文柱校注:《外台秘要方》,第 373、534、700、1268 页;马继兴等:《敦煌医药文献辑校》,南京:江苏古籍出版社,1998 年,第 247、321 页。

饮食、医疗与想象：14 至 16 世纪西欧社会生活中的蔗糖文化

程利伟

摘　要：蔗糖在 14 至 16 世纪西欧社会生活中扮演了丰富角色，其饮食功用让人能够享受更加美味的食物，其医疗保健价值让人拥有更加健壮的体魄，其文化艺术功用让人欣赏到美妙绝伦的雕刻艺术。同时，蔗糖及其自我延伸也包含着多重社会想象，它是调节社会权力秩序关系的一种符码，是宗教世界人们纯洁灵魂的化身，是生活在现实世界的人们对美好未来的向往。近代早期，西欧社会生活中的这种重糖文化，不仅塑造了人们口味上对甜味的普遍偏爱与认同，而且开启了西欧饮食均一化的萌芽与口味的全球扩张。

关键词：蔗糖文化；饮食；医疗；西欧；社会生活

蔗糖最早出现在南亚地区，经阿拉伯农业革命传到地中海地区，至公元 10 世纪拉丁西方才通过拜占庭、阿拉伯获知蔗糖。自 11 世纪末，伴随着十字军东征的开始，拉丁西方与东方的蔗糖贸易逐渐发展起来，蔗糖由此进入西欧社会，成为中世纪西欧社会生活中重要的消费品之一，并于 14 至 16 世纪迎来蔗糖消费的第一个高潮期。当时蔗糖被广泛应用于饮食、医疗、宗教等领域，甚至被作为艺术与社交礼品，在一定程度上是消费者的身份与地位的象征以及对美好生活的想象，具有丰富的文化内涵。前人对西欧蔗糖问题的研究主要集中在甘蔗的传播史、蔗糖的经济社会史等方面。① 笔者认

---

① 以威廉·里德、埃德蒙·冯·利普曼、伽洛瓦、诺尔·德尔等为代表的甘蔗传播史的研究，参见 William Reed, *The History of Sugar and Sugar Yielding Plants*, London：Long- （转下页注）

为,将蔗糖消费作为一种文化现象来考察,探寻蔗糖作为文化符号的意义,有助于加深对蔗糖消费与当时社会生活关系的理解,进而丰富对近代早期西欧社会转型过程中日常生活的认识。因此,本文试图从社会文化史的视角,考察蔗糖在 14 至 16 世纪西欧社会生活中的消费情况及其文化意义。

一

　　饮食是蔗糖最重要、最常见的用途。重糖、重色是中世纪西欧社会饮食的风尚,人们在餐桌上喜欢富丽堂皇的色调、芬芳的气味以及香甜的口味。蔗糖的使用在中世纪的饮食书中无处不在,从现存的中世纪烹饪书所列举的食谱中可以看出,一半以上食谱的原料中都含有蔗糖,以至于当时的德国流行着一句俗语:"任何菜肴都不怕放糖。"①蔗糖在饮食方面的使用主要体现在三个方面:烹调菜肴与制作甜点的调味剂,制作果品蜜饯的保鲜剂,调制饮品的甜味剂。

　　作为调味剂,蔗糖经常与其他香料混合使用。中世纪人们为了制作美味可口的菜肴,经常不加区分地将蔗糖与其他香料一起放到正在烹饪的菜肴里,结果菜肴就不仅具有香料味而且还夹杂着甜味,这种香甜的口味,正是人们所渴望的。蔗糖和香料的混合使用非常普遍,经常出现在肉类、鱼类、蔬菜以及其他菜肴的烹调中。1390 年的《烹饪书》详细描述了蔗糖作为调味剂在许多菜谱中的应用,比如一道炖鸡肉的做法:

　　(接上页注) mans, Green, And co, 1866;Edmund O. von Lippmann, *Geschichte des Zuckers*, Leipzig: Max hesse's Verlag, 1890;J. H. Galloway, *The Sugar Cane Industry——An Historical Geography from its Origins to 1914*, Cambridge:Cambridge University Press, 1989;Noël Deerr, *The History of Sugar*, vols. 1—2, London, 1949—1950. 以艾伦・黛博拉・埃利斯、伊利亚胡・阿什特、西敏司等为代表的蔗糖的经济社会史研究,参见 Ellen Deborah Ellis, *An Introduction to the History of Sugar as a Commodity*, Philadelphia: the John C. Winston CO. , 1905;Eliyahu Ashtor, *East-West Trade In the Medieval Mediterranean*, Ed. Benjamin Z. Kedar. London:Variorum Reprints, 1986;[美]西敏司:《甜与权力——糖在近代历史上的地位》,王超、朱健刚译,北京:商务印书馆,2010 年。

　　① [法]费尔南・布罗代尔:《15 至 18 世纪的物质文明、经济与资本主义》(第二卷),施康强译,顾良校,北京:生活・读书・新知三联书店,1993 年,第 189 页。

首先把鸡洗干净,放入浓汤里炖;然后捞出把鸡肉拍打压实;其次取蛋黄与肉汤混合,加上生姜、糖、番红花和盐,置于火上,不要煮沸;最后将整只鸡切块放到盘里,再倒上调味汁,便可食用。①

发源于中世纪法国的牛奶冻(Manger Blanc),是一道经常出现"在宴会和婚礼上的美味佳肴,同样也用来招待残疾人和刚分娩的母亲"②。这道菜通常是用鸡肉、牛奶或杏仁乳、大米和蔗糖制成。另外,作为当时人们爱吃的食物猪肉馅饼(Pork Pie)和油煎饼(Fritters),蔗糖也在其中用作调味剂。猪肉馅饼的做法是:"首先取新鲜的猪肉,用刀将其剁成肉酱,并把它放到容器里;然后在容器里加上几个鸡蛋,放进一些松子和葡萄干搅拌;接着放进油锅里炸一下,并添加胡椒、肉桂、生姜、糖和盐;最后把油炸好的馅放到一个大饼皮里包好,置于火上烤熟即可食用。"③而油煎饼的做法则是在容器里放入几个鸡蛋,添加适当的面粉、酵母和啤酒,搅拌使其成糊状;把苹果削成薄片,加上黄油;然后把它们放进煎锅里油煎直到成金黄色为止;最后,将其放到盘子里撒上糖即可食用。④

除了在许多菜肴中加入蔗糖外,蔗糖也在各式甜点的制作中发挥着调味剂的作用。中世纪的甜点丰富多样,既包括各种果酱、花糖、糖衣果仁、牛轧糖、果仁糖,还包括各式薄饼、杏仁糕以及吐司等。例如橘果的做法就是将橘子放到糖浆中浸泡一个星期左右,然后用开水煮,并调以蜂蜜,最后再加生姜炖。杏仁糕(Marzipan)是当时人们的一种饭后甜点,因其颜色雪白而深受喜爱。中世纪西欧杏仁糕的制作流程是:

　　　　首先准备0.75磅的杏仁、0.75磅的糖、1勺左右的肉桂和适当的玫瑰水;然后把杏仁煮成半熟去皮,并对杏仁进行漂白;其次将漂白后的杏仁碾碎放入容器中,加入糖和肉桂,接着倒入玫瑰水,搅拌并进行

① E. Crane, *Honey*, London: Heinemann, 1975, p. 473.

② [英]尼科拉·弗莱彻:《查理曼大帝的桌布:一部开胃的宴会史》,李响译,北京:生活·读书·新知三联书店,2007年,第22页。

③ T. Austin, ed., *Two Fifteenth-century Cookery-books: About 1430—1450*, Kessinger Publishing, 2010, p. 43.

④ T. Austin, ed., *Two Fifteenth-century Cookery-books: About 1430—1450*, p. 73.

加热;最后使其冷却凝固即可食用。①

　　蔗糖用作调味剂的做法在 16 世纪达到了高潮。不过,到 16 世纪末期后,由于口味分离的需要,蔗糖与其他香料混合作为调味剂在烹饪中的使用开始减少。

　　蔗糖作为制作蜜饯和其他食品的保鲜剂是指其能够使食物保存很长时间而不变质。蔗糖具有保湿的作用,将食物放到液体的糖或者糖浆中,使其表面覆盖一层糖衣从而把他们与外部环境隔离开来,可以抑制细菌的繁殖,从而延长食物的保质期。中世纪西欧蔗糖作为保鲜剂体现在两个方面:一是在蜜饯制作中用于保鲜,二是在医药和肉食品中用于防腐。蔗糖的保鲜功能很早就为人所了解,9 世纪的波斯档案中记录了水果糖浆、甜续随子以及其他同类蜜饯的加工与出口情况。② 十字军东征期间蜜饯从阿拉伯出口到西欧,后来利用蔗糖的特性来保鲜的方法也传到西欧。生活于 15 世纪的帕拉塞尔苏斯(Paracelus, 1493—1541 年)认为,“蔗糖可以单独或与酒精和甘油联合作为防腐剂,用于防止食物发酵、细菌分解、沉淀等”③。由此,人们经常用糖浆来腌制水果,以去除或者掩盖水果的酸味,并阻止细菌滋生,延长容易腐烂水果的贮藏时间。④ 例如草莓蜜饯的制作方法:

　　　　首先把新鲜的草莓洗净,放到上好的红酒中浸泡,然后将浸泡好的草莓放到一块布上挤压出汁;接着把草莓汁和杏仁奶一起倒入锅中,在上面撒上一层厚厚的面粉,煮沸;再添加醋栗、藏红花、胡椒、大量的糖、姜粉、肉桂、良姜;再放上醋,使其变酸,滴上一滴油,用紫草根染色,搅拌均匀,再撒上谷物和石榴籽凝固即可食用。⑤

---

　　① *The Art of Cooking*: *the First Modern Cookery Book*, by The Eminent Maestro Martino of Como, edited and with an introduction by Luigi Ballerini, Translated and Annotated by Jeremy Parzen, and with fifty modernized recipes by Stefania Barzini, University of California Press, 2005, p. 187.

　　② [美]西敏司:《甜与权力——糖在近代历史上的地位》,第 126 页。

　　③ P. S. Pittenger, “Sugars and Sugar Derivatives in Pharmacy”, *Scientific Report Series*, no. 5. New York: Sugar Research Foundation Inc. , 1947, p. 13.

　　④ [美]穆素洁:《中国:糖与社会》,林燊禄、叶篱译,广州:广东人民出版社,2009 年,第 43 页。

　　⑤ A. R. Myers, eds. , *English Historical Documents*,1327—1485, London: Eyre and Spottiswoode, 1969, p. 1176.

蔗糖所具有的保鲜特性也常常被用于医药与肉类的防腐。中世纪的人们喜欢将蔗糖覆盖在火腿和其他肉类上形成保护层。[1] 尽管中世纪的西欧人发明了盐渍、发酵和烟熏等方法使得食物不会变质,但是这样所得到的食物味道让人难以下咽。后来人们开始使用糖来腌制肉类,一方面可以防止肉类变质,另一方面也获得了更好的味道。相较于蔗糖在肉类保鲜上的重要性来说,蔗糖作为中世纪药物的储藏剂具有双重功能,亦即药品外面的糖衣既是为了防腐同时也具有药物的功能。

蔗糖作为甜味剂是利用蔗糖本身所具有的特性来中和或者增强其他食物的味道,从而使食物原来的味道发生变化,而具有甜味。蔗糖作为甜味剂与用作调味剂的不同在于看它是否改变食物原来的味道。调制香料酒是蔗糖作为甜味剂在中世纪晚期的主要表现。中世纪的酒如果不佐以他物直接喝的话其苦难当,如诗人奥吉特·德沃科里森就曾抱怨过那种令人窒息的“难喝、生涩、靠不住的”葡萄酒。[2] 由此,人们在酒中加入香料和蔗糖等非常流行。中世纪时期香料酒的制作方法大体相同。首先是把几种香料混合在一起捣碎成粉末,然后和糖一起加入到酒中,使其变甜,接着用布做的口袋对其过滤去除杂质,就可以饮用。因为过滤酒的袋子习惯上被称作希波克拉底之筛,所以人们常把这种酒称作“希波克拉底”酒。14 世纪的《巴黎持家书》中也记录了该酒的做法:

> 要制作一夸脱希波克拉底酒,需要 1.125 磅糖,5 达姆(Dram)优质的肉桂,3 达姆姜以及 1.25 达姆丁香、小豆蔻、肉豆蔻、甘松的混合物,将这些香料研磨成粉末状加入酒中,并对酒进行适当加热使之完全溶解,过滤后即可饮用。[3]

总之,在 14 至 16 世纪的西欧,蔗糖一方面不仅作为一种调味剂为西欧的

---

[1]　Jack Goody, *Cooking, Cuisine and Class: A Study in Comparative Sociology*, Cambridge University Press, 1982, p. 156.

[2]　[澳]杰克·特纳:《香料传奇:一部由诱惑衍生的历史》,周子平译,北京:生活·读书·新知三联书店,2007 年,第 131—132 页。

[3]　*The Goodman of Paris (Le Menagier de Paris): A Treatise on Moral and Domestic Economy by a Citizen of Paris, 1393*, translated and with an Introduction and Notes by Eileen Power, Woodbridge, UK; Rochester, NY: Press, 2008, p. 197.

贵族所关注并应用到各种菜肴与甜点中，而且还作为储藏保鲜剂可以有效地延长食物与药物的保质期；另一方面蔗糖还可以在酒类等饮品中当作甜味剂，正是蔗糖的这种特性使得其在后来茶、咖啡和巧克力的普及中发挥了重要作用。

二

　　体液理论是中世纪西欧占统治地位的医学理论。它建立的前提是世间万物，包括动物与非动物，都由冷、热、干、湿四种特性结合而成。应用到人的身体上，这些要素表现为四种体液，即人体内的血液、黏液、黄胆液和黑胆液。血液质对应于空气，是温性与湿性的结合；黏液质是水性、凉性与湿性的结合；胆汁质是温性与干性的结合；忧郁质是冷性和干性的结合。药物也具有热、冷、湿、干四种特性。体液理论认为，人的身体会受到这四种体液的影响。人生病的原因在于身体内其中一种体液大量超过其他体液而导致的失衡。同时，在中世纪的西欧，人们也普遍认为食物代表相反的东西，可以中和身体中的体液，成为恢复体液平衡的关键。如脑与舌是湿的，因而必须服用热而干的香料加以中和；醋也就是酸酒被视为冷而干，因此以醋做成的调味品必须用芥末、大蒜与芸香之类的刺激性香料平衡。① 中世纪西欧作为药物的蔗糖在体液理论下表现为热而湿的特性，②正是在这种特性下蔗糖的药用和保健价值才得以发挥。

　　对于西欧来说，自从史前时代以来，蜂蜜就被人类和动物（尤其是熊）当作一种食材。医学家描述蜂蜜拥有热而干的特性，且具利尿和通便之功效，常被老人和感冒的人食用。③ 与蜂蜜相比，蔗糖具有湿而热的特性，它不仅不会引起人们产生口渴和发痒的感觉，而且对胸、肺、肾脏以及膀胱有益，因此，在中世纪经常被用来治疗各种疾病。例如 1075 年希腊医师西蒙·赛斯用蔗糖来治疗腹泻，11 世纪拜占庭的宫廷御医西尼赛欧斯用玫瑰

① ［美］琳达·希薇特罗：《餐桌上的风景：历史传说、名厨轶事和经典烹饪交织的美食文化》，邱文宝译，台北：三言社，2008 年，第 70 页。

② Paul Freedman, *Out of the East：Spice and the Medieval Imagination*, New Haven：Yale University Press, 2008, p. 56.

③ Melitta Weiss Adamson, *Food in Medieval Times*, New Haven：Yale University Press, 2008, pp. 26—27.

蔗糖来治疗发热,而生于 1020 年的康斯坦丁则描述了医学上固体、液体状蔗糖的内外用法。① 12 世纪萨勒诺医学校编译出版的《医学全书》(*Circa Instans*)是中世纪西欧医学的最高成就,该书中记载蔗糖可以用来治疗发热、咳嗽、胸闷和疏导肠道。② 12 世纪的女性医学全书《特罗图拉》描写了蔗糖对女性分娩和美容的作用,并指出糖药剂可以治疗发热。③ 宾根的希尔德加德在《药用植物》中同样写道:

> 食用甘蔗汁对身体没有什么好处,然而当人的大脑感到疲惫或胸腔感到不舒服时,食用晶体糖可以使人们迅速地恢复精神,并使呼吸系统通畅;因此蔗糖可以疏通人的气管,净化人的心灵。④

中世纪晚期的健康手册也对蔗糖的药用价值进行了记录:

> 清洁纯白的糖热性第一位,湿性第二位,其对胸腔、肾脏和膀胱有益,可以净化身体,加速血液循环,但是食用过多会导致胆汁分泌,引发人的渴感。⑤

尽管蔗糖在中世纪西欧可以单独作为药品食用,但它还是经常与其他如具有热干、热湿、冷干、冷湿的食物或药物搭配来治疗疾病。因为蔗糖的甜味不仅可以中和其他药物的苦味,而且可以作为保存药物的保鲜剂。其他药物和蔗糖混合在一起通过加热和冷却形成许多不同的材质:胶状、硬质、黏稠、松软或咀嚼物等。⑥ 中世纪西欧人们普遍认为糖、蜂蜜和牛奶混合在一起食用,更有助于消化。⑦ 16 世纪英国医生沃恩的《天然保健与人

---

① [美]西敏司:《甜与权力——糖在近代历史上的地位》,第 103 页。

② [美]西敏司:《甜与权力——糖在近代历史上的地位》,第 103—104 页。

③ Monica H. Green ed. , *The Trotula*: *A Medieval Compendium of Women's Medicine*, University of Pennsylvania, 2001, p. 197.

④ *Hildegard's Healing Plants*, Translated by bruce W. Hozeski, Boston: Beacon Press, 2001, p. 155.

⑤ *The Medieval Health Handbook*: *Tacuinum Sanitatis*, Translated and Adapted by Oscar Ratti and Adele Westbrook, New York: George Braziller, 1976, p. 97.

⑥ Paul Freedman, *Out of the East*: *Spice and the Medieval Imagination*, p. 13.

⑦ Melitta Weiss Adamson, *Food in Medieval Times*, p. 45.

工保健》中写道,蔗糖具有疏导作用,可以清肠、通便利尿,同时对胃部有好处;并且当蔗糖、大米和牛奶一起服用时还具有止泻、提高性能力的功效。①另外,在当时西欧人的眼里,蔗糖还有助于预防瘟疫。20 世纪德国医学史家卡尔·萨德霍夫在其有关 14 世纪瘟疫的论文中写道:"没有一个处方里会少了糖,给穷人的药方里它也被列了进去。"②同时,在 1587 年出版的《瘟疫防护》中记载,伊丽莎白一世每次出现在公共场合,即使在没有传染病的时候,也要小心翼翼地戴上一双用玫瑰露、蜜糖和香料熏香的手套,外加用最昂贵的香料填装的香盒。③

　　中世纪的人们认为,蔗糖还具有保健功能,它是重要的催情剂,这种观念在当时有着坚实的医学基础。对于中世纪的西欧人来说,性功能出现障碍是由人体内四种体液失衡导致,特别是人体内的忧郁汁分泌过多致使体液过冷,所以需要食用性热的食物来平衡体液失调。不过中世纪的人认为性热的物质在提高性欲的同时有可能不利于精子的生长而降低生育能力,只有湿性的物质才能有助于精子的产生,因此,温暖湿润的食物是最理想的提高生殖能力的良药。④ 而蔗糖热而湿的特性在这方面具有独特的疗效。11 世纪康斯坦丁所著的《论性爱》(De Coitu)可以说是中世纪的性学手册,该手册提供了 18 种提高性能力和治疗性障碍的处方,大部分是以蔗糖为原料的药剂;其中阳痿的治疗方法是"生姜、胡椒、高良姜、桂皮和各种草药合成的干药糖剂,午餐和晚餐后少量服用;对由于冷质而致的阳痿,他还开了一种干药糖剂的处方"。⑤ 乔叟在《商人的故事》中也讲道:40 岁的"一月"尽管经常吹嘘自己的性能力,但是当他发现自己的妻子和侍从偷情时,他开始担心自己婚姻的肉体生活,开始私下找一些化学药物,企图依靠香料给自己助力;根据传统壮阳配方,"一月"灌下了一些香料甜酒,又吃了一些混有香料的叫做"药糖剂"的东西;壮阳剂果然产生作用,使老当益壮的"一月"竟能活动到黎明,对自己的表现极为满意。⑥ 15 世纪初期教皇马丁五世的

---

① W. Vaughan, *Natural and Artificial Directions for Health*, London, 1600, p. 24.

② [美]西敏司:《甜与权力——糖在近代历史上的地位》,第 108 页。

③ [澳]杰克·特纳:《香料传奇:一部由诱惑衍生的历史》,第 206 页。

④ Paul Freedman, *Out of the East: Spice and the Medieval Imagination*, p. 72.

⑤ Paul Freedman, *Out of the East: Spice and the Medieval Imagination*, p. 73.

⑥ Geoffrey Chaucer, *The Canterbury Tales*, Wordsworth Editions Ltd, 2002, pp. 274—313.

厨师约翰尼斯·伯肯尼姆在其《食物养生法》中为社会上好色之徒推荐的菜谱是加糖的炒蛋。1610 年托马斯·道森的《夫妻食物精选》同样提到一种能够增强男人和女人性能力的甜馅饼。①

中世纪时期西欧人对刚结婚的男女是否能行房事经常开玩笑,并且同房的成功与否都要记录下来,有时候在新婚之夜还要对新婚夫妇进行祝酒。据记载 1538 年在法国南部的阿尔蒂加的马丁·盖尔和贝特朗成婚当天午夜,村里的年轻人带着香料酒闯入他们的洞房,向他们祝酒以保障他们热烈地行房事,保证将来子孙满堂。② 直到 18 世纪英国还有让新婚夫妇在婚床上就寝前喝一种加有牛奶、蛋黄、食糖、肉豆蔻的酒的习惯。美国性学家詹姆斯·莱斯利·麦卡利在《春药与性欲缺乏》中以科学的眼光解释了这种古老的信仰。他通过询问吃过用糖、蛋黄、丁香和肉桂等制作的甜点的食客的感受,认为把一个伙伴哄上床的最好方法是给他或她提供一顿美餐。他指出其原因在于食物的口感、味道和香气,特别是甜点口感爽滑、温润如奶,在人的潜意识里如同性的意象。③

当中世纪西欧频繁而大量地在饮食和医药上使用蔗糖时,社会上却逐渐出现了一些质疑的声音。12 世纪时蔗糖的消费行为曾引发一场神学上的诘难,即关于在斋戒期间吃糖是否违反戒律的问题。针对该问题,在当时社会上形成了两种不同的声音。一种是反对声音。首先,他们认为蔗糖与有罪的物质有关(来自伊斯兰世界的香料),吃蔗糖违反斋戒;其次,抱持禁欲主义者,认为所有感官乐趣在本质上都对道德有害,蔗糖也不例外;再次,基督教和伊斯兰教的敌对使得人们对来自伊斯兰世界的蔗糖敬而远之;最后人们甚至认为"蔗糖对人的身体有百害而无一利,它只是富人摆阔的工具而不是主要用来治病"。④ 另一种是支持者,他们认为蔗糖很有价值,有助于消化,是一种药物而不是香料或者食物,在斋戒期间吃糖不违反规定。直到 13 世纪神学家托马斯·阿奎那对蔗糖的重新界定才结束了这场争论,

---

① [澳]杰克·特纳:《香料传奇:一部由诱惑衍生的历史》,第 217、220 页。

② [美]娜塔莉·泽蒙·戴维斯,《马丁·盖尔归来》,刘永华译,北京:北京大学出版社,2009 年,第 28—29 页。

③ [澳]杰克·特纳:《香料传奇:一部由诱惑衍生的历史》,第 247 页。

④ P. S. Pittenger, *"Sugars and Sugar Derivatives in Pharmacy"*, Scientific Report Series, no. 5. New York: Sugar Research Foundation Inc. , 1947, p. 10.

他认为："吃糖不是为了获得营养，而为了身体健康，它是一种药品，不会违反斋戒；但是如果你以吃糖为乐，并且像食用其他食物那样是为了充饥，那你就破了斋戒。"①所幸，正是托马斯·阿奎那为蔗糖正名，使其在以后躲过了一次次非难。

三

作为中世纪西欧的一种高档食品，蔗糖在艺术与社交方面也发挥着重要的作用。糖作为一种文化艺术品，主要通过糖雕来体现。高纯度的蔗糖是白色的，可以存放很长时间，并且比较容易与其他液体、固体食物混合，并制造出各种千奇百怪的造型。因此，14 至 16 世纪的西欧出现了许多制作精美且具有极高艺术价值的糖雕艺术品，人们不仅将其放到餐桌供客人欣赏食用，而且还作为社交礼物。

糖雕技艺源于阿拉伯人对蔗糖的使用，它是将蔗糖和油脂、碎坚果以及植物胶质混合在一起，制成一种粘土状、具有可塑性的混合物；然后用这种味道甜美且能够长久保藏的粘土混合物雕出任意大小和形状的物件（例如各种动物、植物和建筑等），之后经过烘焙就可以使之定型。蔗糖最初只是作为昂贵的药物为人所知，但是随着阿拉伯人对蔗糖的了解增加，他们开始用糖制作各种艺术品。据 11 世纪曾到达埃及的波斯旅行家纳赛尔·伊·库斯劳的记载，法蒂玛王朝的苏丹有一棵全部用糖制成的树，还有许多大型的展品；奥·查希尔苏丹（1021—1035 年）统治时拥有用糖制成的 7 座巨型宫殿和 157 个雕塑，其继任者穆斯塔西尔苏丹（1035—1094 年）统治时有一座完全用糖制作的清真寺。② 中世纪西欧的蔗糖消费充斥着阿拉伯人的影响，尤其在蔗糖的应用上，阿拉伯人用蔗糖雕刻的工艺被引入到了西欧。早在 13 世纪法国的宫廷宴会上，工匠们就开始把蔗糖和杏仁、油、米、香精以及各种植物胶质混合在一起，制成杏仁蛋白糖糊，并用来塑形和雕刻，其成品不仅具有美学价值而且还易于保存。后来经由法国的传播，用蔗糖制作

① https://isidore.co/aquinas/Sent4d15q3a4.htm，2023 年 3 月 1 日。
② ［英］尼科拉·弗莱彻：《查理曼大帝的桌布：一部开胃的宴会史》，第 14—15 页。

文化艺术品的工艺又越过英吉利海峡传到了英格兰。

　　中世纪的糖雕艺术品种类繁多,根据造型及其文化内涵可以分为两类:一类是蕴含政治寓意的糖雕,另一类是表现日常生活艺术的糖雕。蔗糖在中世纪价格昂贵,制作糖雕需要高昂的成本,所以这项活动往往仅限于国王与贵族。他们让烹饪大师们将糖雕刻成城堡、塔楼、战舰、野兽以及浮雕等造型,来表达特定的立场或者为某种政治目的服务。因此,作为富含政治寓意的糖雕,其本意并非供人品尝,而是做给人们看的。例如 15 世纪勃艮第公爵查理斯为了表达其作为领主的特权,在他举办婚宴的主桌上摆有六只用糖制作的船模型,象征公爵的六块世袭领地,围绕着它们的是十六只较小的船,每一只后面又拖着一些更小的船。① 查理斯的糖雕艺术船模型很好地诠释了领地领主与附庸之间的关系,从而巧妙地表达了他所拥有的权力。同期,在罗马一位贵族的婚礼宴会上,为了表达对意大利四分五裂局面的不满,他让人在主桌上摆上了用糖雕刻成的一组赫拉克勒斯与一只狮子、一只野猪和一头公牛进行搏斗的艺术品,很好地表达了当时意大利国内的政治局势。② 16 世纪随着西欧蔗糖供应量的增加,特别是受文艺复兴的影响,糖雕作为一种文化艺术品也越来越深受特权阶层的青睐。当 1571 年西欧宗教战争最吃紧的时候,法王查理九世为奥地利的伊丽莎白举办了盛大的欢迎晚宴,餐桌摆满了糖衣果仁,并在糖的表面雕刻了六幅浅浮雕,寓意在于歌颂雅典娜的睿智,以此借雅典娜来象征要维护世界的和平与繁荣,浮雕的意图昭然若揭。③ 新航路开辟后,当国王和大主教们在展示他们巨大的糖制城堡和驭马骑士的同时,正在上升的阶层——多半是新受封的贵族,也有成功的商人和士绅——开始在餐桌上用糖来制作军舰、枪炮艺术品,借此来达到与国王、大主教们的做法相类似的社会效应。④ 由此,糖雕艺术品成了引人注目、凸显身份的符号,并用来表达某种政治诉求。

　　表现日常生活艺术的糖雕在西欧也随处可见,烹饪大师们用蔗糖制作成日常中的器具、饰品、动物、衣服等来表达人们对生活中美的追求。1475

　　① [澳]杰克·特纳:《香料传奇:一部由诱惑衍生的历史》,第 151 页。
　　② [英]尼科拉·弗莱彻:《查理曼大帝的桌布:一部开胃的宴会史》,第 158 页。
　　③ [法]让·马克·阿尔贝:《权力的餐桌——从古希腊宴会到爱丽舍宫》,刘可有、刘惠杰译,北京:三联出版社,2012 年,第 81—82 页。
　　④ 参见[美]西敏司:《甜与权力——糖在近代历史上的地位》,第 99 页。

年在皮萨罗举办的宴会上所有餐具都是用蔗糖制作的,甚至在宴会期间使用的酒杯以及女士们配的首饰像戒指、串珠别针或念珠等也是由蔗糖制成。① 16 世纪晚期,休·普拉特爵士的《主妇日用技艺》中详细列出了用糖雕刻成各种工艺品的奇思妙想,这些工艺品包括扣子、鸟、护身符、蛇、蜗牛、青蛙、玫瑰、细香葱、鞋子、拖鞋、钥匙、刀子、手套、字母等。②

另外,在中世纪的社会生活中蔗糖及其制品因高昂的价值,也成为了一种高档的礼品,并在日常生活和外交事务中发挥着重要的作用。1290 年 5 月,英王爱德华一世的使臣乘一艘"巨轮"从雅茅斯出发前往挪威,目的是安排爱德华王子与"挪威少女"玛格丽特的婚礼。船上除了船员和使臣们的日用品外,为了密切朝廷之间的关系,还载有大量的蔗糖、胡椒、生姜、大米、无花果、葡萄干和姜饼作为礼品。③ 中世纪的法国有些甜食被称作"房间佐料","因为人们是在卧室或别的房间里品尝它们",由于其价格昂贵,用糖做成的蜜饯很被人看重。"在日常生活中,打赢一场官司,习惯拿这些东西送给法官表示感谢。"④16 世纪蔗糖作为礼品更为普遍。例如 1513 年 10 月 18 日,葡萄牙国王向教皇赠送由甜食商雕刻的与其等身的糖人像,四周站着 12 名主教和 300 支蜡烛,每支均高 1.5 米。⑤

四

14 至 16 世纪是西欧蔗糖消费的第一个高峰期,它不仅让人能够享受更加美味的食物,拥有更加健壮的体魄,欣赏到美妙绝伦的雕刻艺术,而且还在人们的思想上打下了深刻的烙印。在充满想象的中世纪社会里,一切思想都有其外在的表现形式,象征成为人们表达思想最好的方法。人们通常把他们所要表达的思想和观念,渗入到具体的可感知的事物中,以人们所

---

① ［英］尼科拉·弗莱彻:《查理曼大帝的桌布:一部开胃的宴会史》,第 158 页。

② H. Platt, *Delightes for Ladies*, London, 1596, pp. 73—78.

③ ［澳］杰克·特纳:《香料传奇:一部由诱惑衍生的历史》,第 153 页。

④ ［法］图珊-萨玛:《布尔乔亚饮食史》,管筱明译,广州:花城出版社,2007 年,第 38 页。

⑤ ［法］费尔南·布罗代尔:《15 至 18 世纪的物质文明、经济与资本主义》(第二卷),第 189 页。

熟知的方式表达出来。在中世纪庞大的象征体系中，蔗糖及其自我的延伸同样包含着深刻的精神内涵与想象。

蔗糖是中世纪西欧调节社会权力秩序关系的一种符码。食物作为人类生存所必不可少的资源，是一种划分人们地位高低、权力大小的尺度。在食物的分配体系里，拥有至高权力的人，能够享受到比别人更多的食物。一个人所食用的食物的好坏，在一定程度上决定着人的地位。在日常生活中，招待拥有身份和权势的人，通常需要精心准备并提供质量高、价格贵的高级菜肴；地位高的人为了保有和暂时分享自己的权力，也经常举办一些宴会。在中世纪的宴会中，食物的好坏直接关系着宴会的成功与否，一场全部由高级菜肴组成的宴会，往往能够获得巨大的成功。他不仅能够获得来参加宴会的客人的尊敬，而且还会使得自己的权力和地位得到彰显与巩固。宴会上的高级菜肴调节着主客之间的关系，主人通过施舍食物来分享权力，而客人则通过尽情地享受这些山珍美味来表达对主人权力的承认。中世纪时期糖雕艺术品在调节社会秩序关系方面具有特殊意义。因为蔗糖既稀有又昂贵，在饮食体系中属于高级菜肴，是社会上权力和财富的象征。起初，单单是作为中间菜出现，后来演变成整个宴会都是由糖雕艺术品组成，16世纪更是风靡整个西欧。

蔗糖是宗教生活中纯洁灵魂的化身。在坚持信仰至上的欧洲中世纪，人们认为在宗教生活中一切神秘的现象都包含有实体。一旦以实体的方式将神秘的图像呈现在眼前，人就能够把握神秘的现象。正是在此观念下人们把一切都融入到过分火热的宗教情感中，并且几乎一切形象都可以找到相应的位置。而宗教象征对蔗糖所施加的影响，主要是通过颜色来体现。白色在宗教象征的体系里与糖有着固定的搭配。白色是纯洁的象征，纯洁不仅指天然无污染以及简单朴实，而且还指没有私心。在基督教的思想里人们认为纯洁的东西具有涤洗的作用，它可以帮助人们洗涤现世灵魂中的罪恶，获得心灵的净化。因此，白色的食物更能获得人们的青睐，像牛奶、杏仁、白糖等。中世纪蔗糖的颜色主要是白色，特别是高提纯的晶体糖格外受人们的喜爱。由此，除了给人带来口腹之乐外，蔗糖还能满足人们对纯洁的追求，尤其是在托马斯·阿奎那为糖正名后。在中世纪西欧宗教禁欲主义下，蔗糖消费一方面满足了人们追求自身灵魂得到净化的心理，另一方面也满足了人们追求舒适、奢华和高档生活的需要。

蔗糖是现实世界的人们对美好生活的想象。甜是一种完美的味道,它能给人带来某种欲望,并长期受人追捧。人们在日常生活中对甘甜味道的体验包含了某种完美的隐喻,使其成为对美好事物向往的某种心理感受。中世纪的西欧人在没有接触到蔗糖以前,对甜味想象的对象多是蜂蜜,后来随着蔗糖的食用代替了蜂蜜,在文学和语言学中发掘出了蔗糖的多样化含义。在语言学中以蔗糖为代表的甜关联着特定的情感、欲望和氛围;而文学中则联系着快乐和健康以及气氛的提升,有时甚至联系着性事。这在乔叟、薄伽丘和莎士比亚的作品中都有具体的体现,乔叟用蔗糖来表达快乐的生活和健壮身躯,薄伽丘用糖联系着人的性能力的提升和愉快的生活氛围,而莎士比亚则用蔗糖来比喻爱情生活的美好以及对甜美爱情的渴望。① 在政治生活中,以蔗糖为代表的甜,还经常与人类美好的社会理想联系在一起,并使用"甘甜与文明"来命名他们的最高理想,"把最好的土地说成是甘甜的土地,最令人愉悦的声音是甘甜的声音,最有说服力的谈话、最可爱的颜色、最优雅的人,以及任何整体中最好的部分,都用甘甜来形容"②。另外,托马斯·莫尔和弗兰西斯·培根对未来理想世界的描述中,都充斥着甘甜的味道,仿佛整个世界都是用糖来装饰。③ 总之,蔗糖所提供的"甜蜜蜜"不仅成为人们获得美好爱情和理想生活的象征,而且还代表了社会上对完美事物的想象。

综上所述,正是在日常生活和社会观念层面上人们对蔗糖的想象与追逐以及后来西欧新的社会组织和经济形态的影响,饮食上对蔗糖的某种典型性的偏好逐渐形成了,而这种偏好的形成又使得甜味在全欧洲范围内获得普遍认同,从而开启了近代欧洲饮食均一化的最早雏形。16 世纪以后对甜味的普遍认同和偏爱,一方面是缘于蔗糖以更加便宜和易得的方式出现在人们的面前,另一方面是每天吃糖已经开始成为人们的一种日常习惯。近代早期随着西欧资本主义经济的发展,人们工作的外在环境开始发生重

---

① 参见 Giovanni Boccaccio, *The Decameron*, Vol. II., Trans, J. M. Rigg, A Public Domain Book, 2004; Geoffrey Chaucer, *The Canterbury Tales*; William Shakespeare, *Love's Labour's Lost*, I-CON Classics, 2005; William Shakespeare, *As You Like It*, ICON Classics, 2005 等。

② [美]迈克尔·波伦:《植物的欲望》,王毅译,上海:上海人民出版社,2005 年,第32 页。

③ 参见[英]托马斯·莫尔:《乌托邦》,北京:商务印书馆,1982 年;Francis Bacon, *The New Atlantis*, The Floating Press, 2009 等。

大的变化,特别是工人。资产阶级为了获得更多的产品,开始对工人的工作时数、工作地点、用餐时间、休闲时间的安排等进行限制,从而改变了人们的各种社会行为;蔗糖正是在这样的情况下与茶叶、咖啡等一起融入人们的这种日常习性中。每天长时间的劳动致使工人在身心上显得特别的疲惫不堪,于是人们在休闲时间里养成了喝茶的习惯。一杯加糖的热茶,不仅可以缓解人们精神上的暂时疲劳,而且还能给人们的身体提供能量。渐渐地人们就开始把喝加糖的茶这种新近养成的习惯,融入每天的生活,并赋予这种习性以新的意境,从而以最普通的方式重新塑造了对蔗糖新的消费与认同。英国人是狂热的蔗糖消费者,其原因也于此。工业革命时代英国工人的日常饮食缺乏热量并且营养单调,劳动者在工作中经常吃冷食,特别是在早餐和午餐时,因此一杯加糖的热茶满足了他们的需要,而不是人们对甜的天生喜爱或者其所赋予的文化寓意,更不是因为社会底层的人对贵族的一味模仿。一旦人们对某种口味形成认同或者偏爱,那么就不会轻易改变,它会深入到其生活的文化深处,并随着该文化的扩张而得以更大范围地传播。中世纪时期曾经一度不为西欧人所熟知的蔗糖现在却在全世界流行,可能正是西欧口味全球扩张的结果。因此,14 至 16 世纪在西欧形成的第一波蔗糖消费的高潮不仅塑造了西欧饮食文化的均一化,而且还使甜味成为一种获得全球认同的口味。

〔作者程利伟,台州学院人文学院讲师,台州 317000〕

知识与机制：英国对 1918—1919 年大流感的因应[*]

翟　芸

摘　要：1918—1919 年大流感的暴发及英国各界的应对，是英国国家与社会转型期中的突出事件。在疫情中，英国医学界对流感病理学、病因学的认知不断加深，与医疗实践逐渐拉开差距。英国政府也一改保守作风，公共卫生部门结合医学界新提出的知识与技术，积极调整应对方案，减轻大流感的负面影响。这次疫情加强了 20 世纪初英国医学界、政府与社会公众的互动，也促进了英国卫生主体的理性转化和现代国家的健康建设。

关键词：1918—1919 年大流感；英国社会；医学；公共卫生

流感是历史上最致命的传染病之一，1918—1919 年大流感（以下简称大流感）又被称为流感之母。20 世纪 60 年代前，针对大流感开展的研究主要集中于病毒学和公共卫生学方面，少有对其历史意义进行的探讨。自 70 年代起，学者们开始将目光转向疾病与社会的关系，有关大流感的史学探讨也逐渐出现。从研究范围来看，很多作品都对大流感在各地的流行情况进行了梳理，① 尤以大流感在美国流行始末的成果最为丰富和突出。② 90 年

---

* 本文为国家社科基金一般项目"欧美医疗社会史研究"（立项编号：17BSS043）和国家社科重大项目"英国经济社会史文献学专题研究"（立项编号：17ZDA225）子课题"英国疾病、医学与社会救助历史文献整理与研究"之阶段性成果。

① 较早作品有理查德·科利尔的《西班牙女士：1918—1919 大流感》，讲述了 1700 多名幸存者记忆中的故事，虽然部分观点已经过时，但仍有史料价值。Richard Collier, *The Plague of the Spanish Lady : The Influenza Pandemic of 1918—1919*, New York：Atheneum, 1974.

② 相关著作有 A. A. Hoehling, *The Great Epidemic*, Boston：Little, Brown and Company, 1961；Alfred W. Crosby, *America's Forgotten Pandemic : The Influenza of 1918*, New York：Cambridge University Press, 1989；约翰·巴里：《大流感：最致命瘟疫的史诗》，钟杨等 （转下页注）

代以来,随着研究视野的进一步开拓,学者们开始尝试使用跨学科的方法,研究埃及、南非等以往不被关注的地区。① 此外,长期以来,大流感的死亡数据,大流感与一战的关系也都是学界讨论的重要话题。② 国内学界对大流感研究不多,既有研究侧重于考察大流感的起源、流行情况等,对大流感所造成的政治、社会影响涉及较少。③

综上所述,学界对大流感的研究侧重于其对社会的"冲击",而对疫情下社会各界的"反应"仍不够关注。由此,本文拟从医学知识和政府机制的视角切入,探究英国医学团体、政府、社会在流行病应对中的得失利弊,对20世纪初英国医学发展、政社互动、社会文化进行更充分的考察。

一、趋于专业:医学界流感知识的增进

"流感"进入人类知识体系有一个过程。科学革命后,人类将周遭世界都视为可以进行科学研究的对象,而流感的反复出现,则促使具有科学精神

(接上页注)译,上海:上海科技教育出版社,2008年。三本书都对流感下的美国生活进行了刻画,但因时间不同,对于问题的侧重点亦有差异,霍林书中有些史实观点与现在普遍认知有差异,克罗斯比的书写于艾滋病刚出现的年代,巴里的书视角更新,也更偏向叙事。

① S. M. Tomkins, "Colonial Administration in British Africa during the Influenza Epidemic of 1918—19", *Canadian Journal of African Studies / Revue Canadienne Des Études Africaines*, vol. 28, no. 1(1994), pp. 60—83; H. Phillips, "The Local State and Public Health Reform in South Africa: Bloemfontein and the Consequences of the 'Spanish' Flu Epidemic of 1918", *Journal of Southern African Studies*, vol. 13, no. 2(1987), pp. 210—233; N. Johnson, *Britain and the 1918—19 Influenza Pandemic: A Dark Epilogue*, New York: Routledge, 2006.

② Niall P. A. S. Johnson and Juergen Mueller, "Updating the Accounts: Global Mortality of the 1918—1920 'Spanish' Influenza Pandemic", *Bulletin of the History of Medicine*, vol. 76, no. 1(2002), pp. 105—115; T. Chorba and B. Breedlove, "Concurrent Conflicts-the Great War and the 1918 Influenza Pandemic", *Emerging Infectious Diseases*, vol. 24, no. 10(2018), pp. 1968—1969.

③ 张和声:《1918年美国流感再审视》,《史林》2003年第4期;李秉忠:《关于1918—1919年大流感的几个问题》,《史学月刊》2010年第6期;刘文明:《1918年大流感的起源及其全球性传播》,《全球史评论》2011年;张彦敏:《全球史视野中的1918—1919年大流感》,硕士学位论文,首都师范大学,2011年;施诚、倪娜:《西方学术界重大传染病起源地研究的歧见和偏见——以黑死病、美洲天花、梅毒和1918年大流感为例》,《清华大学学报(哲学社会科学版)》2020年第6期;王蜜:《在记忆与遗忘之间:作为一种集体记忆的瘟疫——以1918年大流感为例》,《广州大学学报(社会科学版)》2020年第5期等。

的人们关注这一未知领域。雷纳在拉姆斯菲尔德"已知与未知"的基础上提出第四种知识类型"未知的已知"，即指能够被直观或技能捕捉，却出于主观或未知原因未得到表述的知识。①"流感"这一概念，就可以被视为这种"令人不安的知识"。

尽管流感最初的来源不详，但 20 世纪初的英国人对其并不陌生。早在1743 年，英语世界就将流感病症和流感词汇对应起来，该词来源于意大利文，最初指天体的影响，后来指风的影响。② 而在 18—19 世纪，更有将近十次的流感暴发被记录在册。由于常见、传染性强且症状较轻，医学界普遍将流感视为重感冒或者一种特殊的黏膜炎，忽视了这一症状普通却难以解释的疾病。直到 1889 年流感暴发后，医学研究者才开始区分流感与普通感冒："感冒通常是受寒引起的，要远离寒冷的空气……而流感，则是由流感病菌引发的。"③这种解释将新兴的细菌学理论纳入了对这场新疾病的解释之中，首次突破了学界对流感的认知。很多科学家声称找到了流感的罪魁祸首，其中学界认可度最高的是 1892 年由科赫的学生兼助手、德国细菌学家普法费弗尔发现的流感杆菌。但是由于当时细菌学体系不够完整，加之流感很快消失，实验无法继续，对这场疾病的认知止步于此，也未能提出有关的治疗方法。④ 20 世纪初，随着数次区域性流感疫情的出现，医学界对流感的认知更加清晰，"流感是一种独立的疾病"这一观点也逐渐成为共识。

---

① 拉姆斯菲尔德曾在演讲中提到"已知的已知""未知的未知""未知的已知"，这一说法因不知所云为人诟病，后来科学史家借用这种方法划分知识类型，雷纳提出两两组合的第四种类型"未知的已知"，将其称为"令人不安的知识"，并认为这是最引人入胜的。Steve Rayner, "Uncomfortable Knowledge: The Social Construction of Ignorance in Science and Environmental Policy Discourses," *Economy and Society*, vol. 41 (2012), pp. 107—125. 霍尼斯鲍姆(Mark Honigsbaum)认为，1918 年及之前没有人研究过流感病毒，因此流感可被视为未知的未知。从医学和病原学的角度来看确实如此，但从医学社会学的角度而言，流感作为一种社会/医生团体的共识已经存在，而后更多是一种转变。马克·霍尼斯鲍姆：《人类大瘟疫：一个世纪以来的全球性流行病》，谷晓阳、李曈译，北京：中信出版社，2020 年，第 392—393 页。

② "天体的影响"意大利文为 influenza coeli，"风的影响"为 influenza di freddo。W. Beveridge, *Influenza: The Last Great Plague, an Unfinished Story of Discovery*, London: Heinemann, 1977, pp. 24—25.

③ A London physician, "About Common Colds and the Influenza Epidemic", *Chambers's Journal of Popular Literature, Science and Arts*, vol. 7, no. 37(1890), pp. 49—51.

④ *Further Report and Papers on Epidemic Influenza*, 1889—92, Her Majesty's Stationery Office, 1893, pp. 87—124.

与大流感直接相关的病毒毒株可能早在 1916—1917 年就已出现在英法两国的兵营中。战争期间,来自世界各地的军官、士兵、劳工拥挤在狭小肮脏的营地,卫生设施的缺乏导致斑疹伤寒、麻疹等流行病迅速传播。各种流行病中,尤以一种当时被称为化脓性支气管炎的呼吸道疾病症状最为古怪,患者呼吸困难,伴随有淡紫色发绀甚至发黑,①大部分患者 3 至 5 天好转,少部分严重的病患则会很快死去,军队医官对此病一筹莫展,这一来去无踪的疾病被认为是大流感的源头。

很多国家在 1918 年 9 月之后依旧将瘟疫的原因归咎于登革热或者其他疾病,但在西欧,它有了一个歧视性的新名字——“西班牙流感”。该名称于 1918 年 6 月 3 日出现在英国公众视野中,②并很快引起了本土医生的注意。由于医学界始终对 1889 年以来陆续暴发的小规模流感疫情缺乏重视,所以到了 1918 年,大流感大规模暴发之际,医学界几乎没有有价值的医学经验可供借鉴与参考。但即便如此,医生们依然相信,细菌学能够攻克伤寒、疟疾、黄热病等无数医学难题,自然也能够带来抵御流感的武器。用路易斯·巴斯德的话说,“微生物导致疾病,寻找这种微生物,你就会了解这种疾病”③。虽然从实验的角度出发,杆菌致病说并不完全符合科赫法则,但是当时坚持细菌学知识的英国学者们仍然倾向于认可普氏杆菌为病原。1919 年英国皇家学会有关大流感的讨论中,斯皮尔斯伯里就指出,“流感是由普氏杆菌引起的气道原发性感染,在 40% 的病例中未能找到这种微生物,可能是因为研究不够彻底,或者是因为在有机体死前就消失了”。④ 从当时的医学讨论和杂志中可以发现,很多学者都坚信流感由普氏杆菌引发,只是受实验条件所限,无法得到证明。

与当时学界对流感的疾病认知相比,医学界的医疗实践更为滞后。

---

① Mark Honigsbaum, *Living with Enza*: *The Forgotten Story of Britain and the Great Flu Pandemic of 1918*, London: Macmillan, 2009, p. 18.

② “The Mystery of Influenza”, *The Times*(London, England), June3, 1918, Issue 41806, p. 5. “西班牙流感”意指流行病起源于西班牙,后被证不实,主要因为交战中各国管控,只有西班牙如实报道情况。这一有歧视性的名称现已不再使用。

③ René Dubos and Jean-Paul Escande, *Quest*: *Reflections on Medicine*, *Science*, *and Humanity*, trans. Patricia Ranum, New York and London: Harcourt, Brace, Jovanovich, 1980, p. 45.

④ B. H. Spilsbury, “Discussion on Influenza”, *Proceedings of the Royal Society of Medicine*: *General Reports*, *XII* (1919), p. 57.

1914 年,阿瑟·霍普柯克医生出版的《流感:历史、起因和治疗》中提到了用氧化镁和氧化汞治疗流感,①而氧化汞有剧毒,1918 年,这本册子中的很多医学经验都被医务人员所借鉴。布里斯托尔市的医务官建议在温水中加入一茶匙盐或小苏打,用鼻子闻溶液或沿口鼻倒入,以此清洁口鼻;除此之外,他还建议在有蒸汽的房间里待一段时间并深呼吸,使肺部和鼻腔充满液体,从而减少感染的风险,②这些经验都不具备实际效用。这一时期,阿司匹林也被广泛使用,很多医生过量使用阿司匹林,这同样是致命的。其他一些流行药物也被用于大流感的防治,如英国最权威的医学杂志《英国医学杂志》建议使用肉桂、大剂量的沙利辛、樟脑、鸦片、奎宁等,③权威杂志《柳叶刀》上发表的建议与之类似,并额外提及了吸入含碘蒸汽等方法。④ 一些医生和公共卫生官员甚至认为毒气似乎对大流感有抑制作用,⑤当然最终他们并没有公开建议吸毒气预防大流感。

虽然"酒精能治疗流感"这一论断早在数年前就已被证明毫无道理,但这并未影响它在大流感期间被频繁使用。在伦敦圣巴塞洛缪医院,同样是治疗大流感的药物,白兰地被开出的次数能达到其他药物的四倍多,⑥在其他城市,如曼彻斯特和伯明翰,白兰地和威士忌也是治疗流感必不可少的药物。针对大流感最有效的做法是护理,但在一战医疗高需求和大流感高感染率的双重压力下,医疗资源非常紧张。在伦敦,1200 名医生要负责 16.4 万名患者的治疗,⑦或许数据有一定的夸张成分,但当时各地都有相当多的

----

① A. F. Hopkirk, *Influenza: Its History, Nature, Cause and Treatment*, The Water Scott Publishing Company, 1914, p. 155.

② "Nine Deaths in One Family and Six in Another", *Western Gazette*, 25 Oct 1918, p. 3.

③ W. C. Philip, "The Wet Pack in Influenza", *The British Medical Journal*, vol. 1, no. 3036 (1919), p. 278; William D. D. Small and W. O. Blanchard, "The Treatment of Influenza", *The British Medical Journal*, vol. 1, no. 3035(1919), pp. 241—242.

④ Thomas Horder, "Treatment of Influenza", *The Lancet*, vol. 192, Iss. 4971 (1918), p. 796.

⑤ A. Gregor, "A Note on the Epidemiology of Influenza among Workers", *British Medical Journal*, no. 3035(1919), pp. 242—243.

⑥ *Saint Bartholomew's Hospital, Medial Register—Male, I* (1919), Saint Bartholomew's Hospital Archives, MR 16/80. 转引自 Fred R. Van Hartesveldt, "The Doctors and the 'Flu': The British Medical Profession's Response to the Influenza Pandemic of *1918—19*", *International Social Science Review*, vol. 85, no. 1/2 (2010), pp. 28—39.

⑦ "People Dying without Doctor's Aid", *Daily Mail* (*London*), October 30, 1918, p. 3.

人因为缺乏护理而死去。

随着疾病研究的深入,医学界对大流感的认知也开始出现分化。许多有责任感的医生都意识到,当前的医学发展并不足以治愈大流感,甚至无法判断大流感的真正起因。杆菌论受到质疑,一些医学家提出了新观点,1918年夏天,法国免疫学派的夏尔·尼科勒和助手夏尔·勒巴伊提出,一种"滤过性病毒"可能是流感的罪魁祸首,[①]虽然当时的技术还不能观测到病毒,但是部分英国医生选择了相信这一推论。到1919年初,很多曾经坚定的杆菌论者也改变了观点。大流感结束后,大部分医生都认可流感杆菌或者滤过性病毒是大流感的病因。[②] 大流感引发严重伴随性肺炎的病理机制也是医学研究推进的重要方向。病患的肺部和肾部会出现大量积液,器官病变使其颜色变深,这些现象都严重影响了医生对病理的判断,但即便如此,医生们依然在对众多病理的观察和归纳中有所斩获。流感是一种在人与人之间通过空气传播的疾病,严重时会引起支气管炎甚至肺炎,这一观点逐渐成为医学界共识,[③]这是对流感认知的另一个重要突破。由此,在学术和公共场合中,医生和公共卫生官员多次提出切实有效的应对措施,如开窗通风和打喷嚏时以手帕遮掩口鼻,其中影响最深远的就是口罩的使用。很多医生在报纸上公开呼吁佩戴口罩以保护自己和其他人的安全;[④]与之相仿,也有医生提出,在公共场合打喷嚏必须用手帕遮掩口鼻,并举手示意,这既是传统英国绅士礼仪的扩展,也是卫生防护的新手段。此外,由于流感是一种呼吸道疾病,靠近感染者是传染的关键,因此也有很多建议提醒人们尽量避免前往火车站和教堂等人员密集的地方。

---

①　"滤过性病毒"英文为 filter-passing virus。马克·霍尼斯鲍姆:《人类大瘟疫》,谷晓阳、李曈译,北京:中信出版社,2020年,第28—32页。

②　需要注意的是,大流感结束后,杆菌论者的观点是:此次流感如此严重,与杆菌的参与有关,而非由杆菌引起。Ministry of Health, *Reports on Public Health and Medical Subjects No. 4: Report on the Pandemic of Influenza*, 1918, pp. 119—122; Robert Muir and G. Haswell Wilson, "Observations on Influenza and Its Complications", *The British Medical Journal*, vol. 1, no. 3027 (1919), pp. 3—5.

③　C. E. Cooper Cole, "Preliminary Report on the Influenza Epidemic at Bramshottin September-October", *The British Medical Journal*, vol. 2, no. 3021 (1918), pp. 566—568; "The Etiology of Influenza", *The British Medical Journal*, vol. 2, no. 3018 (1918), pp. 494—495.

④　"The Prevention of Influenza", *The Times* (London, England), Feb 22, 1919, Issue 42031, p. 10.

二、吸收新知识：英国政府应对措施的调整

大流感的迅速暴发给英国社会造成了很大的冲击，也迫使政府重视疫情并提出相应的解决方案。在经历过霍乱等公共卫生问题后，英国政府出台了很多法律条例以应对未来可能的威胁，因此，当大流感到来时，英国已经具有一定的应急基础。当时英国中央政府主管卫生事务的是地方政府委员会（Local Government Broad），地方政府委员会的应对策略一直在跟随医学界专业人士的建议进行调整，并将社会各界需求纳入考虑。

战争给医学带来了严峻的挑战。经过 5 年的拉锯，到 1918 年，超过50%的专业人员已被征召加入皇家陆军医疗队应对战争医疗问题，[①]与之相对，只有很少一部分受过训练的医务人员留在本土照顾平民，在医疗资源本就紧缺的情况下，大流感的迅速蔓延无疑是对各地医疗体系的重重一击，而各地的医疗体系也很快陷入混乱与崩溃，随之而来的，就是针对地方委员会对危机处理不当的批判，以及对国民服务部延迟从军医生退役的指责。[②]这一现象也引起了议会的注意，一战临近结束时，威尔逊和普林格议员就如何协调战时医疗需求与普通居民医疗服务的问题向地方政府委员会主席戈德斯提问，对此，戈德斯的回应是："我们已经释放了一大批征召的医务人员……（要把医生）放在最需要的地方。"[③]由此可见，此时政府内部对大流感的重视程度已经不亚于军队医疗，这一回应也在政府之后的种种行为中得到了证实，随着战局逐渐稳定，英国政府开始逐步复员随军医生，以便应对严重的医疗资源紧缺问题。

在国内具体医疗事务上，英国中央政府的反应体现出一定的保守和滞后性，大都仅停留在建议层面。在相当长的一段时间内，中央政府对各

---

① 国民服务部英文为 Ministry of National Service。Jay M. Winter, *The Great War and the British People*, London: Macmillan, 1985, p. 186.

② Mark Honigsbaum, *Living with Enza: The Forgotten Story of Britain and the Great Flu Pandemic of* 1918, p. 127.

③ *Medical Service (Civil Population)*, HC Deb, 29 October 1918, vol. 110 cc. 1291—3. https://api. parliament. uk/historic-hansard/commons/1918/oct/29/medical-service-civil-population #S5CV0110P0_19181029_HOC_288,2021 年 12 月 3 日。

地大流感的情况了解不足,因此在 1918 年的年度报告中,地方政府委员会特别要求各地政府提供比以往更多的有关流感的信息。① 由于没有充足的信息,中央政府只能采取一些很宽泛的行动,如采纳比较折衷和无害的医学界建议,向各地政府颁布相关的条例和备忘录,在 1918—1919 年间,地方政府委员会向各地卫生部门下发了《公共卫生(流感)条例》和《肺炎备忘录》等文件,其中都提及了一些医生们普遍建议的简单防护措施。除对地方下发指令、建议外,中央政府还直接面对社会发布预防建议,10 月下旬由首席医务官亚瑟·纽索尔姆签署的流感预防措施建议的小册子在多地发行;11 月,皇家内科医师协会颁布了一份比较正式的个人卫生预防建议,包括良好的通风、充足的营养等,建议中很有特色的是每隔四到六小时用苏打水和食盐水制成的消毒剂含漱液漱口一次。② 这些方法虽然不能真正对治愈流感有所帮助,但是可以有效减轻其他并发症的影响。唯一带有强制性的措施是疫苗,根据医学界对大流感病因的共识,政府开始批量生产疫苗并强制军队和警察注射,尽管这种疫苗实质上是无效的。③

　　除了最常见的医疗手段,在科学医学知识指导下,其他一些由医生们提出的技术措施也被政府所采纳。1910 年东北鼠疫后,由中国医学团队改良的现代意义上的口罩已经可以实现大批量制作和使用,万国鼠疫会后,口罩作为东北抗疫成功的典型经验为各国所知。④ 大流感暴发后,美国率先采取使用口罩防御流感的措施,旧金山防疫随即取得阶段性成功,⑤得益于口罩技术、经验和实践的成功,英国政府开始对口罩政策加以关注。不过与美

① N. Johnson, *Britain and the 1918—19 Influenza Pandemic: A Dark Epilogue*, p. 132.

② Royal College of Physicians, "Prevention and Treatment of Influenza", *The British Medical Journal*, vol. 2, no. 3020 (1918), p. 546.

③ A. Newsholme, "Discussion on Influenza", *Proceedings of the Royal Society of Medicine: General Reports*, 12 (1919), pp. 1—18; Sarah Frances Vanneste, "Medical Progress and the Influenza Pandemic of *1918*", *Michigan Academician*, vol. 41, no. 1(2012), pp. 68—91.

④ Zhang Meng, "From Respirator to Wu's Mask: The Transition of Personal Protective Equipment in the Manchurian Plague", *Journal of Modern Chinese History*, vol. 14, no. 2(2020), pp. 221—239.

⑤ 美国对口罩的使用及成效可见刘春燕、张勇安:《医学知识的发展与防疫方式的变迁:初探医用口罩的知识史》,《史林》2021 年第 5 期。英国对此广泛宣传,参见"The Prevention Of Influenza", *The Times*(London, England), Dec 19, 1918, Issue 41977, p. 5。

国、澳洲所采取的强制佩戴措施不同，①英国政府采用的是一种相对宽松的口罩政策。1919 年的备忘录中，官方建议患者最好佩戴口罩，但不强制要求在社会面上普遍使用口罩，并建议有条件的人通过佩戴护目镜保护眼睛，阻断其他传播途径。② 政府对口罩政策的推动主要体现在影响社会观念上，如通过新闻和组织辩论的方式影响和改变大众观念，这一点可以从同期报纸对口罩的提及频率上轻易发现，③而政府的鼓励无疑对大众观念的变化起到了极大的促进作用，大流感后，口罩已经开始作为现代卫生防疫的象征，逐步深入人们的理念中。

　　在向大众传播医学知识的过程中，政府也引入了崭新的技术，最典型的莫过于公共影片的使用。大流感暴发不久，默声公共信息电影《怀斯医生谈流感》就在纽索尔姆主持下，由著名的公共影片制作人贝斯特制作，地方政府委员会主席戈德斯也参与其中，④使影片富于公共与官方色彩。影片主要内容囊括了虚构故事、医生建议、预防措施指导等，意在呼吁人们摆脱自满，采用怀斯医生的建议进行预防。⑤ 官方影片建议的措施与当时医学

---

① Alfred W. Crosby, *America's Forgotten Pandemic*: *The Influenza of 1918*, pp. 101—102; Bradford Luckingham, "To Mask or not to Mask: A Note on the 1918 Spanish Influenza Epidemic in Tucson", *Arizona Historical Society*, vol. 25, no. 2 (1984), pp. 191—204; Peter Curson and Kevin McCracken, "An Australian Perspective of the 1918—1919 Influenza Pandemic", *N S W Public Health Bull*, vol. 17(2006), pp. 103—107.

② 英国相对宽松的政策与政府反对口罩的商品化相关，后文提到的官方影片建议自制口罩以降低成本也有这层考虑，但政府并不反对多一个途径预防流感，因此部分政策表面上会呈现出一定的不一致性。"Means for the Control of Influenza Source", *The British Medical Journal*, vol. 1, no. 3035 (Mar. 1, 1919), pp. 248—249.

③ 1918—1919 年报纸提及口罩非常之多，包括如何制作使用，是否真的有效，涉及太多，仅举几个例子。《泰晤士报》医学专栏多次讨论，证明其有用，"The Prevention of Influenza", *The Times*(London, England), Dec 19, 1918, Issue 41977, p. 5; "The Prevention of Influenza". *The Times*(London, England), Feb 22, 1919, Issue 42031, p. 10; "Means for the Control of Influenza", *The British Medical Journal*, vol. 1, no. 3035 (1919), pp. 248—249; "Preventive Treatment in Influenza", *The British Medical Journal*, vol. 2, no. 3074 (1919), pp. 695—698.

④ "Notes, Short Comments, and Answers to Correspondents", *The Lancet*, vol. 192, Iss. 4971(1918), pp. 801‐802; *National Film Archive National Film Archive Catalogue*, *Part Ⅱ*: *Silent Non-fiction Films*, 1895—1934, The British Film Institute, 1960, p. 54.

⑤ 影片主要分成三个部分，最开始是以布朗先生的视角展现流感在人群中的传播，接着是怀斯医生的建议，最后是护士教简易口罩的制作。有趣的是，在新闻短片和现代纪录片刚刚发明的时代，这种公共信息或公共服务广告的设计与现在不同，专家们就一个主题直接向摄像机和观众讲课，还会放置一个用以演示的虚构的戏剧性场景以及一些纪　　（转下页注）

意见相互呼应,如使用生理盐水和高锰酸钾溶液清洗口鼻,并以图片的方式具象展现了引起大流感的致命微生物。影片最后一部分是自制口罩的教学,这部分同样强调了医学的重要性:一块纱布在赋予医学意义改造后,可以以极小的成本保护健康。此外,文字与影像的混合也可以视作教化不同阶层的考虑,尤其是故事性的影视叙述和详细的图像化口罩制作步骤教学,更为直观、易于理解和接受。可惜的是,影片似乎并没有达到期许的效果,首先影片正式面世的时间稍晚了些,直到 12 月,影片才被分发到各地卫生部门安排影院播放;其次由于拷贝份数有限,影片只在曼彻斯特、剑桥、谢菲尔德等地起到一定作用,很多地方当局并没能使用它。① 而该影片的海外播放计划也最终未能实现。②

　　中央政府没有颁布任何有关大流感的强制措施,因此应对大流感的具体策略主要由各地政府自行出台,③地方政府根据当地情况和中央条例进行有关隔离的讨论和方案的制定,如关闭学校、进行隔离、佩戴口罩等。随着疫情日益严重,10 月下旬,很多地方政府开始采取行动,朴次茅斯地方部门向地方政府委员会申请许可关闭所有娱乐场所,东哈姆、伦敦、德文、都柏林、莱斯特、利物浦等多地部门也相继推出了一些针对公共场合的限制措施。④ 但是,由于缺乏中央统一、强制的安排,各地政府的措施没有一致的标准,存在很大差异,在面对大流感时很难有切实效果。

　　1919 年,英国公共卫生机制出现了大的调整,《卫生部法》的颁布标志着管理英国公共卫生事务的专门性机构正式成立,地方政府委员会在医学、卫生方面的权力和职责也随之转移到了新成立的卫生部。卫生部很快对流

<hr />

（接上页注）录片镜头(比如这里一家医院护士的镜头)。尽管有许多局限性,但这种公共服务形式之所以留存,是因为它是讲述故事和传播知识的有效手段。主要信息来源于 BFI 官网"Dr. Wise on Influenza", https://player. bfi. org. uk/free/film/watch-dr-wise-on-influenza-1919-online,2022 年 4 月 5 日。

　　① Mossley Borough Council, *Medical Health Report*, 1918, p. 3; Mark Honigsbaum, *Living with Enza: The Forgotten Story of Britain and the Great Flu Pandemic of 1918*, p. 142.

　　② Eileen Pettigrew, *The Silent Enemy: Canada and the Deadly Flu of 1918*, Western Producer Prairie Books, 1983, p. 39.

　　③ A. Tanner, "The Spanish Lady Comes to London: The Influenza Pandemic 1918—1919", *The London Journal*, vol. 27, no. 2 (2002), pp. 51—76.

　　④ *The Times* (London, England), October 25, 1918, Issue 41930, p. 3; October 28, 1918, Issue 41932, p. 3; November 1, 1918, Issue 41936, p. 7.

感政策做出了调整,一方面,政府提起了对护理工作的重视,医学专业的卫生部官员们接受了医学界做出"流感不能治愈"的判断,并提出既然"流行病无法制止,对于卫生部门来说,最重要的工作是组织可用的护理服务,并由护士和家庭帮助做饭,照顾孩子。"①在此期间,很多医护都加入其中,在力所能及的范围内为患者争取更好的护理和资金支持。另一方面,卫生部推进了医学组织的专业化,在 1919 年发布的备忘录中,卫生部提出应该事先准备面对流行病的行动方案,其中包括建立一个常设的小型紧急委员会,②委员会由卫生部专门派遣的医疗人员组成,有一定的组织权力,一旦发生新的流行病,该委员会与执业医生和志愿卫生工作者协商合作,分区对居民进行医疗和其他方面的护理和支持。根据这些规定,卫生部于 1920 年颁布了新的备忘录,要求各地对某些特定类型的肺炎进行报备,同时要求定期对公共交通工具进行通风,彻底清洁病房及其内的物品。

三、促进转变:大流感治理与英国社会转型

托马斯金指出,英国人引以为傲的公共卫生体系在应对大流感时是失败的。③ 约翰逊等学者则认为这种批评过于严厉,因为不能以现在的情况理解过去。④ 但是,几乎所有学者都承认英国在对大流感做出回应时存在问题。而这些问题,正与 20 世纪初英国社会正值转型的时代背景密切相关,此时英国正从维多利亚时期崇尚个人自由的近代国家转向呼吁增强国家职能的现代国家。大流感既构成对过往英国公共卫生机制的挑战,也是长期以来英国医学现代化建设的一个阶段性表征,这种影响集中体现在公共卫生、医学观念和社会心态上。

首先,虽然大部分英国医生将细菌学及科学医学作为理解流行病的基

① "Means for the Control of Influenza Source", *The British Medical Journal*, vol. 1, no. 3035 (Mar. 1, 1919), pp. 248—249.

② "Prevention of Influenza, Memorandum by the Ministry of Health", *The British Medical Journal*, vol. 1, no. 3079 (1920), pp. 19—20.

③ Sandra M. Tomkins, "The Failure of Expertise: Public Health Policy in Britain during the 1918—19 Influenza Epidemic", *Social History of Medicine*, vol. 5, no. 3(1992), pp. 435—54.

④ N. Johnson, *Britain and the 1918—19 Influenza Pandemic: A Dark Epilogue*.

本范式,但在社会上,普通民众、部分精英,甚至部分医生还是公开将其他原因纳入对流感的考量之中,其中的一些判断延续了近代早期英国将疾病视为罪与罚的观念。例如,报纸上公开宣称,穷人更容易感染流感,因为他们拒绝刷牙,认为这会阻碍他们的男子气概,将穷人以及造成贫穷的因素,如懒惰、肮脏等视作该群体容易患病的原因。① 伦敦郡医疗官哈默也在调查后指出农民和煤炭工人更容易患有伴随性肺炎这一严重并发症,赞同阶级与流感有一定关系。② 值得庆幸的是,大流感后这些观念并没有成为主流,官方报告所揭示的现象与之截然相反,不同阶级的流感患病率、症状严重度差不多,③因此大流感与阶级之间没有必然联系。就此,大流感这一"平等的疾病"的暴发摘去了英国沾沾自喜的帽子,迫使政府开始正视社会沉疴。官方和民间都对大流感的分布进行了调研,结果显示,疾病并不会因人而异,但拥挤的环境却大大提高了传播疾病的可能性,下层的福祉因而得到重视。从当时的社会背景上看,大流感后英国政府有关国民健康和社会福利所进行的努力也是半个世纪以来政府一以贯之的政策的一部分,从必要性而言,19 世纪最后十年暴发的劳资冲突充分显示了阶级问题潜在的爆炸性,改善底层生活质量的改革势在必行;④从充分性而言,19 世纪开始人们普遍相信人口与国力挂钩,战争对健康人口的高需求强化了这一认知,改善全民素质成为增强国力的重要一环。受观念和现实的影响,英国在 20 世纪初已经针对国民健康议题开始立法进程,一战兵源体质差和大流感死亡率高的事实将这些问题更加充分地暴露出来,推进改革深化,从 20 年代开始,英国进一步加强福利建设,直到 40 年代告一段落。

其次,还需要关注 20 世纪初英国医学发展的社会背景,特别是英国的非专业人士如何看待科学医学。至 19 世纪末,随着实验室医学为代表的科学医学成为主流,医学研究开始呈现出现代、昂贵的面貌,国家和社会团体

---

① "Influenza and Its Prevention", *The Times*(London, England), Mar 1, 1919, Issue 42088, p. 7.

② William H. Hamer, *Report of the County Medical Officer of Health and School Medical Officer for the Year* 1918, London: London County Council, 1919, p. 8.

③ Ministry of Health, *Reports on Public Health and Medical Subjects No. 4: Report on the Pandemic of Influenza*, 1918, pp. 165—168.

④ 柴彬:《英国工业化时期的工资问题、劳资冲突与工资政策》,《兰州大学学报(社会科学版)》2013 年第 2 期。

的资金支持开始显得格外重要。但是与欧陆国家不同，英国社会长期以来
存在保守主义传统和宗教价值观，认为医学实验毫无价值，①公众则认为动
物实验太过残忍，自发成立反解剖团体反对活体解剖实验。② 社会的不支
持和资金的缺乏阻碍了英国医学的创新速度，使他们没能跟上 19 世纪大陆
同行的发展，但英国一直在努力调整步伐跟进，1911 年劳合乔治政府颁布
《国民保险法》，允许保险专员每年向每个被保险人多收一分钱，以资助医
学研究委员会建立实验室、展开研究，由此国家对医学研究的拨款经费从每
年 50,000 英镑提高至 60,000 英镑。③ 英国的公共卫生体系曾经领先世
界，但大流感的暴发反映出了这一偏预防医学的体系有诸多不足，也坚定了
政府的改革决心，地方政府委员会主席海耶斯·费舍尔宣称："英国医学研
究的缺乏一直是一种耻辱"，因为政府对其臣民有健康上的责任。④ 社会组
织也加入对医学研究的捐助中。

　　社会心态的改变和医学的发展最终导向了英国公共卫生的转型，在大
流感的促发下，英国公共卫生的核心进一步由环境论转向国民健康，国家在
公共卫生管理中的重要性上升，并由此催生出专门性的政府部门——卫生
部。1871 年后，地方政府委员会承担了公共卫生职责，到 1918 年，已经拥
有由纽索尔姆、四名助理医务官和二十名医务检查员组成的医务团队，但是
大流感的实践表明，这远远不够。维多利亚时代崇尚个人自由主义的风气
已经过去，医学界号召建立国家层面的专业医疗卫生部门。著名医学家沃
尔特·弗莱彻提出，资源协调和资金问题使得医学界与其他团体和个人一
道，愈加迫切地要求建立一个卫生部门来监督寻找流感治疗方法的努力。⑤
几乎同时，社会上也呼吁组建更加完善、专业的部门，以应对流感的后续暴

①　威廉·拜纳姆：《19 世纪医学科学史》，曹珍芬译，上海：复旦大学出版社，2000 年，第
139 页。

②　A. W. H. Bates, "Vivisection, Virtue, and the Law in the Nineteenth Century in Anti-Vivisection and the Profession of Medicine in Britain", *The Palgrave Macmillan Animal Ethics Series*, Palgrave Macmillan, 2017, pp. 13—41.

③　Fred R. Van Hartesveldt, "The Doctors and the 'Flu': The British Medical Profession's
Response to the Influenza Pandemic of 1918—19", *International Social Science Review*, vol. 85, no. 1/
2 (2010), pp. 28—39.

④　Fred R. Van Hartesveldt, "The Doctors and the 'Flu': The British Medical Profession's
Response to the Influenza Pandemic of 1918—19", pp. 28—39.

⑤　"The Influenza Epidemic", *The Lancet*, vol. 192, Iss. 4966(1918), pp. 595—596.

发和其他可能的流行病。这些都反映出促使卫生部成立的最重要的原因:更专业的团队,更充裕的经费。艾迪森继任主席后,有关国内医疗服务的争论和其他关于大流感的讨论还在继续,其中涉及建立一个新卫生部门的规划,①1919年,在社会各界的期待下,卫生部正式成立,专门处理卫生及福利事宜,英国医疗卫生现代化和国家化的程度加深。

此外,大流感还带来了防疫观念的变化。1918—1919年大流感最大的特殊性就在于其不同寻常的毒性。对这一特殊流行病的应对失当暴露出英国现有机制存在一定问题,但英国医学界和民众对卫生观念以及国家卫生体系的信心并没有因此消失,他们依旧相信保持"卫生"可以抵御疾病,但是此时卫生的内涵在19世纪环境论所倡导的保持周边环境干净、整洁的基础上有所延伸。此后,卫生行为的主体进一步个体化,卫生成为了个体的生活态度、行为规范和礼仪,而不仅仅是对周边环境的处理,同时,指导个体行为的责任被交给了国家,最终的解释权则来源于专业医生。在此基础上,医学与国家完成了整合。

结　语

1918—1919年大流感在世界范围内的大暴发是一个突发事件,在物质和心态上都对刚经历一战的英国形成了巨大冲击。整体而言,英国民众和政府都经历了从快速冲击的无序到逐步完善措施、形成机制的转变。也是在这一过程中,英国的公共卫生摆脱了维多利亚时代个人主义的影响,体现出诸多现代社会卫生机制的特点,如:医学界针对未知疾病迅速作出判断,而政府则进行筛选、采纳,统一管理。英国公共卫生的转变也有一些更具体的体现,除继续使用报纸等传统手段进行宣传外,政府也开始使用默声影片等新技术以全新的方式向公众传达公共卫生信息。口罩这一新兴医学器材

---

① 相关的议题在1918—1920年反复出现。*INFLUENZA*, HC Deb 20 February 1919, vol. 112, cc. 1192—3, https://api. parliament. uk/historic-hansard/written-answers/1919/feb/20/in-fluenza#S5CV0112P0_19190220_CWA_256, 2021年12月3日;*MINISTRY OF HEALTH*, HC Deb 15 July 1920, vol 131 cc. 2639—700, https://api. parliament. uk/historic-hansard/commons/1920/jul/15/ministry-of-health#S5CV0131P0_19200715_HOC_379, 2021年12月3日等。

的普遍推广体现出现代卫生理性主体的转化及国家在其中的推动,至今已经成为瘟疫视野中相勾连的符号化呈现。战争和流行病无疑是医学的新的促发点,以医学统计学、流行病学、公共卫生学等为代表的医学分支都在 20 世纪上半叶得到广泛的资金支持,并获得了长足的发展。如果说 1948 年英国国民医疗服务体系的建立标志着在医学层面上国家和个体健康关系的根本性转折,那么 1920 年卫生部的成立和其后的一系列法案的确立已经为医学和政治的耦合提供了机制和文化基础。

〔翟芸,复旦大学历史学系博士研究生,上海,200433〕

理论与方法

如何撰写医院发展史：医学口述史的个体实践*

王广坤

医学社会史研究主要关注人体健康、卫生、疾病、治疗与社会的关系问题，直接涉及个人身体在日常生活中的表现与现代社会中的身体定位，因而具有很大的现实意义。近年来，由于医学人文主义思想的兴起，人们开始注重对历史经验进行总结，通过采访卫生医疗政策制定者、医院管理者、医生、患者等群体，了解他们对医学发展与医疗实践等相关问题的看法，以求解决现代医学发展过程中出现的问题，医学口述史研究这一新领域由此出现。

引言：医学口述史研究的概念及意义

医学口述史承袭了医学史重视人、关注人的研究趋向，倡导通过熟知医疗相关事务的个人访谈获取材料，进而撰写医学相关领域发展变迁问题的文本，使历史研究跟人类个体的实际生活关系更为贴近。一般来说，医学史、卫生健康史、身体史以及死亡史等研究都与个体的生命体悟相关联，都是基于对个体人物或者特定群体的人文关怀，因而具有浓厚的社会现实性。

在具体实践中，医学口述史研究可以通过人物口述访谈、查阅史料、田野调查等方式，获取有关医学历史发展的相关资料，在此基础上整理撰写文本。首先，通过人物口述、访谈记录的方式收集当事人或知情人的口头资料，而后整理成文字稿；其次，在针对人物进行口述访谈过程中，要尽可能地广泛占有涉及相关领域历史发展的文献资料，透过文献材料，设计访谈话

* 本文受到北京师范大学"历史学院青年教师发展资助项目"资助。

题,确定访谈对象,引导访谈进程,取舍访谈材料;最后,在充分做好前两个工作流程后,在着力进行访谈材料撰写编辑过程中,要注意进行适当的田野调查,感受历史语境下访谈对象所提及的各类珍贵遗迹,做有针对性的了解和认识。

近年来,随着人类学与社会学的发展,历史研究越来越重视对社会现状的观察解读与田野调查得来的资料。医学社会史作为与人直接相关的史学分支,即可采取与口述史相结合的方式,通过田野调查获取多元信息,以期对社会演进脉络形成更为直观的认知,撰写出更具有现实意义的史学作品。

医学口述史研究除了材料相对真实外,也能最大程度地挖掘出史学的人文价值。以口述访谈的形式介入医疗卫生尤其是身体史、死亡史等相关领域的研究,可以借用当事人的口述资料,充分了解这些领域的历史面貌,给后世留下宝贵的遗产资源,尤其是可以给医疗卫生、死亡等这些涉及人身权益的生命进程,予以足够的人文关怀,在生态和情感上给予相关事物应有的尊重。

本人因工作原因,做过医学口述史领域的相关研究,下面针对其中一个分支——如何用医学口述史路径介入医院发展史的写作——做些专门探讨,将此研究经验分享出来,希望能为以后的医院发展史撰写提供一些启示和参考。

一、医院发展史研究的方法与实践

医院的发展变迁史研究作为医学口述史研究的重要分支,是在某个医院邀请下,由历史学者带领专业团队,在医院文化建设部门管理人员,尤其曾见证医院发展历程的相关人士配合下,动用医院相关资源,通过口述访谈的形式获取资料,以此为基础撰写充实丰满的医院发展史,以提升医院文化品位,传承医院人文精神。在此过程中,历史学者组成的专业访谈团队要全面深入地近距离接触访谈对象,尽可能多地从访谈者口中获取有关医院发展的相关信息,并在充分整理研读的基础上,按照医院发展的专业特色,在研究过程中制订出合理的研究方案。具体来说,在研究方案设计与研究实践进展中，需要注意以下几点：

首先，要尽可能通过口述访谈的形式，充分细致地完成资料收集工作。这方面，可以在把握医院历史发展轨迹的基础上，设计访谈话题，通过访谈话题的设计获取想要的资料。口述访谈话题在内容性质上可以分为院内和院外两大领域。院内访谈话题主要包括医院建设、科室发展和名人传记。医院建设可细分为地址变迁、建筑发展、基础设施演变等部分；科室发展则可按照现代医学的分科特征，按内、外、妇、儿等4大主科及相关领域的专科、亚专科进行细致分类，且需要注意区分临床、保健、医技、药物、检验、行政、管理等几大类别，以医疗科学发展与人员变动为考察重点，了解各科室变迁的基本概况；名人传记可主要记录对医院成长发展具有突出贡献的工作人员，可按照影响力的大小来平衡各个科室的相关领域，分临床医师、保健医生、药剂师、检验师、护理人员、行政管理人员等6类，各自挑选出代表人物予以简单介绍，通过阐述典型人物事迹的方式，概述医院的发展历程。

院外话题内容宽广，可以彰显出访谈者的人文素养，体现文本中的人文关怀，主要包括医院与患者、政府、社会之间的关系，这方面可以从具有代表性的资深医生和接受医院医疗服务的患者，主管卫生健康领域的政府官员入手，考察医院与社会、政府、患者之间的联系。一般来说，可以按照对文本撰写的基本规划，初步确定以下几个话题：(1)医院地址、建筑、基础设施与院内就诊环境的变迁进程；(2)医院的临床、保健、药物、检验、病理等科室的诊疗程序、治疗设施与院内制剂的研制；(3)医院各类专科与亚专科医生与护理人员的教育基本背景、培训经历与综合素质发展状况；(4)医院与患者关系的发展状况；(5)医院管理者管理政策的变化与发展状况；(6)政府政策对医院整体与长远规划及相关医疗机构发展壮大的影响；(7)医院在不同历史阶段的社会声誉变化情况；(8)医院在不同时期、不同发展阶段，在接诊各类患者尤其是重症传染病危重患者的过程中，有无明确的措施调整，获得的成效以及社会反响情况；(9)医院的科室设置、建筑格局、楼层分布的变化及其背后原因；(10)不同历史时期医院行政与后勤管理措施的调整、变化及背后原因。以上话题之外，在口述访谈过程中，可以根据访谈对象的不同，适当添加相应话题。

其次，设计好访谈话题后，要跟口述访谈的合作方——医院管理人员进行充分协商,选取有代表性的访谈对象,并确定能够达到访谈话题设计意图的访谈对象。一般来说,根据访谈话题的内容,访谈对象应尽可能地包括医院各个科室尤其是能够凸显医院学科发展特色的元老级别的专科医生。此外,经受过专业训练与岗位淬炼的老资格护士人员、药剂师、检验师以及医院各个领域的管理者也应包含在内;院内人士之外,长期接受医院医疗的各类患者与政府专门管理医院卫生、医疗质量检测的官员也应接受访谈。

第三,访谈对象确定后,应该对其进行简单了解,可以按照访谈话题与想要了解的内容特点,设计出简单的调查问卷。因为每位访谈者生活经历、文化层次和个性特点各有不同,所以,口述访谈中采用的交谈方式也不可千篇一律,要因人而异才能有更好效果。为做到这一点,了解并深入认识访谈对象至关重要。可以设计一些简单问题,通过问卷形式交给访谈对象,待其做完之后,对照问卷结果,深入了解访谈对象的基本背景、社会关系及个人素养,梳理他们与医院之间的关系和感情基础,为访谈的顺利进行提供参考。

第四,在访谈过程中,要注意的是,对于那些主要的访谈对象,为确保史实内容的真实无误,需要对某些记忆有可能会发生模糊的领域进行连续多次的反复访谈,以确保内容的真实无误。此外,也必须注意合理妥当地使用访谈技巧与策略。因为口述访谈是获取医院发展史资料的核心环节,所以务必确保做到真实、具体,需多角度、全方位地针对某一问题进行访谈实录,最大程度地掌握史实;尽可能与访谈对象进行坦率真诚的交流,避免感情用事。为做好访谈工作,需要设计出合理的访谈次数,根据次数来设计每次的访谈提纲;还要充分评估访谈对象,根据其职业及性格特征来确定不同的对话方式;同时更要着力去选择相对合理的访谈方法,比如如何进入主题,进入主题后提出不同问题的先后次序,什么样的问题比较容易回答,什么样的问题不太容易回答,对不容易回答的问题如何引导,采取怎样的沟通方式来化"为难"为坦然。在具体的口述访谈中,一般可以采取以下访谈方法:(1)先用5分钟左右的时间,请被访者自由口述,阐明自己的身份及其与医院的关系;(2)鉴于一些被访者可能接受多次采访,其答案已成定型,我们将事先准备好、设计好的问题提出来或根据其讲述来提出问题,请其回答,打破其固有叙述模式;(3)针对访谈者在讲述过程中表达不清、漏讲,或自相矛盾之处,进行补充提问,让访谈者做进一步讲述。

第五,反复进行口述访谈后,根据获取的材料,再结合文献史料进行对照,必要时也要配合田野调查。访谈结束后,访谈者可以对访谈的主要内容进行分类整理。同时,尽可能地搜集访谈者提及的和医院有关的各类文字性史料,对访谈者口中的历史事件与历史遗迹进行史料文本的核实与田野调查的考证,通过文本资料与实地调查来证明访谈资料,针对三者之间存在的不同之处,在访谈后进行分析总结,让访谈所得来的材料与文献史料、田野调查充分结合,三者互为补充,互为说明,最终得到确切可靠的医院发展史写作素材。

二、医院发展史研究的注意事项

以医学口述史研究为路径撰写医院发展史的工作量巨大,涉及医院不同发展阶段的各方面史实和医院不同科室发展的相关状况,需要医院合作方的配合与鼎力支持。因此,在研究工作进行之前,需要做好以下准备工作,以避免矛盾和纠纷。

首先,负责医院发展史撰写的历史学写作团队需要和医院合作方充分协商,确立写作目标,完善访谈规划,订立相关的合作协议或合同文件,以充分保障各自权益。这主要体现在以下几个方面:

第一,在约定的合作协议或合同中,要明确好双方的责任义务。一般而言,可以将医院合作方视为甲方,历史学专业的访谈个体或写作团队视为乙方,因为是甲方邀请乙方写作院史,所以应该对此进行限定。双方可以就此设立专门的医院发展史撰写研究项目,找到乙方写作团队的科研管理部门,以横向课题的形式予以立项。成功立项后,甲方需全力配合乙方撰写院史,帮助乙方确定访谈对象,提供访谈需要的录音笔、电脑等基本设备,协调安排访谈时间,定下院史编纂应该遵循的基本原则,尽可能地搜集涉及医院建设、发展与成长的一切资料,提供给乙方作为参考;乙方接受甲方委托,针对医院发展史进行立项研究。成功立项后,乙方要充分动用学术与学生资源,负责项目的具体实践操作,带领研究团队,通过口述访谈、史料搜集、田野考察等方式,撰写医院发展史。两者之间可以设置用于“医院发展史撰写”的专用邮箱,所有资料通过邮箱提供,根据乙方提出的需求,在一周之内予以回复,如遇特殊情况应及时与乙方商量。大体而言,就是访谈写作主体负责对史料做出集中处理,医院需要单独派人进行沟通,提供相关史料,联系访谈人士。

协议或合同的拟订,是工作开展的前提。双方需要合理确定彼此的具体职责、进行必要的访谈资源调配,在访谈前,要先做调查问卷,以了解访谈对象及社会发展近况,以便有针对性地提问。假如发生合同纠纷,在具体的利益争辩当场,要估计最坏的情况以免手足无措陷入被动,当发现错漏后,应该提前准备好所有有利于自己的稿件、文件及各类工具设备,以便当面纠错。作为口述访谈的主体写作方,在遇到合作方配合不力时,要及时反映,双方协商妥善解决,一定要坚持自己的撰写理念与访谈规划,遵循历史学的编写原则。

第二,对医院发展史的写法问题,双方在具体协议中也一定要事先确定。就现有的医院发展史写作范例看,医院发展史目前主要有两种写法。一种是各个医院非历史学者编写的医院志,这个非常类似于大辞典,语言简明扼要,属于医学史的内史范畴。还有一种写法是扩展医学史内史,将医院外的人文、政策、社会文化融入医院发展史写作中。后者写法更适合历史学的要求,它能够探索一条发扬医院人文关怀的新路子,推动医院管理和文化建设的人文化发展。因为两种写作方式差异很大,为免引起纠纷,写作方需要和医院合作方进行充分协商,确定好写作方式,签订相关合同后,才能正式进入口述访谈的写作程序。

从当前医院发展史的写作文本看,大都是方志的形式。现代人如何通过口述访谈的方式,写出一部有历史学特色、能反映前沿思想的医院发展史著作,还是非常艰难的,没有多少前例可供借鉴。因此,如果有历史学者愿意介入医院发展史撰写,其文本的形成具有极为重大的意义,对现代医院那些不了解医学人文关怀和不具有历史素养的人看待历史写作是种很好的引导。在这里,如何让医院合作方和作为历史学者的访谈写作方充分配合、达成共识就非常重要,这包括合同的签订要符合双方的利益,在访谈过程中要尽可能了解更确切的史料,院史写作过程中也要不断开会商量,尽量使写作方式得到医院和撰写者的共同认可。

第三,针对项目的进展和最终结项问题,应建立科学合理的评价方案。尤其是在最终定稿的文本写作评介问题上,应该合理引入第三方评价机构。如果写作方和医院合作方对最终成果产生争议,可附上合同和补充协议,将最终定稿密封,由访谈者个人或团队所在单位的科研管理部门匿名寄送到三家经双方共同认可的第三方中立科研单位(科研单位需有正式人员编制的历史系或历史学院),由三家第三方中立科研单位各自选定一名历史学专家,对文稿进行匿名评审,由专家签字确认,责任自负。鉴定结论分为合格和不合格,最终评审结论以三分之二多数为准(专家鉴定费用由甲乙双方各承担一半)。专家鉴定合格后,医院员工及其他相关人士虽然可以对著作文本提意见,但只要不涉及具体的史实错误,文本合理性不应受到任何质疑。

而且,与国家或省部级单位等委托的纵向课题不一样,与医院等企事业单位合作的横向课题很容易受到社会性因素的影响,因为医院的发展变迁毕竟涉及许多人许多事,每个人对其的看法也不尽相同,尤其对于一些重大事务和管理人员的看法都会不一样,有时候不可避免地会掺杂个人情感等非客观因素,其最终定稿评判如果不请中间人士,也会碰到由于认知不同而产生的误判。所以说,就学者角度来看,如果接手医院发展史的撰写工作,就需要尽可能地缩小社会及个人因素的影响,只有做到这一点,才能收获最终的成功。要做到这一点,最有效的办法就是双方签订合作协议或项目合同,合同的约定是最为关键的要素,其中最终成稿鉴定评价问题的标准化程序设立极为关键。具体的写作过程中也要明确:由医院合作方负责具体的史实鉴定,口述访谈写作方负责医院发展史的具体写作规划与最终文本,具体怎么写完全看史实说话,对院方不要求写的史实不写。

第四,对于访谈者个人及团队写作方著作权的保护,也应该在口述访谈进行前予以确定,尤其是医院发展史署名是"编著"还是"著"的问题,写作方和医院合作方要经过细致斟酌,达成明确的共识。因为两者之间存在着本质的区别,前者难以体现出写作方在史料搜集、前期规划和构思以及口述访谈中所做的努力,而如果访谈人及其写作团队对医院发展史资料的搜集是从一开始就进行的,包括怎么设计访问老员工的问题,引导访谈者怎么回答,遇到访谈者记忆模糊怎么去引导等一系列复杂的问题,就应该体现文本的著者身份,署名为"编著"则会把访谈者个人或团队的这些努力全部抹杀。而且,只有承认访谈者个人或团队为实际的医院发展史文本之著者,访谈人个体或团队的整体构思规划和文本格局的宏观思考才能得到社会的普遍认可,否则他们的写作只能说是资料整理而已,谈不上任何的构思、创新和谋划。

协议合同之外,在具体写作实践中,也需要注意以下几个问题:

首先,访谈者要多和医院沟通协调,要求医院合作方尽量安排熟悉医院发展变迁过程的老员工、助力医院发展的老领导、推动医院行政改革的政府官员等人士接受口述访谈,要求他们积极联系,充分配合口述访谈工作,必要时查询相关实物资料。与此同时,对已经确定的访谈对象,可以多渠道地通过他们认可的方式,进行微信、短信等现代化联系手段,在资料内容不确定的情况下进行多次、反复访谈,并对访谈内容、过程、效果和最终得到的资料做出客观辩证的思考和总结,对其合理性、可信性做出系统的论证和逻辑验明,在搜集大量史料、熟悉相关领域史实背景的情况下,对医院发展史的写作框架和结构做出基本的设计。

其次,在写作准备的过程中,访谈者除了充分利用口述访谈得来的资料外,也要注意紧跟时代发展,充分利用现代化的电子文档和网络等其他具有现代性意涵的信息材料。毕竟,在现代社会,很多史料都已经成为共有的网络资源,这种资料需要经过充分甄别。但是,这些史实的接纳和最终采用也要经过细致规划和提前构思,写作方在这方面需要根据写作构想,全方面搜集相关方面的史料,全面浏览医院官方网站上的各类医院新闻、信息公告、健康知识、各类讲座、各科室简介等领域信息。如果医院或者其他机构有涉及医院信息史料的刊物杂志,也要对之进行通透性的阅读,采纳获取有用的信息,尽心尽力地为写作院史准备必要的材料。对现代医院史的写作,最为关键也是最为重要的一点,就是要到研究对象的官网上去寻找和发掘资料,因为这才是真正第一手的材料。

第三,在撰写院史过程中,口述访谈写作方也应有所侧重,因为受历史学专业背景所限,对医学专业知识不熟悉,很多医院专科类型的知识介绍可以严格按照访谈材料进行整理。能够发挥医学人文性质的,主要是对医院管理的科学化发展和医院文化建设规划部分的写作,这两个领域发挥空间比较大,资料也可以通过医院官网上不断更新的各类信息和涉及医院报道的相关报刊得来,史料方面应尽可能做到面面俱到,在写作思路上也力求从各个层面入手,展现医院发展变迁过程中的人文关怀。

比如,在医院科室部分的发展史写作中,虽然写作方对于医学的知识话语掌握不多,但可以搜集大量典型案例,再按照不同专科的科室特征予以分类,按照时间脉络来详细阐明这些案例中所体现的人文关怀。对于访谈得来的资料,写作方也可以细致聆听医学专家们处理患者时的具体步骤与思路,通过历史学原则阐明这些知识性话语的意义,同时也可配备具体案例,进行详细描述,以最大程度地增加文本的可读性和故事性,对医院的人文关怀予以生动细致的刻画。

第四,为系统了解医院,尤其是每个科室等专门领域,在写作中做到心中有数,写作方也可以要求医院合作方委派专人带领,去各个科室进行走访,了解考察各个科室的文化氛围,必要时也需要采访请教那些临床、保健、药物、医技、检验、麻醉、血液、病理科室等各个领域的权威专家,由他们告知各自科室的特色文化。

第五,在写作要求上,要突出重点,有鲜明的问题意识。一般来说,有三块内容需要做重点安排:一是医院创建的背景;二是社会上影响医院影响力提升的关键节点以及影响医院发展的原因;第三是现代社会背景下,医院的特点、发展趋向以及定位。

对于这三大框架,第一个可以经过大量资料和访谈话语的收集,对医院创建的背景性原因做深入细致的阐述。比如,笔者通过访谈得知,某家医院之所以能够创建成功,跟当时世界上倡导的母乳喂养、母婴同床及政府政策的调整息息相关;而对于发展关键节点的写作,也可以挑几个重点做细致阐述。笔者当时对于访谈医院发展关键节点的思考就是它搬迁到了新地方,而之所以能够搬迁,牵涉多方面的因素,包括一家外资医院的临时撤出等。对于第三个重点,即医院的特点问题,更需要在全面归纳总结访谈材料和熟知医学界发展趋向的思路指引下才能写好,笔者对访谈医院的描述主要根据党风廉政建设、医院文化走廊设计、无红包氛围等具有突出人文关怀的角度进行阐述。

第六,在写作主旨和结构的把握上,要有自己的主见。由于学科性质和视角各不相同,就最终形成的院史文本而言,医院方和写作方会有不同的看法和要求。医院方面可能只是想让写作方对医院发展的基本史实进行简单梳理,并把相关数据统计清楚,但作为写作方的历史学者在介入院史写作后,在访谈资料充足的基础上,总是试图加点历史背景的介绍和医院救死扶伤的具体案例,并对有情节的故事予以生动活泼的阐述和展示。比如,笔者做医院口述史课题研究的过程中,非常重视医院能够得到跨越式发展的社会总体背景描述,具体研究视角上,则试图从当时民众的健康观念发展演变、政府机构的卫生健康政策改革和规划、病患关系调整等领域入手,进行深入研究。在研究资料的找寻和获取上,笔者主要依据的是所在医院的省委、市委卫生医疗机构的诸多改革文件和具体行政规划实践。但是,医院方面并不是很认同这种写法,认为这类事情只需要写一句话,某年某月医院在某机构支持下,得到跨越式发展就可以。而对于医院搬迁带来的改观和变化之大事,笔者根据调查访谈和阅读史料,详细描述了诸多原因,认为它既与政府卫生政策调整的思路、所在市区民众的医疗服务需求增长有关,更有原地址单位何以搬迁到其他地方的整体宏观社会背景,涉及人事、建筑规划等种种因素。

但是,需要谨记的是,作为历史学者,试图把口述访谈得来的史料按照自己的逻辑规划整理,想把所有涉及医院发展的历史性、社会性、政治性、文化性等客观具体因素统一梳理,作为非历史专业的医院合作方可能并不是很理解,他们往往要求简洁明了,不拖泥带水。但在专业的历史学者看来,似乎缺少了许多历史的复杂性制约因素。所以,访谈写作方与医院合作方达成写作方面的共识至关重要。

共识的达成对于医院发展史中科室演进史的写作尤为重要。作为历史学者,笔者当初撰写医院发展史的意图很明确,即按照年代顺序,既阐述清楚医院发展各个阶段中,各个科室具体招聘的人员、引进的设备、产生出哪些新的治疗理念,分析不同科室人员的知识素养、人员结构、教育背景,体现了医院怎样的知识特征和人文属性等方面,又要梳理清楚医院发展过程中各个科室技术与治疗程序发展的历史变迁与社会大背景,相比其他医院有什么突出的自身特点,尤其是要清晰地向人们展示出在历史上发生过哪些具体生动同时也能够体现医院独特精神的人文关怀的典型医疗案例。但是,作为非历史学者的医院管理层,他们的要求很简单,只要求统计设备、人数等基本概况,并没有要求笔者写作历史故事、医学人文关怀典型案例的意识观念,所有这些都需要沟通协作和互相了解。

总之,医院发展史的撰写漫长且艰难,能体现出社会的复杂性。只有做全面周全的考虑,与合作方进行必要充分的沟通,才能写出让合作双方和社会都满意的著作。

三、医院发展史研究的预期成果和意义

研究方法与注意事项到位后,预期成果可以分为两部分展开。研究成果所展示的内容主要以医院发展的内史为主,医院发展变迁的社会外史作为参考,以便让人们从外部视角(患者、政府、社会、文化)出发,深入了解医院历史发展进程中的外部要素。

首先,第一部分是比较浅显表面的成果,主要结合访谈团队的专业知识储备和研究框架规划,系统分析、整理、汇编获取到的院史资料,按年代次序梳理医院历史发展的基本脉络,包括医院发展轨迹、科室建设演进与重要人物传记三方面内容。医院发展轨迹部分主要描述医院从创建到发展与完善,直至成为现代化专业医院的基本脉络,通过访谈记录、史料阅读与实地调查,考察医院从最初比较落后的状况逐步发展成为基础设施先进、科室齐备、就诊环境优良、医疗人员配置完善的现代医院的历史变迁,并在不同历史时期,通过相应的图片展示,再现医院在不同历史发展阶段的基础设施、院内就诊环境以及科室发展与人员配置的发展概况。科室建设演进部分根据院内访谈者所提供的口述材料,结合文献史料与实地调查的图片资料,梳理医院各大科室的发展与变化情况,具体阐述中,分为临床、保健、药物、检验、病理、血液、麻醉与行政、管理等几大类科室,了解他们各自的发展情况。前四个科室主要从医疗技术进步、治疗学与药物学发展事实入手,后两个主要从医院行政班子管理指导思想与具体行为方式入手,了解医院各大科室分类、建筑布局、诊疗程序、楼层分配、医药仪器设施配置发展的历史进程,对科室发展影响较大的重要历史事件,必要时配合相应图片进行展示。重要人物传记部分可按照时代发展的次序,挑选出在院内较具影响力的临床、保健、药剂、检验、护理、行政管理等不同岗位的代表人物,通过访谈记录,了解他们的具体事迹,对其相关经历及重要成果予以公开展示,并配合图片介绍:对前五类岗位的医务工作者,着重考察代表性人物教育背景、培训经历以及参与学术科研、保健服务、健康培训的基本状况,阐述其行为实践与思想风范对医院发展的重要作用;针对行政管理者,则着重从他们当中的知名人物的管理思想与管理实践出发,阐明行政班子为医院的发展壮大所作的

贡献。

　　第二，除了对上述流于表面的医院发展内史梳理之外，研究者的研究成果也可以将医院发展史上升到社会发展与文化繁荣演进的高度，这属于医院外史，着重描绘社会进步与文化繁荣对医院发展的影响。

　　总体来看，社会发展与文化繁荣是一个比较宽泛的概念，现代医院发展除了科室发展与技术进步、人事变化和设备更新等领域以外，也处于现代社会发展与文化风气变迁的影响之下。医院外史部分也可分为浅显表面和深刻抽象两大层面。

　　第一个层面关注点在医院表象的、直接性的外部联系上，主要考察医院与患者、政府与社会之间的关系。在与患者的关系方面，通过访谈资料的整理，了解医院与患者之间在不同历史时期的关系变化，解读各种类型的患者在医院不同发展阶段对于医院的总体评价；在与政府的关系方面，主要梳理政府颁布的医疗政策与公共卫生发展纲领对于医院发展壮大的影响；在医院与社会的关系方面，主要通过口述访谈得来的资料，了解医院在不同历史发展阶段在当地、全国乃至国际上的社会声誉及发展状况。

　　第二个层面可以重点关注文化风气与民俗氛围对医院发展的影响，从文化风情及民众观念角度出发，探讨文化发展对现代医院科室变迁的影响。

　　作为历史学者，我们需要了解的是，虽然各类国家政策对医院尤其是科室发展影响巨大，但它也有特殊背景，每项政策的出台都受特定社会风情、舆论氛围与民众观念的变化发展制约，而后者就属于思想文化的抽象范畴，对医院发展变迁的影响是逐渐发生的，主要通过医院与社会及民众之间的互动来表现。具体来看，就是医院在熟知社会思想变动、倾听患者心声基础上，调整自身的服务理念和制度，以便达到更好地为患者服务的目的，使其更加体现人文关怀。这种调整不仅让医院与群众之间的关系更加密切，而且增加了群众对医院的信任度，达到了双赢。在此互动过程中，医院作为社会影响力较大的公共机构，其所进行的社区医疗健康宣传与普及活动，有效保障了民众健康，意义重大。但是，在社会风气、民众观念和医院科室变迁互动的长远效果方面，国内医院虽然取得重大成就，但在公共影响力方面做得明显不如国外，宣传普及工作亟需加强。

　　由文化角度介入外史，可以使得医院发展史的撰写具备多层面的价值。毕竟，在现实生活中，医院与民众日常生活是密不可分的，是社会卫生健康的重要保障。现代医院与人民共同处于社会文化大环境下,社会风气与民众观念的变化影响医院至深,最直接的体现就是科室的变迁,而医院本身作为公共机构,也发挥着强大的公共影响力,对社会做出积极影响。这种医院与社会文化之间的双向互动,有效促进了双方良性、双赢的发展。写出的文本可以主要以某个医院发展史中的科室变迁演进为例,探讨现代医院的科室变迁以及这种变迁与社会文化发展之间的相互影响,总结当前医院科室调整过程中的经验和不足,并对医院科室的发展做前瞻性预测,为我国现代医院在新社会环境下如何进行科室调整与改革、进而完善医疗保障制度、方便民众就医等提供参考。

在医院发展的过程中,国家政策和政府治理、社会风气与民众观念等都在与科室的调整进行着不同程度的互动。国家政策与政府治理因素往往是表面的、最直接的影响要素,而社会风气和民众观念受经济发展、思想氛围及政策导向等影响,对医院的科室发展变迁起着极为重要的影响。现实中,医院科室的发展变迁也可以表现为多种多样的方式,诸如新科室的出现、已有业务的分流和独立、科室的细化、诊治规则和诊断流程的变化等。这种变化大体上都是与当时的社会文化发展相符合的,呈现出积极、与时俱进的状态。

以社会文化的抽象角度介入医院史写作,可以使医院具备多重价值。就当前现实来看,中国目前的公共卫生机构更多是在社会大环境中被动地受社会发展前进的带动,缺乏自主改变社会发展的意识。

一部较好的医院发展史可以在这个方面做些积极贡献:它首先向人们阐明,医院(尤其是公立医院)不仅仅是单纯的治疗单位,而且是一种在广大民众中具有很高威望,可向公众全面推广医学卫生知识的加速器。从这个角度而言,医院的影响力不应止步于前来看病的人,它应该发挥其主观能动性,走出大楼,走进周边的社区中去,将最有用的医学卫生与保健科学知识传播出去,提高地区居民医疗知识水平。它对周边社区的影响也是有多种途径的,如定期开放医院、与当地学校合作直接教育学生、开设科普讲座、深入社区进行义诊等。

在针对患者的描述上,医院发展史侧重于社会文化背景的阐述也有其重要意义。比如,现代社会中的互联网已经普及,这对广大患者与医院发展的影响是极为深刻的。发达的互联网冲击了民众的知识体系,患者就诊前会自行在互联网搜索相关知识,在诊治过程中时常会与医生的诊断建议发生冲突,造成医患之间的不信任。看病于是成了一种博弈,需要考虑的因素更为复杂,互联网使得医疗咨询更便利,患者不再是单纯的被动接受,这对医生和医院来说已然是一个严峻的挑战。医院要做好这一点,就必须让患者认同医院。

医院发展史的写作需要人文关怀,也需要针对医院未来的发展趋向进行预言性的描述,通过这些话语,我们写作出来的医院发展史也可以让社区医院承担更多的职能。从历史学角度写出来的医院发展史兼顾多方面,让医院未来的发展趋向凸显多样化色彩,兼具治疗、保健、问询等功能,任何有关"健康"的事项都可以在其下属的多个机构(如健康中心、日间中心)找到解决方案,使得医院不仅仅具备"治疗"的单一职能,面向整个社会进行知识传播、保健引导也是其重要功能。同时,因为信息化的发展,现代医院已经广泛采用一卡通制度,卡里面详细记载了社区居民的终身健康档案,这样一来,居民信息与医院发展动态地绑定在了一起,二者相互影响,进而对整个社会造成影响。从这个角度看,医院的作用非常巨大,社会影响力处于不断扩展中,如何体现其人文关怀,凸显文化教育的职能成为以后医院发展的重要走向。

结语:医院发展史撰写的前景与走向

在现代社会崇尚医学人文主义的大背景下,历史学者通过口述访谈的形式介入医院发展史的写作具有很好的发展前景,但它需要和合作方医院订立稳妥的合作协议,能够以历史学者特有的写作规划进行写作。而在具体写作过程中,要明确认识到撰写医院发展史的难点在于对科室发展史的把握,而这一点会受到社会文化发展变迁的制约。社会大众对科室发展的认识往往是单纯的医学设备与技术的更新,于人文的关注较少,这就需要历史学者的帮助。因此,在现阶段,历史学者介入医院发展史的写作正当其时,可以引导医院根据现在的社会文化发展态势,调整未来医院发展的布局。

针对未来的医院发展问题,有个重要倾向是有志于参与撰写医院发展史同仁需要注意的。这个倾向也基本代表了现代医院的发展趋向，主要体现在医院分工的细致化层面，具体而言就是医院对于科室分层与职能分工的强化，这主要体现在以下几点。

首先，未来医院的科室将会变得更加专业化，科室数量会不断增加，互相之间的联系会更加密切，科室管理更加扁平化。随着医学的发展和新型健康问题的突出，会有更多专业的科室出现，以专门解决相关类别的问题，满足大众需求。但科室数量的增加会面临着管理上的压力和科室之间交流的障碍。这些困难必然会被克服，因为很难想象我们从一个科室转到另一个科室时还面临着复杂的手续流程。

其次，在现代医院的发展过程中，保健、预防、体检类科室的地位逐渐上升，医院的总体职能越来越丰富。随着民众对健康问题的关注，重视疾病预防越来越被民众所接受——解决疾病的关键不在于治疗，而在于预防和保健。目前，保健、预防、体检类科室已经出现，但主要起着辅助作用，满足部分民众的健康需求。在未来，这类科室的职能将越来越丰富，科室内部的诊疗方式将形成更加完善的体系。

最后，各个科室构筑起未来医院的发展平台，对其管理也逐渐精细化，而随着现代互联网与电子信息技术的发展，医院科室将会越来越倾向于数字化管控，互联网逐渐覆盖到整个医院体系。目前，不少医院都实行数字化管理，患者就医前可在互联网提前预约，预约完成后按指定时间到医院就诊即可，但这种做法仍存在很大的不足。一方面，在就诊的人群中，大多数的老年人、来自农村的人不会使用互联网预约；另一方面，预约信息展示并不全面，预约系统设计也不够人性化，患者无法与医师沟通，这些因素成为阻碍民众使用医院信息系统的根源。因而，未来医院的数字化建设的质量必须得到提升，互联网覆盖也需要更加深入。

明确了医院科室发展变迁的重要性，也就明确了医院发展史写作的基本侧重点，明确了访谈了解的内容基本体系，也给我们指明了医院发展史的写作方向。在具体写作医院发展史的过程中，我们也要明确认识到，医院发展尤其是科室发展应以各个医院不同风格的人文追求，主动去寻求改变，以最大程度地适应社会大众的健康需要，这是对医院人文特性的尊重和重视，更是对个体生命的终极关怀。作为历史学的人文工作者，我们在撰写医院发展史过程中，需要明确：医院是民众托付生命的机构，应该具有强烈的人文关怀,强化以人为本的人道主义精神引导,对民众的健康和生命关怀备至,成为守护人类前进与发展的生命港湾。作为书写医院发展史的人文学者,更要以人文精神为引导,广泛涉猎医院的人文故事与科室文化的人文特征,撰写具有历史学特征的医院发展史。

〔作者王广坤,北京师范大学历史学院副教授,北京 100875〕

书　　评

近代中国口岸城市的卫生制度化
——读饭岛涉《鼠疫与近代中国》

倪浩然

在近年出版的医疗卫生史著作中,日本学者饭岛涉的专著《鼠疫与近代中国:卫生的制度化和社会变迁》是最受到国内研究者重视的作品之一。饭岛涉是东京大学文学博士,日本青山大学文学部教授,早年从事清末财政史研究,后将兴趣转移至近代中国、日本与亚洲的疾病史研究。《鼠疫与近代中国》改写自作者的博士论文,日文版最初发行于 2000 年,中文版由朴彦、余新忠、姜滨三位学者翻译,于 2019 年由社会科学文献出版社出版。

《鼠疫与近代中国》一书以鼠疫为切入点,兼论天花、疟疾、霍乱、伤寒等传染病,探讨了中国公共卫生制度在清末民国时期建立的过程,并关注同时期日本、朝鲜、新加坡等亚洲国家应对传染病的历史,视野之广实是东亚疾病史研究的佳作。饭岛涉将鼠疫、疟疾、霍乱等传染病置于近代东亚,尤其是中国的语境下讨论,体现了中国卫生制度的本土化过程和捍卫卫生主权的博弈。《鼠疫与近代中国》一书中译本的出版有助于我们了解近代以来中国将公共卫生纳入国家体制的过程,对反思、完善现今的公共卫生制度显得十分必要。

一、公共卫生史研究的学术史回顾

对近代中国医疗卫生史的研究最早起源于医学界。20、21 世纪之交,医疗卫生史开始受到中外历史学界的重视,并逐渐发展为成熟的研究领域,医疗卫生的现代性、传染病及防疫体制、卫生知识的传播等各方面都有较多的前人研究。① 与饭岛涉的研究相呼应,美国学者班凯乐(Carol Benedict)也对清末鼠疫进行了研究,并分析了疫病所引发的殖民政府和当地人民之间的复杂关系。此外,余新忠梳理了晚清卫生观念的传入如何影响清政府防疫观念,并促进了卫生行政在地方的落实。② 杜丽红的《制度与日常生活》也是近年来对公共卫生史领域产生较大影响的一本著作,不仅分析了北京卫生制度的确立,还将研究视野下移,考察上层制度在北京市民日常生活中的落实。③

社会性别的研究视角扩宽了医疗卫生史研究的新空间。晚清民国时期,随着卫生与科学等新式知识的传入,月经、怀孕、生产等女性经验得到了更多的关注。中国台湾学者周春燕考察了 20 世纪上半叶妇女卫生的发展过程,不仅解释了卫生对种族、国家观念的冲击,更展现了女性经验在此过程中所扮演的角色。④ 吴一立和赵婧聚焦分娩卫生,分别探讨了晚清、南京国民政府时期女性生育观念、实践出现的变化。可以看到,西方的影响在近代妇女卫生的改革过程中发挥了巨大的启示、指导作用。

现代化(modernity)是欧美学界探讨近代中国公共卫生发展过程中最受研究者重视的面向。以罗芙芸的《卫生的现代化》(*Hygienic Modernity*)为代表,持此类观点的学者多认为在西方文明(以美国和日本为主)的冲击下,中国的口岸城市,如天津、上海等,最先接受了西方的卫生观念并开始了近代化建设,如警察卫生制度的确立、防疫手段的规范化、下水道在城市的应用等。⑤ 这一系列的措施改善了近代中国的卫生条件、提高了国民素质,使中国开始迈入现代国家的行列。

---

① 对医疗卫生史的发展,参见周晓杰:《十年来近代中国医疗卫生史研究回顾》,《团结报》2020 年 3 月 26 日,第 8 版。

② 余新忠:《清代卫生防疫机制及其近代演变》,北京:北京师范大学出版社,2016 年。

③ 杜丽红:《制度与日常生活:近代北京的公共卫生》,北京:中国社会科学出版社,2015 年。

④ 周春燕:《女体与国族——强国强种与近代中国的妇女卫生(1895—1949)》,台北:丽文文化事业股份有限公司,2010 年;赵婧:《近代上海的分娩卫生研究(1927—1949)》,上海:上海辞书出版社,2015 年;Yi-Li Wu, *Reproducing Women*: *Medicine*, *Metaphor*, *and Childbirth in Late Imperial China*, Berkeley: University of California Press, 2010.

⑤ Ruth Rogaski, *Hygienic Modernity*: *Meanings of Health and Disease in Treaty-Port China*, Berkeley: University of California Press, 2004. 西方学界探讨中国卫生现代化的主要作品还有:Kerrie L. MacPherson, *A Wilderness of Marshes*: *The Origins of Public Health in Shanghai*, 1843—1893, Hong Kong: Oxford University Press, 1987; Liping Bu, *Public Health and the Modernization of China*, 1865—2015, New York: Routledge, 2017.

在考察近代中国公共卫生发展时,西方的影响自是不能忽视。然而,部分学者也开始从中国本土的情况出发,追溯前近代中国已有的卫生实践,坚持"卫生"不完全是近代化或西方化的产物。余新忠的研究表明迟至明清,甚至南宋时期,中国的民间就已有相关的"卫生"举措。只是前近代卫生实践的目标是为了城市的整洁和人民的健康,而近代西方影响下的卫生事业所依托的则是"强国保民"的国族话语。①

近代以来的卫生改革,如同女学等新事物的发展,是近代中国国家建设(state-building)的重要组成部分,持此类观点的学者认为租界开始卫生改革后,口岸城市的卫生情况出现了明显的"华洋对比"的差异,但是不应将此时华界所积极推行的卫生举措视为一种被动接受,应当看到近代以来中国人为了捍卫主权、反抗卫生殖民所体现的主观能动性。美国学者江松月(Nicole Barnes)的新著《亲密社群》(*Intimate Communities*)分析了抗日战争时期国家权力如何通过女医生、女护士、女助产士将公共卫生的观念与实践融入当地普通百姓的日常生活。在战时的特殊情况下,公共卫生成为中国人寄托最终胜利、建立现代国家的一种方式。② 在近代中国的情境下,国家建设与现代化这两种分析范畴往往相互交织,这一点在饭岛涉的书中也有所体现。③

从日常生活史的角度,无论是卫生观念的传播还是卫生制度的逐步确立,都对民众的生活产生了潜移默化的影响,更影响了民众的饮食选择。牛奶是近年来受到研究者关注较多的现代饮品。虽说前近代中国已有饮用牛奶的记载,但是直到近代,牛奶才被视作一种营养而卫生的饮料,作为"舶来品"在中国的大城市中开始流行。④ 与牛奶研究相似,作为传统夏日消暑

① 余新忠:《清代江南的卫生观念与行为及其近代变迁初探——以环境和用水卫生为中心》,《清史研究》2006 年第 2 期,第 13—14 页。

② Nicole Elizabeth Barnes, *Intimate Communities: Wartime Healthcare and the Birth of Modern China*, Oakland: University of California Press, 2018.

③ 英文学界,将医疗卫生、Modernity 和 State-builidng 结合得较典型的研究有:Bridie Andrews, *The Making of Modern Chinese Medicine 1850—1960*, Vancouver: UBC Press, 2014; Chieko Nakajima, Body, *Society, and Nation: The Creation of Public Health and Urban Culture in Shanghai*, Cambridge: Harvard University Asia Center, 2018。

④ 中文学界"牛奶"研究的相关成果有:李忠萍:《从近代牛乳广告看中国的现代性——以 1927—1937 年〈申报〉为中心的考察》,《安徽大学学报(哲学社会科学版)》2010 年第 3 期,第 106—113 页;章斯睿:《塑造近代中国牛奶消费》,上海:上海社会科学院出版社,2020 年;卢淑樱:《母乳与牛奶:近代中国母亲角色的重塑 1895—1937》,上海:华东师范大学出版社,2020 年。

饮品,酸梅汤在近代以来却因"自来水做酸梅汤"等负面新闻而使公众对之产生了卫生和健康焦虑,转而饮用以机器制造的洋货汽水,并将之奉为解暑圣品。①

在简短回顾卫生史的研究趋势后,可以看到作为近代中国卫生史的"先驱"之作,饭岛涉在 2000 年时所探讨的中国卫生制度化与现代化的过程开启了此后二十年对近代中国公共卫生研究的讨论,引起众多中外学界学者的回应,至今未衰。②

二、近代中国的卫生制度化过程

晚清以来,随着中国逐步对外开放,西式的卫生观念传入中国,各种新式的卫生设施在城市中开始设立,上海、天津等各口岸城市也先后走上了近代化的道路。《鼠疫与近代中国》一书不仅立足中国考察公共卫生的制度化、政治化过程,更将视野扩展至东亚,甚至全球。为论述方便,笔者将从时间线上将该书九个章节的内容分为晚清(第 1—5 章)和民国(第 6—9 章)两部分加以讨论,并结合同时期中国城市卫生制度的逐步建设,分析卫生制度在 19 世纪末和 20 世纪上半叶国家建设中所扮演的重要角色。

在该书前五章的晚清部分中,饭岛涉主要分析了营口、上海、天津等城市对鼠疫的应对及清政府根据疫情所做出的制度变革。19 世纪末的腺鼠疫最初在中国的西南地区暴发。立足中国本土,饭岛涉从 1894 年云南腺鼠疫谈起,展现了腺鼠疫的全球化传播过程,从中国西南经广东、香港,最终波及上海及国外的横滨、夏威夷等地。以营口、天津等北方城市的卫生变革为例,饭岛涉重点分析了在腺鼠疫的肆虐和西方国家的干预下,风雨飘摇中的

---

① 《上海商业储蓄银行有关汽水业调查资料》,馆藏号 Q275—1—1997,上海市档案馆藏;孙笑颜:《馋饮:酸梅汤与清以来北京城市生活》,《河北师范大学学报(哲社版)》,2021 年第 5 期,第 57—67 页。

② [日]饭岛涉:《鼠疫与近代中国:卫生的制度化和社会变迁》,朴彦、余新忠、姜滨译,北京:社会科学文献出版社,2019 年,第 33—36、229—248 页。与近代检疫权有关的研究,参见杨祥银、王鹏:《民族主义与现代化:伍连德对收回海港检疫权的混合论述》,《华侨华人历史研究》2014 年第 1 期,第 51—60 页;刘利民:《近代海港检疫权的丧失及其危害谈论》,《历史教学(下半月刊)》2018 年第 7 期,第 63—67 页。

清政府逐渐涉足"卫生"这一本属民间慈善团体的义举,开始了将卫生行政纳入国家职能的过程,这是近代以来卫生制度化的起点。同时,饭岛涉分析了 20 世纪初我国台湾地区在流行病传播路径等方面的防控手段,说明当时实行的卫生举措其实是日本渗透其影响力的殖民实践,展现了中国卫生制度化过程中国际力量的影响与干预。

相比之下,19、20 世纪之交的东北则更是国际势力角逐的舞台,"卫生"成为日本和俄国主导这场竞争的手段。19 世纪末以后,日本以西方列强为榜样,一直试图染指中国,而地理险要的东北则成为俄国与日本都想控制的地区。因此,当 1910 至 1911 年肺鼠疫在哈尔滨、奉天等地暴发后,这一公共卫生事件被赋予了政治化的色彩。俄国和日本的干涉迫使清政府出面在东北采取更严格的防控措施,并将公共卫生事件国际化。在此过程中,清政府也与曾经主管防疫事项的民间团体就防疫主权问题产生了一定的摩擦。东北鼠疫的例子展示了 20 世纪初卫生并非是单纯的公共卫生问题,更是影响到国家主权的政治问题。

在清末民初的特殊语境下,"卫生"早已不是简单的社会问题,而成了渗透着国家、民族优越感和自豪感的标准。对西方殖民者来说,"卫生"已成为了现代化和文明的标准,而把"肮脏""落后"的中国改造成和西方城市一样"干净""卫生"则成为这些殖民者自我赋予的"使命"。在他们的笔下,上海、天津等口岸城市的街道充满着污秽的酸臭气,中国人"不卫生"的生活习惯则成了西方人认定中国人野蛮的直接原因。[1] 不少中国的改革知识分子甚至内化了这种文明与野蛮的卫生二分法。民国初年,晚清的女权运动家胡彬夏在结束美国的七年生活归国之后,也曾夸赞美国的新鲜空气,认为上海的浊气使她受到头疼的困扰。在胡彬夏看来,浊气和污秽是中国还没有做好进入文明国家的准备。[2]

在该书后四章的民国部分,饭岛涉展现了卫生制度化的过程在民国时

①　Bryna Goodman, "The Politics of Public Health: Sanitation in Shanghai in the Late Nineteenth Century," *Modern Asian Studies*, vol. 23, no. 4 (1989), pp. 816—820; Xuelei Huang, "Deodorizing China: Odour, Ordure, and Colonial (Dis)Order in Shanghai, 1840s—1940s," *Modern Asian Studies*, vol. 50, no. 3 (2016), pp. 1092—1122.

②　Yung-chen Chiang, "Womanhood, Motherhood and Biology: The Early Phases of The Ladies' Journal, 1915—25," in Dorothy Ko and Wang Zheng eds, *Translating Feminisms in China*, Malden: Blackwell Publishing Ltd, 2007, p. 81.

期的持续加强,即使当时的中国制度上还没有统一且强大的卫生行政机构作为保障。而且,面对着愈加国际化的传染病,各国渐渐地从竞争转向合作,建立了一系列国际上共同应对传染病的卫生机制。1912 年中华民国成立后,政府将卫生行政权收归中央。然而,民初虚弱无能的中央政府使得内务部卫生司无法有效行事。为应对山西的肺鼠疫疫情,中央防疫处应运而生。20 世纪 10 年代末,中央防疫处在鼠疫和霍乱的防控问题上都发挥了积极的作用。可惜的是,中央防疫处只是内务部卫生司的附属机关,并不具备行政机关的职能,作用依旧受限,于卫生事业帮助不大。所幸的是,民间力量在传染病防控事项上依旧与政府当局积极配合,使得卫生行政发挥了一定的作用。

20 世纪初期以后,国际合作背景下的国际卫生行政机关的建立使得中国开始反思中央防疫处等国家卫生行政机关的有效性。由于中央政府软弱无力,中国的海关检疫由各口岸自定规则,存在相当大的制度问题。同时,由于中央防疫处并不是具备卫生行政的有效机关,民国时期中国卫生行政的软弱进一步凸显出来。20 世纪 20 年代以后,国际联盟保健机关和新加坡传染病情报局等国际公共卫生情报机构的成立,象征着国际卫生行政逐渐完善,在卫生现代化的过程中,国际合作必不可少。

1927 年南京国民政府成立以后加快了从城市到乡村卫生“国家化”的脚步。虽然建立了统一的国家政权,但是 1927 年以后的政治环境并不稳定。20 世纪 30 年代以后日本的觊觎与侵扰使得“卫生”成为救国的有效动员方式。以收回检疫权为契机,国际环境的复杂与多变使得国民政府不得不进一步加快卫生制度化,如与地方合作进行种痘。卫生国家化的进程再度因战争得以加强,“卫生”的话题上升到国家、民族相关,成为拯救中华民族的方式。

从卫生制度出发,饭岛涉展现了民国时期的中国政府所做出的卫生改革。虽然改革需要时间,但是它让我们看到中国主动而非被迫地进行卫生现代化的尝试。既往对口岸城市卫生现代化的研究多集中于租界地区,通过分析西方在租界进行的卫生实践来表明中国开始了现代化的过程,其中西式医院的建立、自来水的使用都是学者们研究较多的话题。① 这些研究

---

① 　Haiyan Liu, "Water Supply and the Reconstruction of Urban Space in Early 　(转下页注)

过分强调西方主动改造中国,而将中国/华界刻画为被动接受和赶超的形象。但是,在饭岛涉对民国时期政府卫生制度的研究中,我们却能看到 20 世纪中国主动通过卫生行政想要在国际舞台上争取话语权的过程,虽然这一过程遭受了一些波折。

通过考察从 19 世纪末到 20 世纪三四十年代口岸城市卫生制度化的过程,饭岛涉教授展现了约四十年间中国的卫生制度随着国家政权的加强,从萌芽到制度化、国家化的过程。

三、卫生制度史研究的创新、不足与拓展

不同于以往的近代中国史研究著作,饭岛涉教授凭借着语言优势,综合运用中、日、英等国档案,将近代中国的卫生问题国际化。换句话说,饭岛涉以鼠疫为切入点探讨中国的卫生制度化问题,并没有就中国而论中国,而是综合运用了比较和跨国的视角,将近代中国的讨论置于东亚这一紧密联系的有机体中。正如饭岛涉在中文版序中所言,“目前我的研究范围不只是中国,还跨及包含韩国的东亚与东南亚,在研究过程中,我偶也留意到中国社会拥有的普遍性与特殊性”①。因此,全球化视角下近代中国卫生制度化的过程是理解该书的一条重要线索。

“日本”无处不在于饭岛涉的研究中。近代中国的历史与日本紧密交织,书中所重点考察的城市均是受日本影响较深的地区。饭岛涉在探讨清末警察制度时展现了明治维新后日本的示范作用,“可以认为是清政府在引进这一制度时,是以日本由警察主导的卫生行政为样板的”。不仅如此,外来词的翻译和使用选择更是展现了中、日及西方的权力关系在新创的卫生制度中的角逐,如“这时开始更多地使用‘公共卫生’而非‘公众卫生’一

（接上页注）Twentieth-Century Tianjin,” *Urban History*, vol. 38, no. 3 (2011), pp. 391—412; Shuk-Wah Poon, “Cholera, Public Health, and the Politics of Water in Republican Guangzhou,” *Modern Asian Studies*, vol. 47, no. 2 (2013), pp. 436—466; Hanchao Lu, “Out of Ordinary: Implications of Material Culture and Daily Life in China,” in Madeleine Yue Dong and Joshua Goldstein eds, *Everyday Modernity in China*, Seattle: University of Washington Press, 2006, pp. 22—51.

① ［日］饭岛涉:《鼠疫与近代中国》,第 ii 页。

词,代表着在北京公共卫生事务所的活动(包括协和医科大学参与的项目)中,日本影响力的下降"等。①

在补论部分,饭岛涉更是采用了比较的研究方法,将视角扩大至整个东亚,研究的对象也从鼠疫、霍乱、疟疾扩展到天花、伤寒、白喉等其他传染病。通过比较不同地区之间的政治、经济、文化差异和传染病应对上的措施,饭岛涉探讨的不仅是近代中国的历史,更是日本影响下的近代东亚城市在"卫生"话题上的国际互动。比较史的方法有助于揭示被掩盖了的"事实",在分别进行国家和疾病间的比较后,作者得出了结论:"近代中国的传染病流行程度,实际上应该并不像通常所想象的那样处于很高的水平。"②这一结论也更好地帮助我们了解清末以来中国传染病的实际情况,而非一叶障目地因从事传染病研究而过分夸大晚清民国传染病横行的事实。

然而,国际化优势也正是该书的"不足"。首先,若从书名《鼠疫与近代中国》而论,书中仅有一半内容涉及鼠疫。更准确地说,鼠疫只是本书的切入点,作者在论述过程中穿插了其他传染病研究,从而模糊了近代中国鼠疫发生的情况。其次,对中国的关注也被对其他国家的研究冲淡了。作者开篇展示了19、20世纪之交夏威夷、横滨的腺鼠疫,虽为我们提供了传染病国际化的背景,却在开篇淡化了"中国"的地域研究重心。在随后的章节中,饭岛涉零星地讲述了日本的卫生行政、横滨的霍乱、国际联盟和新加坡传染病情报局,将这些全球性内容依照年份大致穿插在近代中国的故事中,读来较为分散。近代中国的研究需要国际化、全球化的视角,但读罢此书,与其说饭岛涉在讨论"鼠疫与近代中国"的故事,不如说他的话题一直围绕着"传染病与近代亚洲"。

卫生制度研究是本书的核心,《鼠疫与近代中国》一书开篇指出,"再一次从国家及权力机关,及广义的社会制度变迁的角度对近代中国历史重新进行探讨是必要的",表明了作者从上而下的制度史研究视角,希望从制度出发探讨近代中国卫生行政确立的过程。③ 从洋务维新、戊戌运动、清末新政到民国建立,制度上的变革总能或多或少影响到晚清以降的社会结构与民众生活,因此从制度入手探讨卫生行政的"从无到有"实属必要。然而,

① [日]饭岛涉:《鼠疫与近代中国》,第14、183—184页。
② [日]饭岛涉:《鼠疫与近代中国》,第265页。
③ [日]饭岛涉:《鼠疫与近代中国》,第5页。

制度的变革一定意味着民众会依此做出反应吗？自上而下的改革真能收到预想的效果吗？这是制度史研究经常面临的困境，也是笔者在读《鼠疫与近代中国》一书时经常思考的问题。

　　首先，在卫生近代化的过程中，制度与习俗的冲撞、西方制度的在地化等都是由"制度"所衍生的值得深入探讨的课题。既往的日常生活史研究已经表明上层政府和下层社会之间存在着隔阂。饭岛涉在书中已经注意到了这一"制度陷阱"。为抗击东三省的鼠疫，政府对戏园、妓院、浴场等公共场所采取一系列保持清洁的防疫措施，尤其是营口卫生局限制出于移葬目的的停棺和由外国医师实施挨户检查等行为与中国重人情的传统相抵触，不仅收效甚微更遭到民众的强烈反抗。① 若从制度的角度讨论，政府的防疫措施代表了"近代化"与"文明"，但从情感和日常生活的视角，这些制度是否适合中国社会且行之有效都值得反思。杜丽红在《制度与日常生活》一书中也注意到清政府采用西方防疫措施，如进行隔离、消毒等，这些方式其实难以得到市民认可，致使由政府牵头的卫生举措不仅无效，甚至失去了民众的信任，导致社会上出现了零星冲突。② 因此，若仅从制度出发则会造成一定的误解，使人以为这些官方主导的卫生制度着实深入至基层，影响到民众的日常生活，从而过分夸大了卫生制度的效果。

　　清末鼠疫是该书的切入点，饭岛涉教授也区分了腺鼠疫和肺鼠疫的不同，如"腺鼠疫的原因是细菌，中间宿主是老鼠和跳蚤，肺鼠疫有人与人之间的感染"③。但是，除鼠疫外，书中涉及了疟疾、霍乱等多种传染病，在卫生知识尚未普及的晚清民国，高度雷同的疫病防治措施和简略的科学卫生知识其实难以让普通民众知晓各种传染病之间的区别，也无法真正有效达到防疫目的。普通百姓如何看待每次传染病的肆虐？制度之外，下层民众是否发展出了一套自行应对传染病的方法（即使这些方法并不符合卫生与科学的标准）？这些疑问都是医疗卫生史研究可以再深入拓展的方向，对这些问题的解答则能让我们更好地了解晚清民国的中国基层社会，这也是饭岛涉教授的"制度"研究给研究者留下的空间。

　　其次，虽然近代化的变迁最初发生在城市，但是过于强调城市的卫生发

---

①　[日]饭岛涉：《鼠疫与近代中国》，第50、121页。

②　杜丽红：《制度与日常生活》，第45页。

③　[日]饭岛涉：《鼠疫与近代中国》，第133页。

展却遮蔽了中国广大农村地区的公共卫生事业所取得的成就。近代中国的通商口岸从19世纪中期以来就开始被卷入传染病国际化的浪潮中,也因此学者们对公共卫生史的考察大多集中在城市,尤其是最早开埠的口岸城市。饭岛涉的研究也不例外。但是,这并不意味着民国时期的中国农村丝毫未受到卫生近代化大潮的冲击,依旧保持着传统"不卫生"的生活方式。《鼠疫与近代中国》中已有只言片语表明迟至南京国民政府时期,农村地区的卫生改革已展开。饭岛涉指出卫生制度化也成为南京国民政府的乡村建设运动中的一项任务。比如,1934年邹平县实验区设立了卫生院,并于次年开设卫生助理员训练班。可惜的是,比起城市,"农村的卫生制度化进展甚微"①。

结　论

《鼠疫与近代中国》是中国近代卫生史研究的先锋作品,国际视野、多元史料和比较方法的运用是该书最重要的特色。饭岛涉综合运用了日本外务省记录和中国香港历史档案处、台湾"国史馆"、上海市档案馆等英、日、中文档案还原中国沿海各城市疫病防治的历史,资料翔实,可信度高。作者以鼠疫为切入点,讲述晚清以来卫生制度化的过程,即卫生的举措如何被纳入国家行政,并将传染病的讨论置于近代东亚乃至全球殖民主义的大背景下,分析了从清末到民国卫生制度化和政治化的过程。该书不仅展现了晚清以降"卫生"的社会意义演变的过程,其宏大的研究视野也呈现了各国之间围绕"卫生"而展开的互动与博弈。虽然书中存在着一些章节之间论述分散的问题,但是依旧不影响《鼠疫与近代中国》一书对近代中国和东亚医疗卫生史研究的开创意义和学术贡献。

〔倪浩然,美国堪萨斯大学历史系博士研究生〕

---

① 　[日]饭岛涉:《鼠疫与近代中国》,第246—247页。

20世纪瘟疫史中的"人类角色"解读

——评《人类大瘟疫:一个世纪以来的全球性流行病》

孙　帆

　　20世纪初,史学与医学跨学科交叉的现象得到史学界的关注,医学被置于政治、经济、文化的社会大环境中加以历史考察,医学发展与社会文化背景相互联系,由此诞生出联结史学和医学的跨学科的医疗社会史。① 医学史与其他学科无论如何交叉,人作为医疗社会史的研究对象,其核心地位不容忽视,因为"医学的对象是人,是人的生老病死,其中包括许许多多的社会内容"②。当前,将研究重点从医学转移到人类自身,并从社会史、文化史的角度探讨人类、疾病和社会关系的医疗社会史著作并不罕见③,但医疗社会史却没有突破整体主义的医学传统,仍然过于强调整体的利益而忽视个人的利益,尤其是病人的权利没有得到重视和保护。与此同时,大部分瘟疫史的书籍是在叙述科学战胜疾病的进步过程,这种单一视角仅依靠先进的实验技术审视疾病及其流行性时会存在诸多盲点,再加上忽略病毒传染期间人类抗击病毒的人文因素以及缺乏对"人类角色"的解读,人们难以全

① 关于史学与医学的跨学科交叉进程,参见陈勇:《西方医疗社会史的由来与前沿问题刍议》,《经济社会史评论》2015年第3期。

② 邱仲麟:《医生与病人——明代的医病关系与医疗风习》,余新忠、杜丽红主编:《医疗、社会与文化读本》,北京:北京大学出版社,2013年,第315页。

③ 以人为中心的医疗社会史研究著作有:杨念群:《再造"病人"——中西医冲突下的空间政治(1832—1985)》,北京:中国人民大学出版社,2006年;拜伦·古德:《医学、理性与经验:一个人类学者的视角》,吕文江、余成普、余晓燕译,北京:北京大学出版社,2010年;凯博文:《疾痛的故事:苦难、治愈与人的境况》,方筱丽译,上海:上海译文出版社,2010年;威廉·麦克尼尔:《瘟疫与人》,余新忠、毕会成译,北京:中信出版集团,2018年;武斌:《瘟疫与人类文明的进程》,山东:山东人民出版社,2020年;于赓哲:《从疾病到人心——中古医疗社会史再探》,北京:中华书局,2020年;闵凡祥主编:《天行——人类历史进程中的50场瘟疫》,江苏:凤凰科学技术出版社,2020年。

面了解人类历史上的瘟疫流行。英国医学史学家马克·霍尼斯鲍姆(Mark Honigsbaum)是以人为中心解读 20 世纪人类瘟疫史的代表,他所著的《人类大瘟疫:一个世纪以来的全球性流行病》被《金融时报》评为年度图书。《人类大瘟疫》英文版在 2019 年出版。中文版于 2020 年新型冠状病毒流行之际问世,特别追加了对新冠疫情的评述,从而令其内容涵盖了 20 世纪以来的重大传染病,包括 1924 年洛杉矶鼠疫、1930 年鹦鹉热、1976 年费城军团热、1980 年艾滋病、2003 年的 SARS、2013 年的埃博拉病毒、寨卡病毒和 2019 年的新冠等传染病。该书的主旨是通过重建疫情叙事重新审视人类、疾病和环境三者之间的关系,特别强调不同社会文化背景中的人对传染病流行的影响,并在突破科研局限的过程中诠释瘟疫史中的"人类角色",为读者还原传染性疾病如何影响人类社会的历史。

一、环境中的人与瘟疫

环境是人类赖以生存的场所,也是传染病病菌滋生的温床。科技进步帮助人类从最初的受制于环境转变为以人的需求为中心,有目的地改造甚至创造环境,但环境并没有放任人类的肆意侵略和改造,自然灾害和疾病依然是目前人类无法完全消除的存在。

霍尼斯鲍姆在审视人类、疾病和环境三者之间的关系时认为,"在一个瞬息万变的世界,科学家有责任规避智识的傲慢,并警惕任何关于自己知识广度和深度的幻觉或自以为是的傲慢"①。这表明人类在环境中与疾病同生共存的状态会因人类自身的傲慢而被打破。这种论断并非霍尼斯鲍姆一家之言,2006 年劳里·加勒特在《逼近的瘟疫》中描述了美国政治精英对待瘟疫时所表露的盲目自信态度。"艾森豪威尔总统提出让微生物'无条件投降';乔治·马歇尔预言'疾病被迅速征服';肯尼迪参议员预料下一个 10 年出生的儿童将不再面对古老的瘟灾。"②霍尼斯鲍姆和加勒特都认为人类对疾病的过度理想化导致人类面对疾病时陷入一个死循环,人类最开始对疾病无视且态度傲

---

① 马克·霍尼斯鲍姆:《人类大瘟疫:一个世纪以来的全球性流行病》,谷晓阳、李瞳译,北京:中信出版集团,2020 年,第 383 页。

② 劳里·加勒特:《逼近的瘟疫》,杨岐鸣、杨宁译,上海:三联书店,2008 年,第 44 页。

慢,随后因传染病暴发变得恐惧、无助和歇斯底里,但最后却重蹈覆辙,忘却教训,再次变得傲慢。对此,霍尼斯鲍姆不无失望地警示道,"不幸的是,20 世纪和 21 世纪,由生态失衡和环境变化引发的其他瘟疫就没有这么简单了"①。通过案例分析,霍尼斯鲍姆指出人类对环境的无意识忽视可能导致传染病蔓延。他引用 1918—1919 年大流感在美国军营暴发的例子,强调美军在军营选址问题上存在疏忽,从而导致大流感在拥挤的军营中传播。② 霍尼斯鲍姆直截了当地提出,解决环境、人类和瘟疫的平衡关系问题还有赖于执政者的政治意愿。"尽管我们可能无法撼动全球旅行和全球商业贸易的大势,但我们可以改善地方的卫生和环境条件……问题不在知识层面,而是在政治意愿上。"③

　　对人类的傲慢和环境的定位有了清晰的认识之后,霍尼斯鲍姆将人类的态度转变、关注病人感受和注重疾病治愈的外在因素作为人类适应环境和延续生命的有效措施,突出"人类角色"。首先是医学家转变了骄傲自满的态度。与政客相比,洛克菲勒医学研究所的研究员勒内·迪博并没有因为医学成就而骄傲自满,虽然他分离出第一种商业化的抗生素,"但他却很清醒,提醒医学界警惕业内盛行的骄傲自大情绪"④。其次是关注到病人面对疾病时的恐慌情绪。霍尼斯鲍姆将人类经历瘟疫时的恐惧和歇斯底里描绘得活灵活现。笔者认为,此时医生帮助病人调整心态和情绪往往比提供医疗服务更具价值。韩启德在《医学的温度》中也提到,"要求医生看病不单单关注病人的生理变化及其病理机制,还要关注他心里怎么想、他的经济状况如何以及家属是什么样的反应等,要与病人产生共情,要具备认识、吸收、解释并被疾病的故事所感动的能力"⑤。最后是外在因素发挥的治疗作用。医学家深知传染病暴发和流行的规律,在新的认知和反思中,医学家的目光不再局限于传染病病原体本身,而是更多地考虑其他外在因素。霍尼斯鲍姆对此特别提到,"许多细菌和病毒可在组织、细胞中蛰伏几十年,然后被一些外部事件重新激活"⑥。

　① 马克·霍尼斯鲍姆:《人类大瘟疫:一个世纪以来的全球性流行病》,第 49 页。
　② 马克·霍尼斯鲍姆:《人类大瘟疫:一个世纪以来的全球性流行病》,第 5—8 页。
　③ 马克·霍尼斯鲍姆:《人类大瘟疫:一个世纪以来的全球性流行病》,第 378 页。
　④ 马克·霍尼斯鲍姆:《人类大瘟疫:一个世纪以来的全球性流行病》,"序言",xxiii。
　⑤ 韩启德:《医学的温度》,北京:商务印书馆,2020 年,第 29 页。
　⑥ 马克·霍尼斯鲍姆:《人类大瘟疫:一个世纪以来的全球性流行病》,"序言",xxii。

纵观 20 世纪的传染病,读者不难发现大部分的疾病都与动物有关,这些携带病毒的动物仿佛是大自然派来惩罚人类的急先锋。人和动物之间本应和谐共处,但是在人类社会中,人和野生动物却形成了吃和被吃的关系。人类的猎奇和掌控心理使得人类的口腹之欲不再局限于已经驯化的动物,而是扩展到了野生动物。在霍尼斯鲍姆看来,"食用野味和更快速的国际交通给了动物病原体新的机会,使其能够感染人并在全球传播"[1]。人类和野生动物之间的关系异化足以说明人类与疾病的天然隔断随着人类无知的行为和全球化的发展变得越来越脆弱,如果人类再不约束破坏自然的行为,病毒只需要等待就可以接触易感染人群并大范围传播。很多从未问世的新型病毒一旦被激活,往往拥有强大的变异、换代和环境适应能力,远超人类适应疾病和环境的速度,人类不可能在短时间内改变自身的身体结构,生理机能和免疫能力。因此,人类对抗传染病不是通过改变自身的机能,而是找到人类与疾病共存于自然界中的平衡点,从传染病传播的三个要素着手,针对传染源、传染途径和易感人群建立有效的防护机制,维持人类、疾病和环境的动态平衡。

二、社会文化中的人与瘟疫

过去一百年,医学与社会文化因素发生了紧密的联系,"当医学史成为社会史或文化史的一部分……医疗史是治疗者和病患在特定情境中互动(社会的或者思想的)历史,缺少任何一方的历史都是片面的"[2]。20 世纪著名的医学史学家亨利·E. 西格里斯特就提倡医学史要开阔新的视野,将医学置于广阔的社会情景中。当医学被置于社会文化中时,面临着两种境遇:一方面,不同的社会文化促使人类对传染病产生不一样的态度,采取不一样的应对措施,体现了人的差异性;另一方面,人类为了在全球化浪潮中抵御传染病的蔓延,以合作和信任为基础,构建起了一致的抗疫行动,凸显了人的共同性。霍尼斯鲍姆在《人类大瘟疫》中同样建立了医学与社会文

---

① 马克·霍尼斯鲍姆:《人类大瘟疫:一个世纪以来的全球性流行病》,第 278 页。
② 朱迪斯·W. 莱维特:《情境中的医学——医学史研究述评》,余新忠、杜丽红主编:《医疗、社会与文化读本》,北京:北京大学出版社,2013 年,第 27—28 页。

化因素的联系,除了对传染病进行生物医学层面的论述,他还展现了村落习俗、城市阶级差异和国际组织等社会文化层面上人类一致的或相左的抗疫反应和态度。

首先,霍尼斯鲍姆向读者展现了村落传统习俗和城市阶级差异造成的人类差异性对抗击传染病的影响,他认为"在西非的文化传统中,也许没有什么比死亡、服丧和安葬的仪式更重要了"①。西非很多村落的村民没有意识到,当不可或缺的丧葬仪式运用到埃博拉感染者身上时将会带来严重的传染风险。在分析传染源为虫媒病毒的"寨卡"时,霍尼斯鲍姆着重强调,寨卡病毒暴发体现了城市社区差异,贫民窟往往是疾病攻击的首要对象。巴西东北部城市累西腓虽然被誉为"南半球的威尼斯",但也因其棚户区和城市贫民窟而声名狼藉。最致命的黄热病毒在巴西卷土重来之时,依旧是城市中的贫民窟和棚户区首当其冲。② 此外,霍尼斯鲍姆还认为同一社会文化背景下也存在着差异。霍尼斯鲍姆一贯以来认为新闻媒体需要对制造疾病恐慌负责,但在艾滋病大流行的案例中,他一改批判新闻媒体是恐惧传播的帮凶的立场,支持同行兰迪·希尔茨记者的观点:"对艾滋病的新形象建构负有主要责任的,是科学家和医学家们,而非媒体。"③另一方面,霍尼斯鲍姆没有忽略传统习俗和社区差异在抗击传染病时产生的积极作用。他在《人类大瘟疫》出版后的一次访谈中提到,"在新冠疫情期间,我们就见证了有些社群在遏制疫情方面做得更好。比如,一些社会文化群体更习惯于从集体角度思考问题,每个人都将自己视为广大社群中的一分子。还有一些文化比较'正式'(formal),不太喜欢'亲密拥抱'之类的举动,人们通常会以鞠躬而非握手的方式打招呼,这种文化在疫情控制方面也具有优势"④。

其次,霍尼斯鲍姆在《人类大瘟疫》中考察了全球化进程中人类是如何共同抗击传染病的。"美国的艾滋,非洲的艾滋""跨越国境的埃博拉",这样的章节标题传达了霍尼斯鲍姆对传染病传播全球化趋势的重视,表明人

---

① 马克·霍尼斯鲍姆:《人类大瘟疫:一个世纪以来的全球性流行病》,第296页。
② 马克·霍尼斯鲍姆:《人类大瘟疫:一个世纪以来的全球性流行病》,第334—337页。
③ 马克·霍尼斯鲍姆:《人类大瘟疫:一个世纪以来的全球性流行病》,第215页。
④ 谷晓阳、李瞳:《专访马克·霍尼斯鲍姆:重建疫情叙事》,《信睿周报》2020年8月3日,第31期。

类无论置身于何处都需要面对同一种疾病。霍尼斯鲍姆在考察国际卫生组织和国家卫生机构共同抗击传染病的措施和效果时认为,非洲埃博拉疫情得到控制的主要原因是国际社会提供的资源协助——联合国成立埃博拉应急响应特派团,英、美、法为代表的发达国家派遣大量军队医疗专家援助非洲抗击埃博拉病毒。抗击寨卡病毒的重要突破是由于"一支国际科学家团队宣布,已从巴西和美洲其他国家收集了 58 种寨卡病毒分离株,并对其进行了基因测序"①。出于消灭传染病的共同愿景,全球卫生防御不断整合,人类开始对预防传染病的措施达成共识,并且通过国际卫生公约和国际卫生组织的形式发挥抗击传染病的作用。

　　霍尼斯鲍姆以人类的共性和差异为中心,向读者介绍了在社会文化视域下人类抗击瘟疫的效果,这促使我们从人类合作和分裂两个角度进行深思,启发读者在追溯瘟疫史的人文理念过程中辩证看待人类文明的产物。实际上,早在中世纪黑死病大流行时期,为了有效杜绝疾病通过人口流动而传染,隔离检疫制度就被人们所接受,产生了检疫船、检疫站和检疫证书等隔离检疫措施。19 世纪后半叶至 20 世纪初,人类共同抗疫的合作机制进一步深化,以召开卫生大会、签订卫生条约及协定、成立区域性和世界性卫生组织机构的形式运用于全球卫生防控领域。在抗疫行动全球化的时代,人类的共性为身处不同国家、民族和社会的人共同抗疫起到了积极的黏合作用。但另一方面,人类以族群和国度划分,不可避免地会产生社会和文化差异,这些差异造就的观念、习俗和习惯对传染病的防控影响巨大。当国际社会普遍认可的科学防控手段运用到具体的族群和国度时,会受到当地传统文化的影响而产生不一样的疾病防控效果。霍尼斯鲍姆就关注到了同一社会文化背景下的差异。例如,媒体对疫情的报道并非是一致的,而是各不相同,究其原因不在于科研工作者和医疗卫生官员的观点或政策有争议,而是反映了疫情影响下社会精英之间的竞争以及在瘟疫对经济影响问题上的考量。总之,社会文化中人的差异在疫情防控中的积极和消极因素并没有淹没在疫情防控的全球化浪潮之中,而人类的共性和差异恰好是决定人类对待瘟疫的态度、采取什么样的抗疫措施以及能否取得抗疫胜利的关键要素之一。

---

①　马克·霍尼斯鲍姆:《人类大瘟疫:一个世纪以来的全球性流行病》,第 360—361 页。

三、科学技术中的人与瘟疫

历次新型传染病暴发所造成的伤亡和损失对人类社会来说都是一次巨大的灾难。医学家在面对新型传染病袭击时义不容辞地肩负起抗击疾病的责任和使命,他们对新型传染病的研究有利于丰富医学理论知识,促进医学技术的进步,但达到医学进步的目的并非那么容易。

霍尼斯鲍姆告诉我们,医疗科技和知识难以取得突破的原因之一是权威思想的束缚。1918—1919 年大流感期间医学家们对早期暴发的流感认识不足,毫无防备,习惯性地将其当作寻常的细菌感染来救治。因为早在1892 年"德国细菌学之父"罗伯特·科赫的女婿理查德·普法伊费尔就提出了细菌致病论,认为是(后来以他的名字命名的)"普氏杆菌"导致的流感,即使还有很多实验现象存在漏洞,医学界也不敢挑战科赫学派的权威。虽然人类最终认识到流感是由病毒引起的,但这个结果得来不易,因为改变人类固有的认知需要足够多的反常来支撑。霍尼斯鲍姆针对这个问题总结道,"反常是科学的常态","在科学中没有绝对的确定性。范式不断被新的观察改进,如果发现了足够多的反常,对原范式的笃信就可能被打破,一个新的范式可能会取而代之"①。霍尼斯鲍姆认为,其实在 1892 年普法伊费尔提出流感杆菌致病说之后,医学家在俄罗斯流感和 1918—1919 年大流感暴发时都发现了流感杆菌之外可能存在其他致病因素的反常实验结果,但1918 年医学家由于实验条件和技术的限制,没有办法得到推翻流感杆菌致病的实证,直到 1933 年医学家才证实流感是由病毒引起的。② 有此经验教训之后,医学家在对待未知病毒时有了突破局限的意识,当 1930 年鹦鹉热在美国暴发时,美国医学家已经提出了致病源头可能是一种病毒而非细菌,此观点与持细菌致病说的医学家的观点针锋相对。虽然当时的医学家无法明确这种病毒是如何从鹦鹉身上向外传播以及是否存在人际传播,但医学家在进行病毒实验的时候,为了防止病毒感染而采取了严密的防护和隔离

---

① 马克·霍尼斯鲍姆:《人类大瘟疫:一个世纪以来的全球性流行病》,第 24 页。

② 马克·霍尼斯鲍姆:《人类大瘟疫:一个世纪以来的全球性流行病》,第 13—14 页。

措施。与1918—1919年大流感相比,研究鹦鹉热的医学家更进一步接受了有别于细菌致病说的反常现象及其不确定性,这就是科学的进步模式。①霍尼斯鲍姆将科学的进步归结为填补空白,填补空白的过程还伴随着方向的迷失。"如果说一个世纪以来应对大流行的行动教会了我们什么,那就是尽管我们可能在过去被称为'空白区域'的地方更好地监控大流行的威胁,但我们也有一种倾向,那就是忘记医疗历史的教训。"②

人类在进行传染病防治的科研活动中尤其要注重对细节的把握,如果忽视细节会让科研受限,而在危机中感知细节则能够寻求突破。霍尼斯鲍姆指出,从科学实验与病菌发生碰撞的那一刻起,人类观察新型传染病的每个细节都将影响人类能否对传染病形成正确认知以及做出科学评判。例如,流行病学家约翰·保罗在撰写脊髓灰质炎的历史时将1916年描述为"实施隔离和检疫措施的高潮",采取该措施的做法是基于脊髓灰质炎被认为是一种呼吸道疾病。但实际上大多数美国人不知道5年前瑞典也暴发了类似的骇人疫情。在那次疫情期间,瑞典科学家多次从患者小肠中找到脊髓灰质炎病毒——这是解释疾病的真正病因和病理的重要一步,但美国人却忽视了瑞典科学家的发现。直到1938年耶鲁大学的研究人员才重拾瑞典科学家的研究,证实无症状携带者的粪便中频繁检出脊髓灰质炎病毒,这些病毒可以在未经处理的污水中存活长达10周。③

在科学技术的视角下,霍尼斯鲍姆向读者呈现了医学家细致入微、敢于突破的精神,这让我们深刻理解了医生这个群体所肩负的重任。医学家在探索传染病病因时遇到的最大困难在于无法摆脱传统的思维范式,受到权威的干扰,不能对自己的研究发现保持独立和理性的判断。科学的发现只是人类辨识病毒的第一步,流行病学家更重要的任务是阻止病毒的滋生和进一步蔓延,因此,在完全没有对新型传染病的生存环境和传染途径做出正确的判断之前,任何隔离措施和治疗手段都需要根据实际情况、新的发现和突破进行适时调整。科学技术中的人与瘟疫所呈现的画面正是人类在开展防治传染

---

① 马克·霍尼斯鲍姆:《人类大瘟疫:一个世纪以来的全球性流行病》,"序言",xx—xxiv,第24页。

② 马克·霍尼斯鲍姆:《人类大瘟疫:一个世纪以来的全球性流行病》,第22页。

③ 马克·霍尼斯鲍姆:《人类大瘟疫:一个世纪以来的全球性流行病》,"序言",xix—xx。

病的科学研究时,突破局限,随后遇到新的局限,再次突破局限的过程。正是在这个过程中,人类抗击传染病的医疗技术水平不断得到了提升。

四、对瘟疫与人的思考

《人类大瘟疫》一书集中研究了20世纪重大传染病的历史变迁,马克·霍尼斯鲍姆以传染病的暴发、传播及其影响为线索,全面再现了20世纪全球瘟疫流行和人类抗击疾病的历史画卷。同时,霍尼斯鲍姆将传染病置于历史语境中对人类在其中的角色和作用进行了考察,揭示传染病流行过程中深层次的政治、社会、文化根源。与同类著作相比,《人类大瘟疫》无论在切入视角、所持立场还是在书写逻辑方面都将"人"作为研究中心,突出了"人类角色"在20世纪瘟疫史中的作用。霍尼斯鲍姆在叙述传染病流行的诸多问题时,既关照到了全球合作抗击传染病的可能,又勾画出传染病在不同传统习俗下的传播态势、国家内部政治、经济和社会的评估以及各个利益集团的合作与分歧的复杂关系,进一步突出了人类的差异和共性在传染病防控中的重要意义。

霍尼斯鲍姆写作《人类大瘟疫》意在重建疫情叙事,对传统流行病史书写的误区进行批判。这一批判立场在一定程度上会受到个人认知、道德素养、意识形态、政治倾向和哲学观点的影响,但霍尼斯鲍姆并非一味地进行批判,而是根据具体的史实和情境进行分析,其批判的视角中蕴含着理性思辨,从而保证了研究的客观性。例如,在艾滋病大流行的问题上,霍尼斯鲍姆并非只是批判科学家和公共卫生官员的过错,反而认为科学家们已经在新的医疗技术的帮助下识别了新的逆转录病毒,并制定了检测和治疗方案。对于人类应从瘟疫中吸取的教训,霍尼斯鲍姆提出:一是关注交通运输发展带来的全球大流行加速;二是不能过于关注微生物层面的致病原因而忽略广阔的生态和环境因素;三是人类过于集中和拥挤的环境会造成新病原体的扩增和传播,虽然现代人的生活方式可以防控疾病,但也会出现感染病例;四是"在流行病暴发期间,我们需要谨慎选择措辞,以免语言成为仇外情绪、污名化和偏见的发动机"①。

---

① 　马克·霍尼斯鲍姆:《人类大瘟疫:一个世纪以来的全球性流行病》,第26页。

　　霍尼斯鲍姆作为一个非医学专业出身的学者,他在书中引用的资料和参考文献有大量医学相关的期刊、著作、重要人物的书信和报纸等材料,还运用了很多专业的医学用语叙述防疫专家是如何揭露致病微生物真实面目的。同时,霍尼斯鲍姆注重国家政策和政府公文等档案材料的解读,深入研究传染病流行时期国家、政府和社会的防疫行动,既观照到了病毒本身的危害,又呈现了病毒传播和瘟疫蔓延时的社会情景和众生百态。《人类大瘟疫》与麦克尼尔的《瘟疫与人》①相比,前者通过具体的传染病来诠释人类在瘟疫大流行中的角色和作用,从细微之处彰显人文之重,后者则是将瘟疫置于人类文明的发展历程中,倾向于凸显瘟疫对人类社会发展的影响。因此,《人类大瘟疫》中所呈现的瘟疫史更具人文因素,其中的“人类角色”更加值得解读。

〔孙帆,华南师范大学历史文化学院博士研究生,广州　510631〕

---

① 威廉·麦克尼尔:《瘟疫与人》,余新忠、毕会成译,北京:中信出版集团,2018 年。

文献选译

星占四书·第二书:对国家时局的预测

[古罗马]托勒密 著,F. E. 罗宾斯 英译,高阳 中译

　　《星占四书》为古罗马天文学家克劳迪·托勒密(Claudius Ptolemy)所作,拉丁语名为 *Tetrabiblos* 或 *Quadripartitum*,希腊名为 *Μαθηματικὴ τετράβιβλος σύνταξις*,英语为 *Mathematical Treatise in Four Books*。① 该书是数理天文学著作《至大论》(*Almagest*)姊妹篇,②遵循从普遍到特殊的著述原则,分别介绍了占星术普遍的理论构架、国家时局预测、个人身心疾患与穷通祸福之预测。《星占四书》问世至今,先后出现了阿拉伯语、拉丁语、希腊语及英语等译本。本次翻译为英译文移译,所依据的版本为评注性的希腊文—英文对照译著,由洛布古典丛书主编法兰克·埃格尔斯顿·罗宾斯译注,1940 年首次出版,此后多次再版至 2001 年。由于托勒密的原始文本确实有诸多晦涩难懂之处,且书中涉及大量的星占学专业术语,罗宾斯的英译本在编译中对不确定的思想进行注释与比较,有助于我们更加靠近托勒密思想的原本旨意。就第二书而言,增加的注解主要为天体影响下的地区和海域,也包括有关行星运行位置的专业术语。在中译过程中,译者尽可能按照学术规范还原英译者的评注,以便读者更好地理解托勒密的星占学原则。《星占四书》体现了托勒密对天人合一的智慧思考与观察研究,引介其中译文,可以呈现当时社会的预言文化、疾病预测与治疗奇技,了解古人如何看待天空,并将其投射到地上事物。

1. 简介

目前我们已经简要掌握了系统阐述(星占学元素)的最重要细节,这些

---

① Ptolemy, *Tetrabiblos*, ed. by F. E. Robbins, Harvard University Press, 2001, p. x.

② Ptolemy, *Almagest*, tran. and anno. by G. J. Toomer, Princeton University Press, 1998.

列表式阐述有助于调查特定的预测。鉴于此,现在我们就顺次添加步骤,来详细处理那些介于预测可行性之内的事项,处处遵循(星占学元素)阐述的自然方法。

通过天文学方法的预测分为两个主要部分:首要的且普遍的是关于整个国家、城市和民族的预测,即总体预测;次要的且具体的是关于个体人的预测,即星命学(genethlialogical)预测,我们认为应当首先关注普遍的划分,因为一些事项本质上服从于更大更强事项的统治,而非具体事件的统治。由于较弱的性质总是屈从于较强的性质,具体总是置于普遍之下,①因而想要询问个体情况的人必须首先理解普遍的观点。

对总体预测,一部分关系整个国家,一部分关系城市;甚至有些关系更大或者更周期性(periodic)的条件,如战争、饥荒、流行病、地震、洪水等等;有些则关系更小更偶然的条件,如一年四季中温度的改变,暴风雨、热力和风的强度,以及庄稼的丰歉等等。但在每一个案例中,最合理的步骤应该首先是要预测整个国家的状况或者更重要的条件,原理同上。在预测中有两件事情要考虑在内,即黄道宫和行星与相应区域②的一致性(familiarity),以及既定时间内天体在所属天文位置③的重要意义。通过说明日食与月食以及行星在上升及固定阶段的转变途径,可以解释具有上述特征的自然原因,同时也可以解释属于整个国家的个体和民族特征。

2. 总体环境中的属民特征(民族性)

民族性格的划分④一部分建立在整个纬线(parallels)和经角线(angles)⑤基础上,根据他们相对于黄道宫或者太阳的位置。我们居住于北部象限区,而那些居住在更南的纬度区,即赤道到回归线(summer tropic)之间的属民,由于太阳直射头顶,有着黑皮肤和稀疏的羊毛卷发,身材瘦小,天性乐观,因长时间受热力压迫,这里大部分居民原始未开化,我们称这一类人为埃塞俄比亚人(Ethiopians)。这里的气候、动植物也同样受太阳灼晒而特

① 参见第一书第3节。
② 纬度或者由纬度所决定的区域。
③ 如天宫(houses,参见第一书第17节)和界(terms,参见第一书第20—21节)。
④ 在星占学人种志中,托勒密依据斯多葛的波塞多努斯(Stoic Posidonius)。出于这个理由,托勒密偏离了他在《地理学》中所表达的观点,波尔(Boll, *Studdien*, pp. 181—238)详细列举了这些细节。
⑤ Parallels 为纬度,即南北位置;angles 为东西方向的位置。

征明显。

由于远离黄道带和太阳热力,居住在更南的纬度区,即北极熊出没之地的人极冷;但由于那里空气湿润,没有被太阳晒尽,其属民肤白发直,高挑且发育良好,生性较冷漠;因长期受冷空气压迫,这里大部分居民原始未开化,气候的寒冷,植物的形状,动物的野性也与之相匹配。我们称这一类属民为斯泰基人(Scythians)。

居住于回归线和极圈之间的属民,由于太阳不再直射头顶,且正午距离太阳也远,空气温度适中,冷热变化不太显著,因而肤色均匀,体型适中,性情中和,喜欢聚居,文明程度高。其中更南地区的属民①,因为他们的天顶接近黄道带及围绕其运动的行星,从而更具有灵活性和创造性,更精通神圣的知识。通过这些倾向,人们自身以灵魂睿智、爱好观察为特征,并且追求所谓数理学的科学。在他们中,东部居民更阳刚、灵魂丰满,待事坦率②,因为东部的居民理论上受太阳性质的影响。③ 因此这一地区的人为昼行性的、阳刚的,并且是右撇子(righthanded),甚至我们发现这里的动物右肢部分也更强有力。而西部地区的居民更阴柔、灵魂细腻,更神秘化,因为这一地区受月亮影响,月亮总出现在西部,且在合相之后出现。因此,西部与东部相反,为夜行性的、阴柔的,并且是左撇子。

在这些普遍地区中的任意一个地区④中,某些特殊的性格和习俗自然会随之出现。以气候为例,在整体上分别受热、冷或温度适中影响的区域内,由于地形、海拔、地势或毗邻地的影响,某些地区或国家呈现出过量或者缺乏(某种性质)的特质;又如某些人精通马术,因为他们居住在平原国家,有人擅长航海,因为他们离海边很近,或者有些人文明教化,因为他们土壤肥沃。而且,伴随着黄道宫中星体与具体区域的一致性,该地区会表现出具体的(民族)特性。这些特质至今已被发现,但并非对应每一个个体。我们必须简要地处理这个问题,因为它可能有助于特定的调查。

―――――――――

① 佚名评论者指出,托勒密在这里意指埃及人和迦勒底人,主要考虑到他们发现了星占术这一事实。

② "πάντα ἐκφαίτες"这一短语与下面的"πάντα κρύπτοτες"不同。佚名评论者指出,有人理解这一短语主要基于东部民族的言论自由(freedom of speech);另一些人理解为讲话得体。

③ 参见第一书第6节。不仅是太阳,也有呈阳性特征的东部区域。

④ 例如,从整个区域的一般性和普遍性中产生的变体。

3. 民族相通性与三宫组及星体

如第一书第 18 节所示,有四个三宫组(triangles),第一个三宫组是西北方位的白羊宫、狮子宫和射手宫,由于北风的缘故,主要受木星统治,由于西北风的缘故,也受到火星的控制。第二个三宫组是东南方位的金牛宫、处女宫和摩羯宫,由于南风的缘故,主要受金星控制,偶尔由于东南风的缘故受土星控制。第三个三宫组是东北方位的双子宫、天秤宫和水瓶宫,由于东风的缘故主要受土星控制,也由于北风主要受木星控制。最后一个三宫组是西南方位的巨蟹宫、天蝎宫和双鱼宫,主要受西南风控制,由于西风的缘故主要受火星控制,也由于南风的缘故受金星控制。

同样,我们居住的世界被分成四部分,①在数量上相当于四个三宫组,在纬度上从赫拉克勒斯海峡(the Straits of Hercules)②到伊苏斯湾(the Gulf of Issus)以及毗邻东部的山脊③划分南北,在经度上以阿拉伯海、爱琴海、本都(the Pontus)④以及马里奥特湖(the Lake Maeotis)分割东西部,就这样分为四部分。第一部分位于西北部,包括凯尔特-高卢(Celtic Gaul)⑤,我们称之为欧洲。相反东南部,包括东埃塞俄比亚,⑥称为大亚洲区(Greater Asia)的南部。再者,整个区域的东北部是包含斯基泰的地区,同样也是大亚洲区的北部;相反的、朝向西南风的地区,是西埃塞俄比亚,我们称之为利比亚(Libya)。

而且,上述每一个接近居住地中心的部分,⑦与那些在整个世界相对边缘的国家性质刚好相反;如欧洲位于整个世界的西北部,其中心部分与这一象限的东南部性质相反。其他象限也如此,每一象限都关系两个相反的三一宫,即周围地区与该象限整体性质一致,(世界的)中心部分则具有相反

---

① 卡达诺(Cardanus, p. 181)以图解的方式将"有人居住的世界"描绘成一个梯形,顶部(北部)比底部窄,以圆弧为界;它被南北线和东西线划分为象限。"靠近中心的部分"用连接两个中心末端的线标出,将每个象限分开,并在中心生成 4 个直角三角形。

② 直布罗陀海峡(Strait of Gibraltar)。

③ 可能是托鲁斯山脉(Taurus range)。

④ 本都-尤辛努斯地区(Pontus-Euxinus)或黑海。马里奥特湖在亚速海(Azov)。

⑤ 与小亚细亚的加拉太(Galatia)相区别。

⑥ 将印度设定为"东埃塞俄比亚",与托勒密的《地理学》相区别,是受波塞多纽(Posidonius)影响的一个标记。两个埃塞俄比亚的区别可参见著名的荷马诗篇《奥德赛》(Odyssey),i, 22—24。

⑦ 参见第一书第 18 节。

的倾向,也就是与星体所控制的三一宫性质相反,金星除外①,因为它位于中间且控制两个地区。

在这种布局下,第一部分即欧洲,位于聚落世界的西北部,与西北三宫组相匹配,即白羊宫、狮子宫和射手宫,受木星和火星控制,位于西方。② 这部分民族包含不列颠、山北高卢(Transalpine Gaul)、德意志、巴斯塔尼亚(Bastarnia)③、意大利、山南高卢(Cisalpine Gaul)、阿普利亚(Apulia)、西西里、伊特鲁里亚(Tyrrhenia)④、克尔提卡(Celtica)⑤和西班牙。由于受天体控制和主宫星座的影响,这些民族的总体特征是独立自由、好战尚武、多产、宽容整洁且具有领袖气质。然而,由于木星和火星的西方相位,更由于上面所说的第一三宫组是阳性的,最后一个三宫组是阴性的,⑥所以这些属民不近女色,⑦鄙视享乐,更倾向于与男性结盟。同时他们不认为以上行为是对女性的一种羞辱,也未因此变得娇柔软弱,因为其性情没有被歪曲,而是在灵魂上富有男子气概,乐于助人,有信仰,热爱同族,仁慈善良。同样的国家不列颠、山北高卢、德意志和巴斯塔尼亚与白羊宫和火星的气质相符。因此

---

① 卡达诺(p. 182)认为金星统治世界的中心地区有四个理由:一是因为金星对地球有同样的统治权;二是因为中心地区被赋予科学和艺术的特性,金星是其守护者;三是因为这一地区与商业有关,就像金星控制下的职业;四是因为金星的性质介于其他四个行星之间。

② 位于东部的木星和火星,是额外添加的,并未出现在三宫组统治的原始陈述中。卡达诺指出,在托勒密的计划中,木星统治整个北部,金星统治南部,土星统治东部,火星统治西部。但是,在第一象限中,火星和木星并非处于绝对位置而是处于西部相位(non simpliciter, sed occidentales);在第二象限中,土星和金星并非处于绝对位置而是处于东部相位等等。卡达诺说,这展示了民族习俗的多样性,在东部相位的行星远远不同于在西部相位的同一行星,以至于在实践中往往是两大行星代替一个行星。

③ 俄罗斯的西南部和波兰的南部。波尔(Boll, op. Cit. , p. 197)指出,紧紧追随托勒密的赫菲斯提昂(Hephaestion)和普罗克洛斯(Proclus)并未提到巴斯塔尼亚,在托勒密的原始文本中可能没有这一名称。

④ 托斯卡纳(Tuscany)。

⑤ 可能是西班牙西部(Boll, op. Cit. , p. 205)。Ταλατία被用来指真正的高卢,位于莱茵河与比利牛斯山之间;Ταλλία指的是意大利北部。

⑥ 这一三宫组的黄道宫都是阳性的(cf. I. 17)。可能托勒密仅仅想要表达:当白羊宫上升时,射手宫位于西部,因此呈阴性;阿什曼德(Ashmand)也这样认为。

⑦ 在亚里士多德及其追随者波塞多努斯、迪奥多鲁斯(Diodorus)、斯特拉波(Strabo)、阿特纳奥斯(Athenaeus)、塞克斯都(Sextus Empiricus)等人看来,这些人与北部满族人的喜好形成鲜明对比;参见勒克勒奇(Bouché-Leclerq, p. 340, n. 2)收集的例证,以及波尔(Boll, Studdien, pp. 207—208)的讨论。

他们的大部分属民都激进、刚愎、残忍。但意大利、阿普利亚、山南高卢和西西里与狮子宫和太阳的气质相符,其属民精明能干、仁慈善良且具合作精神。伊特鲁里亚、克尔提卡和西班牙受射手宫和木星控制,其属民自立、淳朴且整洁。位于世界中心的民族,色雷斯(Thrace)、马其顿(Macedonia)、伊利里亚(Illyria)、赫拉斯(Hellas)、亚加亚(Achaia)①、克里特(Crete)以及基克拉底(Cyclades),小亚细亚的沿海地区和塞浦路斯(Cyprus),位于整个地图的东南部,与东南部方位的三宫组,即金牛宫、处女宫和摩羯宫及其主宰者金星、土星和水星相一致。结果这些国家的居民受其行星影响,身心表现出复杂的特质。由于受火星影响,他们大多数具有领袖的气质,高贵独立;受木星控制,他们崇尚自由、自我管理、民主法治;受金星影响,他们热爱音乐,富有求知欲,能言善辩且热爱整洁的生活;受水星控制,他们喜爱社交,友爱他人,维护正义,喜好书信,擅长修辞术;由于金星的西部相位,他们热衷于神秘主义。细化到具体地区,基克拉底、小亚细亚海岸地区和塞浦路斯,气质与金牛宫和金星相符。整体来说,他们奢华、整洁、爱惜身体。赫拉斯、亚加亚、克里特居民有着处女宫和水星的气质,善于推理,好学,重视灵魂的历练。色雷斯、马其顿、伊利里亚居民与摩羯宫和土星的气质相符,因此他们贪婪,生性并不温柔且不爱社交。

第二部分,亚洲南部,包括印度、艾尔亚奈(Ariana)、格德罗西亚(Gedrosia)②、帕提亚(Parthia)、米底(Media)、波斯、巴比伦尼亚、美索不达米亚、亚述(Assyria),位于世界的西北部,正如我们推测的,与东南三宫组金牛宫、处女宫和摩羯宫相吻合,在东部相位受金星和土星控制。因此有人会发现这里的居民受这些统治因素的影响而适应环境;他们臣服于伊西斯(Isis)③名义之下的金星系恒星,赫利俄斯(Mithras Helios)名义下的土星系恒星。他们中大多数也预示未来事件。受上述本质为生殖性天体的影响,他们中仍遗存供奉生殖器的习俗。而且,他们热情、好色、享乐。受金星影响,他们能舞善跳,喜爱装饰;受土星影响,他们喜欢享受奢华生活。受行星东

---

① 赫拉斯在希腊北部;亚加亚在伯罗奔尼撒。

② 格德罗西亚位于今俾路支(Baluchistan),艾尔亚奈位于其北部,在帕提亚和印度中间。

③ 这一区域更适合将阿施塔特(Astarte)和伊斯塔尔(Istar)与金星联系起来。当然,这一地区最初是密特拉(Mithras)崇拜的原始本部。

方相位的影响,他们喜欢公开与女性交往①,而厌恶男性。因此他们与母亲乱伦生子,具有恋母情结,这是由于行星在早晨的上升以及太阳影响下心脏居于首位。受金星影响的其他人,总体上奢华,着装较女性化,喜欢打扮;受土星东部相位的影响,他们宽宏大量、高贵且尚武。帕提亚、米底和波斯人气质与金牛宫和金星一致,因此其居民喜欢穿着有装饰的衣物蔽体,除了胸部,并且他们喜欢奢侈品和干净的东西。巴比伦尼亚、美索不达米亚和亚述人与处女宫和水星的性质一致,所以他们喜欢研究数理学,善于观察五大行星。印度、艾尔亚奈和格德罗西亚,受摩羯宫与土星影响,其属民邪魅、邋遢、残忍。第四象限的属民,位于其中心地带的,依都亚玛(Indumaea)、科伊勒-叙利亚(Coelê Syria)、犹地亚(Judaea)、腓尼基(Phoenicia)、迦勒底(Chaldaea)、奥奇尼亚(Orchinia)以及"阿拉伯福地"(Arabia Felix)②,位于整个地区的西北部,与西北角的三宫组性质相似,即白羊宫、狮子宫和射手宫,更进一步,这些地区受木星、火星和水星的控制。因此其属民天生善于贸易和交流;受上述行星相位的影响,他们比较狂妄、欺负弱小、奸诈、奴颜婢膝,总体来说比较薄情。其中,科伊勒-叙利亚、依都亚玛、犹地亚的居民性情更像白羊宫与火星的性质,总体上比较大胆、无神信仰③且图谋心重。腓尼基、迦勒底和奥奇尼亚(Orchinians)居民的性情更像狮子宫与太阳的性质,更单纯、友好、热爱星宿④,最崇拜太阳神。"阿拉伯福地"的居民性情更像射手宫与木星性质,像其名字一样,这一地区比较肥沃,盛产香料,其属民优雅,生活中崇尚精神自由,喜欢交流和贸易。

　　第三部分是大亚洲区北部,边缘地带,包括赫卡尼亚(Hyrcania)、亚美尼亚(Armenia)、马提亚纳(Matiana)、巴克提亚纳(Bactriana)、卡斯佩利亚(Casperia)、赛里斯(Serica)、萨利玛提卡(Sauromatica)、奥克夏纳(Oxi-

---

　　① 这里再次可见勒克勒奇(Bouché-Leclerq, p. 34, n. 2)收集的大量引证,这些引证主要是关于古代社会对这些人淫乱和乱伦的指控。

　　② 依都亚玛位于死海最南部;科伊勒-叙利亚,位于巴勒斯坦北部以及西部黎巴嫩和东部黎巴嫩(Anti-Libanus)之间;犹地亚位于死海及其沿岸之间;腓尼基位于犹地亚和撒玛利亚的北岸沿线一带;迦勒底位于幼发拉底河西岸和阿拉伯半岛北部;奥奇尼亚的名字稍有阙疑;"阿拉伯福地"位于阿拉伯半岛西南岸地区。在《地理学》中,迦勒底仅仅被作为巴比伦的一部分,不是一个单独的国家(Boll, Studien, p. 205)。

　　③ 犹太人由于其一神论,被其邻居认为是无神论者,且蔑视所有异教徒的神。

　　④ 星占术确实起源于古代巴比伦和亚述王国。

ana）、索格狄亚那（Sogdiana），①其中东北部与东北三宫组一致，即双子宫、天秤宫和水瓶宫。受土星和木星东部相位的影响，其属民富有多金，洁净爱生活，热爱宗教，作风正派，宽宏大量，灵魂高贵，憎恨邪恶，充满爱心，时刻准备为朋友牺牲于火热而神圣的事业中；在性关系中，他们是高贵纯粹的，穿着大方，优雅大度；总体来说这些是土星和木星东部相位影响的结果。而且，一些国家，如赫卡尼亚、亚美尼亚和马提亚纳，与双子宫和金星具有相同的性质；他们很容易受鼓动且易成为恶棍。巴克提亚纳、卡斯佩利亚、赛里斯与天秤宫和金星气质相同，其属民富有，热爱音乐，生活奢侈。萨利玛提卡、奥克夏纳、索格狄亚那，与水瓶宫和土星气质相同，其属民更不温和，且苛刻而残忍。这一象限，靠近世界中心的地区，如比提尼亚（Bithynia）、佛里吉亚（Phrygia）、科尔吉亚（Colchica）、叙利亚、科玛吉纳（Commagenê）、卡帕多西亚（Cappadocia）、吕底亚、利西亚（Lycia）、西里西亚（Cilicia）和潘菲利亚（Pamphylia），②由于他们位于本象限的西南部，与西南三宫组，即摩羯宫、天蝎宫和双鱼宫一致，受火星、金星和水星控制。因此，其属民将维纳斯作为自己的主神，用当地的各种名字命名，火星为阿多尼斯（Adonis）③，他们用自己神圣的方式来祭祀，并伴奏耶利米哀歌。他们充满堕落的奴性、劳累、卑劣，经常在雇佣军远征、劫掠和捕获战俘中发现他们，奴役自己的子民，并且经常忙于灾难性战争。由于火星和金星在东方相位的会合，火星在金星的三一宫即摩羯宫上升，金星在火星的三一宫即水瓶宫上升，这造成女性普遍忠诚于丈夫。其属民深情、恋家、勤勉且乐于助人，在任何方面都勤劳温顺。居住于比提尼亚、佛里吉亚以及科尔吉亚的属民，与摩羯宫和月亮性质一致；他们谨慎、顺从，受月亮东部相位和阳性相位的影响，大部分女性更男子气④、掌控欲强、尚战，如亚马孙族人（the Amazons），与男人做生意，喜爱打仗，为了适应从军需求减少其女性特征，从小就通过切除乳房，练就

---

① 亚美尼亚位于黑海和里海（Caspian）之间的高加索南部；马提亚纳和赫卡尼亚在里海最南部，前者偏东部，后者偏西部；巴克提亚纳、索格迪亚纳位置在更东部，奥克苏斯河（Oxus）上游；卡斯佩利亚可能是里海东部地区；赛里斯，即中国或其西部地区，萨利玛提卡（罗马人称撒玛利亚），是俄罗斯民族的总称，这里被用作亚洲部分（Asiatic）。在《地理学》中，托勒密仅仅将奥克夏纳作为索格迪亚纳的一部分（Boll, *Studien*, p. 205）。

② 统称小亚细亚。

③ 托勒密将与希腊神话相一致的金星和火星，分别定义为不同名字之下被崇拜的女性和男性圣物，如上帝之母、大地之母（Magna Mater）等和阿提斯（Attis）、阿多尼斯等等。

④ 如米底神话，科尔吉亚公主。

男性化特征。叙利亚、科玛吉亚和卡帕多西亚的属民与天蝎宫和火星一致，因此他们更冒险、狡诈、易背叛、劳碌。吕底亚、西里西亚和潘菲利亚的属民与水瓶宫和木星一致；因此他们更富裕、商业化、社交化、自由，在契约关系中值得信任。

最后一部分，普通意义上的利比亚，其他地区包括努米底亚(Numidia)、迦太基(Carthage)、阿非利加(Africa)①、费沙尼亚(Phazania)、纳撒摩涅斯(Nasamonitis)、加拉曼提卡(Garamantica)、毛里塔尼亚(Mauritania)、加图利亚(Gaetulia)、梅塔哥尼提斯(Metagonitis)。② 其中西南部地区与西南三宫组即巨蟹宫、天蝎宫和双鱼宫的性质一致，相应地受火星和金星东部相位的影响。受上述行星会合的影响，大部分属民通常受到族群婚姻下的男性与女性控制，男性统治男性，女性管理女性，继承权得以维持下来。③ 他们极度热衷且喜欢与女性性交，以至于其婚姻通过暴力劫掠所获；他们的国王与新娘共同享受王位(jus primae noctis)，其中女性与男性地位平等。受金星影响，他们热衷于美化自己，使用女性化的装饰；但受火星影响，他们在精神上男性化、卑鄙，多为幻术家、骗子、冒牌货和鲁莽者。再者，努米底亚、迦太基和阿非利加的属民，性情类似于巨蟹宫和月亮性质，因此他们善于社交、经商，居住在富饶之地。梅塔哥尼提斯、毛里塔尼亚和加图利亚的属民性情类似于天蝎宫和火星，因此他们激情善战，喜食肉类，非常鲁莽，蔑视不会彼此分享的生活。费沙尼亚、纳撒摩涅斯和加拉曼提卡的属民性质类似于双鱼宫和木星，因此他们性格更加自由单纯，喜欢工作、聪慧、整洁、中立，他们崇拜木星之神阿蒙(Ammon)。此象限剩余部分，靠近世界中心地带，普兰尼加(Cyrenaica)、马尔玛利卡(Marmarica)、埃及、底比斯(Thebais)④、奥西斯(Oasis)、特罗格罗

①　这里被用作整体的领土；阿非利加是罗马的一个行省。

②　沿着地中海沿岸，从直布罗陀海峡向东，首先是毛里塔尼亚(梅塔哥尼提斯位于海峡东部的地区)，其次是努米底亚、阿非利加(罗马行省，包括迦太基)、特里波利塔纳(Tripolitana)、普兰尼加、马尔玛利卡和埃及。其他地区位于这些地区的内陆或者南部，加图利亚在西部。加拉曼提卡和费沙尼亚位于的黎波里的南部，纳撒摩涅斯靠近普兰尼加和马尔玛利卡。

③　血缘婚姻在希腊化埃及时代很常见，也包括托勒密王室家族。参见 Cumont, L'Egypt des Astrologues(Brussels, 1937), pp. 177—179。

④　上埃及。"Egypt"无疑是指下埃及。普兰尼加和马尔玛利位于东部，特罗格罗达提卡位于红海东海岸，阿扎尼亚大约指今法属索马里。阿拉比亚指佩特拉行省(Arabia Petraea)，西奈半岛及其毗邻区。特罗格罗达提卡的部分地区有时也指阿拉比亚。大小奥西斯(the Greater and Lesser Oases)都位于底比斯的西边。

达提卡(Troglodytica)、阿拉比亚、阿扎尼亚(Azania)和埃塞俄比亚中部,位于整个象限的东北部,与东北三宫组双子宫、天秤宫、水瓶宫性质相似,因此受土星、木星甚至水星控制。相应地,其属民受五大行星西部相位的影响,崇拜神,迷信,热衷于宗教仪式和耶利米哀歌;受行星西方相位的影响,他们死后入土葬,将自己放在看不见的地方;他们践行各种为神服务的习惯、风俗和仪式;他们谦逊、胆怯、贫穷且长期受难,在领导关系中他们善于鼓励,宽宏大量;但他们实行一妻多夫或者一夫多妻制,生活放荡,与自己的兄弟姐妹通婚,男人善勾搭,女人则易被勾搭,因为温饱思淫欲。更有甚者,受与金星西部相位一致的凶星影响,很多男性灵魂不健全,偏女性气质,有人甚至蔑视性器官。普兰尼加、马尔马利卡,尤其是下埃及,与双子宫和水星性质相似,因此其属民富有想法和才智,并且在所有事情上都很灵巧,特别是追求智慧和宗教生活;他们多为幻术家和神秘主义者,精通星占学①。底比斯、奥西斯和特罗格罗达提卡的属民与天秤宫和金星一致;因此他们更富有激情,并热爱自然,居住于富饶之地。阿拉比亚、阿扎尼亚和埃塞俄比亚中部居民性情似水瓶宫和土星②,因此他们更加喜欢吃肉,特别是鱼肉,为游牧群体,过着一种简单粗暴的生活。

我们简单说明了行星和黄道宫对各民族的影响,以及各民族的总体特征。我们拟用如下表格来注明每一宫位与民族相通性:

白羊宫:不列颠、高卢、德意志、巴斯塔尼亚;处于中心的是科伊勒-叙利亚、巴勒斯坦、依都亚玛、犹地亚。

金牛宫:帕提亚、米底,波斯;处于中心的是基克拉底、塞浦路斯、小亚细亚沿岸。

双子宫:赫卡尼亚、亚美尼亚、马提亚纳;处于中心的是普兰尼加、马尔玛利卡、下埃及。

巨蟹宫:努米底亚、迦太基、阿非利加;处于中心的是费沙尼亚、佛里吉亚、科尔吉卡。

狮子宫:意大利、山南高卢、西西里,阿普利亚;处于中心的是腓尼基、迦勒底、奥奇尼亚。

---

① "Mathematics"字面意义指的是"研究",这里指星占学。

② 一些文稿和卡梅拉留斯(Camerarius)的第二次修订稿,用"木星"来取代"土星"。

处女宫:美索不达米亚、巴比伦尼亚、亚述;处于中心的是希腊、亚加亚、克里特。

天秤宫:巴克提亚纳、卡斯佩利亚、赛里斯;处于中心的是底比斯、奥西斯、特罗格罗达提卡。

天蝎宫:梅塔哥尼提斯、毛里塔尼亚、加图利亚;处于中心的是叙利亚、科玛吉纳、卡帕多西亚。

射手宫:伊特鲁里亚、克尔提卡和西班牙;处于中心的是"阿拉伯福地"。

摩羯宫:印度、艾尔亚奈、格德罗西亚;处于中心的是色雷斯、马其顿、伊利里亚。

水瓶宫:萨利玛提卡、奥克夏纳、索格狄亚那;处于中心的是阿拉比亚、阿扎尼亚、埃塞俄比亚中部。

双鱼宫:费沙尼亚、纳撒摩涅斯、加拉曼提卡;处于中心的是吕底亚、西里西亚、潘菲利亚。①

现在我们开始进入主题,但还有必要补充关于这部分的进一步研究,即恒星与那些受黄道带影响的国家性质一致,而黄道带与恒星②在从极点开始的循环圈上性质一致,表现出交感(sympathy)。更进一步,如母邦(metropolitan)与太阳、月亮的交感更强烈,其中心尤其是上升天宫首先通过城市刚建立的地点,就像在出生命盘中一样。但若未发现城市建立的确切时间,交感地区则落在那些执政者或者当时国王执政的中天位置。③

4. 具体预测方法

根据这种介绍性的考察,我们简要处理预测的步骤,首先考虑国家和城市的总体状况。方法如下:

任何事件最首要且有力的原因在(天)蚀之际太阳和月亮的会合,以及

① 一些文稿指出"总共有72个国家",事实上,这里给出73个国家,在手稿中有些混乱之处。

② 它们是所谓的παραναέλλοντα,即恒星,当黄道度数或者阶段(section)在星体的北部或者南部时,该恒星随之上升和降落。见 Boll-Bezold-Gundel, pp. 55, 141ff.

③ 城市的预测步骤如个人一样,用建立时刻的命盘代替出生命盘。如果建立时刻的命盘无法得知,那星占师在解释中应该采用建城者的出生命盘,并观察其在中天降落的位置。

天体此时的运动。这些条件中,一部分是区域性的(regional)①;其中我们必须预见,在各种(天)蚀和行星的偶然规则运动中,哪些国家和城市具有重要意义,即土星、木星和火星,无论它们何时中止运行,都具有重要预测意义。另一种预测方法是时序性(chronological),可预知迹象发生的时间及其持久性。具体某一个部分也是通用的;由此我们应该理解哪种事件将会相关。最后是具体的相位,由此辨别事件本身的性质。

5. 对被影响之国的检验

我们将以如下方式进行预测的第一部分,即区域性预测:当日蚀和月蚀出现时②,特别是明显可见③的日月蚀,我们要观察其所发生的黄道带地区,确定在其三宫组之内受影响的国家;并且以相同的方式确定受影响的城市,或根据其建立时刻的上升天宫④及此时发光体的位置,或根据其出生命盘的中天位置,⑤与发生(天)蚀的黄道宫产生交感⑥。在我们发现具有与天体一致性的任何国家和城市中,我们必须假设,将会发生一些事件,这些事件普遍来讲作用于全体;具体来讲,适用于相关事件,即(天)蚀发生的实际黄道宫所影响的区域,亦适用于另一些事件,在这些事件中,(天)蚀发生于地球之上,肉眼明显可见。

6. 被预测事件的时间

第二部分或时序性预测是时间起始,我们应该了解事件发生的时刻和持久程度,将作如下考虑。因为在每一个地方,在同一时刻发生的(天)蚀,在同样的理论时长(ordinary hours)⑦中并不都是完整的,而在同样的理论时长中,同一时刻发生的日蚀并非处处都有相同的昏暗度数和持续时间,就

---

① 托勒密将城市和国家的预测分为四个主要部分:被影响的地区、事件发生的时间和持久性、事件的类型、事件本身的性质。这些术语是亚里士多德主义的。下面四章将分别介绍四个阶段。

② 李笃斯(Johannes Laurentius Lydus, De ostentis, 9)在其预测系统中指出,日蚀指亚洲,月蚀指欧洲。托勒密没有这么细的划分。

③ 托勒密不考虑在相关区域中隐形的日月蚀。

④ 即黄道宫位于上升点或者此时上升天宫的位置。

⑤ 许多学者,包括托勒密,将中天视为最重要的中心(centres)或者是经角线,甚至在某些方面其意义超越了上升点本身。

⑥ 即处于同一相位。

⑦ 理论上的时刻,昼夜都为 12 小时。它们根据纬度和一年中的时刻而变化。参见时间周期的注释(iii. 10, p. 292, n. 2)。

像在降生点(nativity)一样,我们首先需要设置日蚀在每一地开始的时间,了解极点的高度①和中心点;其次,测定日蚀的昏暗在每一个地方持续多少赤道时长(equinoctial hours)②。由于一些时刻已经被被确定,我们发现在日蚀中,预测事件持续的年数时间与赤道时长一致,月蚀持续的月数时间与赤道时长一致③。然而,事件开始④与加剧⑤时的性质可以从与中心点相关的日蚀所在地推测出来。因为如果日蚀发生在东部地平线,意味着预测事件开始于日蚀发生前四个月的第一阶段,在其持续的第三阶段日蚀加剧;如果日蚀发生于中天,则在发生前四个月的第二阶段开始,在第三阶段中期加剧;如果日蚀发生于西部地平线,则在发生前四个月的第三阶段开始,在第三阶段后期加剧。预测事件开始前进或衰退,可以通过发生在那一时刻的会合推导出来⑥,如事件发生在重要地区或与行星相位一致的地区;我们也可以通过行星的其他运动来推测事件的前进与衰退,如影响预测物的行星正处于上升、下降、不增减或者夜间上升,并且与主导影响的黄道宫相位一致的时候;当行星上升或者不增减时,会使事件开始前进,但当其下落,或被隐藏于太阳光线之下⑦,或在夜间开始上升,则导致事件衰退。

7. 受影响之事件的类型

第三部分是事件普遍的分类,因此我们必须考察事件受何种性质的影响。这可以通过黄道宫的类型及其特殊性质来分类,这些黄道宫恰好位于(天)蚀所在的宫位,并且黄道宫中是这样一些天体、行星和恒星:它们掌管(天)蚀所在的黄道宫,及其先置经角线所在的黄道宫。因此,对于我们发现在这些区域的主宰行星而言:与上述地区关系重大,即(天)蚀所在的黄道宫,及其后置经角线所在的黄道宫,主要通过最近可看见的前行与后退性质进行统治,也通过具有上述关系的相位进行影响,甚至通过天宫、三宫组、

---

① 即纬度;可以决定中心点和四角。

② 一个赤道时刻,根据赤道穿过地平线或其他固定点的15°区间划分。

③ 日月蚀的区别在于长度不同,日蚀持续八分钟,而月蚀将近两小时。

④ Καταρχαί,即当预测的事件正发生。

⑤ ἐπιτάσεἀις,"加剧(intensifications)"与"衰退(relaxations)"相对,这一比喻来源于乐器发条的松与紧。

⑥ 预测物受到影响期间(Bouché-Leclerq, p. 351)。

⑦ 离太阳太近而不能被看见。"Advancing"指"添加到其运动"。参见 Bouché-Leclerq, p. 115, n. 45。

跃升、界进行统治。然而,如果没有发现(天)蚀及其(先置或后置)经角线的主宰星,我们必须综合考虑上述两个一致的因素,优先考虑(天)蚀的主宰星。如果在上述情况中发现可匹配的主宰星,我们将会优先考虑与(先置或后置)经角线最近的主星。① 对于恒星而言:我们则要首先观察在(天)蚀真正出现时刻的先置经角线,根据之前辑本②中可看见的九种行星相位,在(天)蚀发生时刻可看见的恒星或上升或到达后置经角线所在的子午线。

因此,当我们观察影响事件发生的恒星,也要考虑(天)蚀发生时黄道宫的类型及其主宰星的性质,因为从这些因素的性质中,我们可以辨别被影响事件的分类性质。黄道宫内以及恒星之间的人形星座(Comstellations),引起关于人类种族相关事件的发生。③ 在其他的陆地黄道宫④,四足星座⑤与四脚的无声动物有关,这些星座影响一些像蛇一样行动缓慢的东西⑥。动物形状的⑦黄道宫对野生动物和伤害人类的野兽具有影响;易受控制的黄道宫,影响那些对人类有益的、驯化的家禽,以及那些可以帮助人们获得财富的动物,如马、牛、绵羊等这类与之星座类似的动物。再次,在陆地黄道宫中,北部的星座容易导致突发的地震,南部的星座易导致突然降雨。在双翼生物性状的黄道宫中,⑧如处女座、射手座、天鹅座和天鹰座,在其统治的地区,这些星座会对相应的有翼生物产生影响,特别是供人类食用的动物;会游泳性状的星座也是如此,对鱼类和水生动物产生影响。在海洋性状的黄道宫中,⑨如巨蟹座、摩羯座和海豚座,影响海洋生物和航海漂流。河流

---

① 评论托勒密的佚名作者给出了这些理由的例证:在位置更佳的半球,或者是"添加到其运动",或是上升的,这种情况最适用于先此后彼。

② 参考《至大论》(vii. 4)。他们分别为:晨间太阳直射点(matutine subsolar)、晨间顶点(matutine culmination)、晨间日落点(matutine setting)、午间太阳直射点(meridinal subsolar)、午间日落点(meridinal setting)、夜间太阳直射点(vespertine subsolar)、夜间顶点(vespertine culmination)、夜间日落点(vespertinesetting)。

③ 参见第一书第 12 节。对于星座的分类,瑞托乌斯(Rhetorius, ap. CCAG, i. 164 ff.)将人形黄道宫命名为双子宫、处女宫、天秤宫、水瓶宫以及(一部分)射手宫。

④ 白羊宫、金牛宫、双子宫、狮子宫、处女宫、天秤宫、天蝎宫(Rhetorius, loc. Cit)。

⑤ 白羊宫、金牛座、狮子座、射手座(Rhetorius, loc. cit)。

⑥ 在附加的黄道星座而不是黄道带中可以发现这种现象,如天龙座(Draco)。

⑦ 金牛宫、狮子宫和天蝎宫(Rhetorius, loc. cit)。

⑧ 处女宫、射手宫和双鱼宫(Rhetorius, loc. cit)。

⑨ 设定为似水状的双鱼宫、巨蟹宫、摩羯宫、水瓶宫和射手宫(Rhetorius, loc. cit)。

性状的星座,如水瓶座和双鱼座,对河流生物产生影响,在南船座(Argo)对以上事物都产生影响。同样地,二分二至点黄道宫中的行星对与此相关的空气和季节,尤其是对春天和地球上开始生长的万物产生影响。当位于春分点时,其行星影响树木庄稼的发芽,夏至时影响庄稼的聚合生长,特别影响埃及尼罗河的涨潮;秋分影响播种、干草作物等等;冬至影响与此季节相关的蔬菜、鸟类和鱼类。而且,二分点的黄道宫对神圣仪式和上帝崇拜产生重要意义。二至点则影响空气的变化和政治惯例的变迁;固定黄道宫对房屋的建设和摧毁产生影响;双体黄道宫对男性和国王产生影响;同样地,靠近东部的黄道宫,在(天)蚀发生之际,影响庄稼、年轻人以及各类建设;靠近中天的黄道宫影响神圣仪式、国王和中年人;靠近西部的黄道宫对风俗变化、老年人及已故者产生影响。

对于这些问题,分类部分对事件产生多大影响,要看(天)蚀造成昏暗的程度,也要观察行星影响下(天)蚀发生之地的相关位置。当其位于日蚀西部或者月蚀东部时,通常只影响少数人事。① 对分相位置则影响一般事物,如果他们位于日蚀东部或者月蚀西部,则影响大部分事物。

8. 被预测事件的性质

第四部分关于预测事件的性质,即事件表现为好的或坏的结果,②它在哪个方面被影响,与哪种具体特征一致。这可以从主宫行星活动的性质,或者从事件发生地行星彼此会合中推测出来。太阳和月亮是执行官(marshals),是其他行星的领导者;因为它们负责整个系统运作,是行星主宫的依据,也是主宰星力量强弱的依据。③ 对主星的全面观察可以展示被预测事件的性质。

我们首先开始考察行星特有的积极作用力,但根据普遍的观察,先做一个总结性说明。总体上,当我们考察五大行星的性质,必须理解产生类似性

---

① 行星在西方位置呈阴性(参见第一书第6节),因此与太阳相反;东方位置呈阳性,因此与月亮相反,因而影响减弱。然而当阳性行星与太阳一起,阴性行星与月亮一起,则影响大部分事物。参见 Bouché-Leclerq, p. 35, 3 n. 3。

② 勒克勒奇(Bouché-Leclerq, p. 355)指出,在古代,最本质的趋向是假设日月蚀预示着灾难。托勒密的分类偏好,导致他不得不去检测一些问题,即行星的性质和特征(参见第一书第5节)。

③ 根据佚名作者评论,发光体加强作用力的依据是,因为它们主要影响日月蚀,因此决定了日月蚀的位置,以及该位置的主宰者。

质意味着什么,①无论行星自身处于自己的天文位置,还是恒星之一,或黄道十二宫之一位于自己的天文位置,对事件都会产生与其相类似的性质;其次,我们要理解在综合作用中,不仅要考虑行星彼此的会合,也要观察它们与类似性质的其他天体之间的会合;无论是恒星还是黄道宫,通过与行星联合,来产生影响。②

　　土星③,当其单独统治时,总体上由于寒冷带来毁灭;具体到人,会由于流体(fluids)、风湿(rheumatisms)、瘅发热(quartan fevers)、流亡(exile)、贫瘠、封闭(imprisonment)、哀痛(mourning)、恐惧和死亡等,引发长期的疾病、亏虚、萎缩(withering)和紊乱,尤其是发生在早衰之人身上。④ 对那些有益于人的愚笨动物也一样,会因类似的疾病而造成衰竭和身体损害,以至于吃了这些动物的人类受类似影响,并且变得虚弱。对于天气,会带来骤冷、结冰、大雾和有恶臭的空气污染、乌云密布、天气阴暗;更有甚者,伴有多种对人有害无利的暴风雪,出现对人有害的各种爬虫⑤。对于河海,总体上引起暴风、航船失事、灾害性的海难以及鱼类的死亡和稀缺,具体到海潮的涨退和河水泛滥及水污染。对于地球上的庄稼,产生贫瘠(wants)、稀少(carcity)和歉收(loss),特别是对基本作物的生长,会通过虫灾、蝗灾(locusts)、洪涝、倾盆大雨(cloudburst)、冰雹等等,导致饥馑和人灾。

　　木星,⑥当其单独统治时,总体上使力量加强。具体到人,会产生名声和财富、丰产与和谐、生活必需物的增加、身体和灵魂的健康。主上的赏赐,会使主上更加强大、崇高和宽宏大量。总体上木星是幸福的源泉。对于那些愚笨动物,对人有益的得到繁殖增加,对人有害的则受到削减和摧毁。对于大气环境,会使气温宜人,带来风调雨顺,有利于地球万物的生长。木星

---

　　① 卡达诺(Cardanus, p. 201):"……例如,当他说,土星影响这/那(事物),不仅说的是土星,也可以理解为其他任何行星,甚至是恒星,当然,这些星体都属于土星系的性质;在天鲸座(Cetus)和猎户座(Orion)也是如此。"因此,类似的黄道宫或者界,也可以套用行星的影响。

　　② 参见第一书第9节。

　　③ 参见第一书第5节。土星被视为凶星。

　　④ 土星(Kronos)被视为一位老者。

　　⑤ 如下鱼、青蛙和其他事物的雨,参见 E. S. McCartney, *Trans. Am. Phil. Assn.*, 51, 112 ff., and Classical Weekly, 24, 27;也见 A. S. Pease ed. of Cicero, *De Divinatione*, p. 274。老鼠、青蛙、昆虫以及类似动物被认为自发地来源于地上、泥土或者雨中;参见 Thorndike, *History of Magic and Experimental Science*, i. 325, 491。

　　⑥ 木星被视为吉星。

有利于航行、河流平缓、谷物丰收等等。

火星,当其单独统治时,总体上由于干燥引发破坏;具体到人,带来战争、派系之争、劫掠、奴役、暴动、领导者愤怒以及由此引起的猝死。更有甚者,会带来发热、三日复发疟疾(tertian agues)、血压上升、猝死、暴亡;同样,也会带来暴力、辱骂、目无法律、纵火、谋杀、抢劫及海盗行为。对于大气环境,会使天气炎热,带来热的、有害的、具有摧毁力的风,光线变暗,带来飓风和干旱。对于海洋,因幻化无常的风和光线等引起突然的海难;水流减退,庄稼干旱,饮用水污染。火星也会引起地球上对人类有用的必需品稀少和愚笨动物的濒危,由于热风带来的干旱,由于蝗灾、大风,也由于谷物仓库的烧毁,这些都会引起庄稼歉收。

金星,当其单独统治时,总体上造成的影响类似于木星,也增加了一些使人惬意的性质。具体对人,金星带来名声、荣誉、幸福、富饶、婚姻美满、多子嗣、各种关系和谐、财富的增加、生活的整洁与和谐;更进一步,金星带来身体健康,与领导关系和谐,统治者的雅量。对于大气环境,金星使温度适宜、气候潮湿,带来肥沃的风和新鲜空气、晴朗的天气、丰富的水资源;也带来幸运的航海、成功、利益和河流的上涨;会使地球上对人有益的动物和水果丰收,产量大增且获利。

水星,总体性质类似于与自己相联系的行星。具体来说,带来增加的活力;在对与人相关的预测时,会带来有利的、实用的影响,在任何情势中都是灵敏的;但当水星与凶相会合时,会引起抢劫、盗窃、海盗和辱骂,甚至带来不成功的航行,也会带来疾病、日发疟、咳嗽、发热和体力消耗。对于僧侣生活,当水星与其他性质一致的行星会合时,带来对上帝的崇拜、忠诚的纳税、法律惯例的改变。对于大气环境,由于其靠近太阳,非常干旱,且运动较快,因此水星更易于造成无规律的、变化不定的、强烈的风,也带来雷电、飓风、地裂、地震和闪电;有时会摧毁对人类有益的动植物。当水星陷落时,河流减退,当其跃升时,河流上涨。

以上是行星通过自身及自身性质控制的影响。然而,行星彼此结合或在不同的相位,通过宫位的变化①,通过它们与太阳的相对位置,会产生与其作用力相一致的影响;在行星本性的混合作用力之下,每一种(星体)结

————————

　　①　即天宫(houses)的转换。

合都将会产生一种特征,并且这些特征是复杂的。当然,我们不可能说清楚每一次会合产生的确切结果,或者完全精确所有的相位,我们只能了解其中的一些。这一问题就要留给星占师(mathmatician)①的研究和创新,以获得特殊的区分。

我们有必要弄清楚控制预测物的行星与事件所发生之国家、城市之间存在的相通性。因为若主宰行星是有利的,与被影响的主体之间有相通性,并且不被相克的行星压制,那么他们将变得对预测物更加有利;而当他们之间没有相通性,且被相克行星压制,②那么他们就会失去帮助力。但当控制预测物的是有害行星,如果星物之间有相似性,或者被相克行星压制,他们会产生较少的害处;但如果他们既不是国之主宰星也未被具有与国家相通性的行星所压制,则会产生更大的摧毁力。然而,有些人被更普遍的疾病感染,而在他们的诞生图(genitures)中③恰好有发光体或黄道宫的存在,④这些也是造成普遍不幸的原因,即(天)蚀的宫位或对冲的宫位。所有这些位置中最危险且不可避免的是,发光体要么处于(天)蚀位置所在的刻度,要么是与之对冲的刻度。

9. (天)蚀、彗星及之类的颜色

在总体环境的预测中,我们也必须观察(天)蚀发生时的颜色,或者是发光体的颜色,或者是其周围星体的颜色,如光线(rods)⑤、光圈(halos)等现象的颜色。当其为黑色或者铁青色,表明它与土星会合产生影响⑥;当为白色时,表明与木星会合产生影响;为红色时,表明与火星会合产生影响;为黄色时,表明与金星会合产生影响;为斑驳色,则表明与水星会合产生影响。

---

① 如在《星占四书》(*Tetrabiblos*, p. 458, 1. 21)结尾所指,μαθνματικός这里指"星占师"。

② 当某一星体凌驾于另一星体,或在星占学意义上运行至另一星体的右侧,星凌,即καθνπερέρηστς,*Supereminentia* 就会出现,如在天体日间运动的方向中处于其之前。参见 Bouché-Leclerq, p. 250。

③ 个体或者事件的诞生图(也做 horoscope、nativity),是将上升点(horoscope)作为出发点,例如在地平线之上(在上升点)的黄道刻度。这个点决定了每 30 度的黄道划分,这是一种十二进制系统,附加在黄道宫十二宫的划分之上,但是又与之不同。这种划分有时被称为诞生点的"天宫(places)"(有时也与"houses"有些混淆)。

④ 一个诞生图的经角或者中心点,是上升点或者东部点、优先中天或上顶点、下降点或者西部点、次级的中天或者下顶点。参见 Bouché-Leclerq, pp. 257—259。

⑤ 发光体的束带(sheaves),这里指光线(Bouché-Leclerq, p. 355)。

⑥ 参见第一书第 4 节。关于土星或者其他行星的作用力。

如果这些特有的颜色覆盖了发光体或周围星体的整个部分,将会影响整个国家;但如果仅仅覆盖其中一部分,则只影响国家的一部分地区,这部分地区位于星体颜色变化的现象之下。

对总体环境的预测,还必须观察(天)蚀之际或者其他时间出现的彗星①。如所谓的"横梁状(beams)""喇叭状(trumpets)""罐状(jar)"(彗星)等等②,因为这些彗星产生的影响类似于火星、水星(作用力带来的影响),即导致战争、燥热的天气、紊乱的气场等等;通过彗星的头在黄道宫占据的部分和尾巴尖所朝的方向,预示着不幸正在降临这些地区。通过彗星头部的形状,预示着不幸将要影响事件的种类和等级划分;通过彗星持续的时间,可以预知事件将要持续多久。大体上,彗星出现于东部,预示事件迅速发展,出现于西部预示事件缓慢进行。

10. 一年中的新月

现在我们要描述国家与城市的总体状况,必须提到更多细节的关系,即与季节相关的一年中发生的事件。在这一主题的观察中,首先要定义所谓的一年中的新月③。新月是太阳循环过程中在每一个运行阶段的起始点,这绝对来自太阳本身,来源于其自身作用力及其命名。确切地说,人们无法确定一个循环圆圈中的开始点,而在这个圆圈中,通过黄道带的中部,人们可以将赤道和回归线作为开始点,即二分二至点。然而,人们也无法确认四个点中哪一个最先。事实上,没有一个最先。如果非要有起始点,那就是前人所著的四点中的一个点④,他们根据二分二至点的性质争论何为起点。这并不奇怪,因为每一个点都有其合理的理由,被认为是开始点和一年的真正开端。春分点被作为起点,是因为由此开始昼长夜短,并且它属于潮湿的季节,如前所述,其元素性质主要反映在出生命盘的开端;夏至被作为起点,是因为最长的白昼出现,也因为在埃及这意味着尼罗河洪水开始泛滥,并且

---

① "遇乞丐之死,不会有彗星划过天空;逢君王之薨,连那天空也为之燃烧。"参见 Boll-Bezold—Gunde 了, pp. 51, 128;引用 Julius Caesar, ii. 2。

② 星占学者和非星占学者对彗星进行更细致的划分,依据其形状或者与其他行星的关系,其中彗星被认为是火状发射物。托勒密在彗星划分方面相对保守。

③ 新月离一年中的开始最近。

④ 克勒克奇(Bouché-Leclerq, p. 29)认为埃及年开始于靠近巨蟹宫天狼星的上升;在所谓的埃及"世界中心"看来,巨蟹宫是上升点(宇宙的开始点,其中的行星占据非常开端的位置)。但自波塞多努斯(Posidoniu)之后,白羊宫被定义为黄道宫的开端。

天狗星开始上升；秋天被作为开始点，是因为所有的庄稼要收获，并且下一茬庄稼由此开始重新播种；冬至被作为开始点，是因为万物由此开始消退。然而通过观察太阳、月亮在新月和满月时候的朔望（syzygies），（天）蚀发生时具体行星的会合，我认为使用二分二至点作为一年四季的起点是合理的，因此从白羊宫的起点中我们可以推测出春天可能要来了，金牛宫预示着夏天，天秤宫预示着秋天，摩羯宫预示着冬天。太阳创造四季的普遍性质与条件，使得不会星占术的人也可以预测未来。①

甚至，我们必须考虑黄道宫的性质，②以获得关于风及其他更普遍性质的预测。时间刻度的变化总体上通过发生于上述二分二至点的会合表现出来，具体也通过在一些黄道宫的会合和满月以及行星运行表现出来。这被称为每月一次的观察。

出于这一目的考虑，列举我们上面提到的黄道宫、行星的作用力对事件造成年度的影响，解释行星③、与温度相关的恒星④等，考察它们与空气和风的一致性，也包括作为整体的黄道宫⑤与风、季节的一致性。我们接下来将逐项解释黄道宫的性质。

11. 黄道宫特质及其对天气的影响

由于标志着春分，整个白羊宫以雷电或冰雹为特征。具体到每一刻度，由于恒星的特殊性质，白羊宫领先（Leading）⑥部分是多风多雨的，中间及后继部分性质热且有害。北方部分热且具有摧毁力，南部多雾且寒冷。

金牛宫整体上是关于温度（temperatures）的描述，并且有些热。具体到每一刻度，靠近昴宿星团的部分与地震、大风、薄雾相关；中间部分潮湿、寒冷，后继部分，靠近毕星团的部分，非常炽热，且产生打雷闪电。北部偏热，

---

① 参见第一书第 2 节。

② 拉丁语版本大体上用这种方法解释了这句话。然而，普罗克洛斯认为这句话意味着：太阳掌管黄道宫、风以及"某些其他物质"等的性质；"更普遍的性质"无疑是说温度及除了风之外的其他事物，这些事物塑造了天气。

③ 参见第一书第 4 节和第 18 节。

④ 参见第一书第 9 节。

⑤ 参照第一书第 18 节，关于三宫组的描述。

⑥ 托勒密将每一宫划分为三个部分，领先、中间和后继位置，除了日蚀的南部和北部区域。之所以称之为"领先"，是因为在天空中明显的日间运动中，其位于地平线最先升起的地方，后继位置出现于黄道宫的最后区域。"领先的"刻度数或者宫位在"中间"和"后继"位置的右边。

而南部变幻无常。

双子宫整体上温度变化较小。具体到每一刻度,领先部分较湿且具有摧毁力;中间部分温度适中,后继部分性质混合且变幻无常。北部多风且易地震;南部干旱燥热。

巨蟹宫整体上具有正常的、温暖的天气。具体到每一刻度,领先部分及靠近蜂巢星团的部分,是令人郁闷窒息的,易引发地震;中间部分温度适中,后继部分多风。北部和南部都非常炽热干燥。①

狮子宫整体上热而闷。具体到每一刻度,领先部分热且发臭;中间部分性质温度适中,后继部分湿且具有摧毁力。北部燥热而变幻无常;南部潮湿。

处女宫整体上潮湿,且以雷电暴风雨著称。具体到每一刻度,领先部分热而且具有破坏力;中间部分温度适中,后继部分水汽较多。北部多风;南部温度适中。

天秤宫整体上变幻多端。具体到每一刻度,领先部分和中间部分温度适中,后继部分水汽较多。北部多风;南部潮湿且恶臭。

天蝎宫整体上以雷电和火著称。具体到每一刻度,领先部分是多雪的;中间部分温度适中,后继部分易地震。北部热而南部湿。

射手宫整体上多风。具体到每一刻度,领先部分较湿;中间部分温度适中,后继部分炽热。北部多风;南部潮湿且变幻无常。

摩羯宫整体上潮湿。具体到每一刻度,领先部分热且具有破坏力;中间部分温度适中,后继部分产生暴雨。北部和南部都湿润且具有摧毁力。

水瓶宫整体上冷而湿。具体到每一刻度,领先部分潮湿;中间部分温度适中,后继部分多风。北部热而南部多云。

双鱼宫整体上冷而多风。具体到每一刻度,领先部分温度适中;中间部分潮湿,后继部分炎热。北部多风;南部多水。

12. 对天气预测的详细步骤

介绍完关于天气预测的一般步骤,现在我们详细论述具体预测的方法。第一步的方法被更普遍地接受,与四个季度(quarters)有关,②　即我们需要

①　根据某些手稿:"火热的、摧毁力的、炽热的"。

②　卡达诺(Cardanus, pp. 228—229)评论了第二书第 10 节,赞扬了托勒密 (转下页注)

观察在二分二至点之前的新月①和满月,根据新月和满月所陷落的纬度,我们将经角线放在出生命盘中②。有必要确定新月或满月时的天宫主星,以及后置经角线之宫的主星。在前部分解释(天)蚀③形成之后,我们要根据四个象限的具体性质,来判断总体情形,并决定主宰行星的增减度数,行星的性质及所产生的天气类型。

第二步的方法是根据月份。我们有必要以同样的方法检验在一些黄道宫④的新月和满月,由此,如果新月出现在离二分二至点经过的黄道宫最近的地方,则我们应该转入下一季度,满月亦如此。同样,我们也有必要观察角线,天宫的主宰者,尤其是行星最逼近的显现⑤,观察它们的聚合⑥与消退,观察行星及其天宫的具体性质,观察由行星及其所在黄道宫产生的风。更进一步,需要观察月蚀的倾斜度,来判断月亮所在纬度产生什么风向。综合这些因素,根据这些方法,我们可以判断每个月的天气状况和风的情况。

第三步是更细微地观察月亮消退和加强的具体迹象。⑦ 这项观察取决于太阳和月亮的相继位置(configurations),不仅是新月和满月,也包括半月。在此情况中,三天前就开始出现变化的迹象,有时候是三天后,月亮的运行进程与太阳进程相当⑧。这项观察也取决于行星相位,即当行星位于彼此相对或其他位置,如三分相和六分相。环境与风变化的具体性质与发

（接上页注）的天才之后,他指出,"这一节托勒密做了五件事情:首先,他指出一年中每一阶段的天文学性质,可以从先于太阳进入的新月或者满月,一直到顶点,进行预测;第二,每个月从新月到满月的性质,跟随着太阳进入顶点,进行预测;第三,托勒密告诉人们如何了解每个月四个部分天气的性质,不仅可以从新月和满月中观察,也可以从四个季度(不仅指一年四季,也指黄道宫的四个分组)进行观察;第四,托勒密告诉我们如何辨别每一天空气的性质,从启明星的升落可以推测;第五,托勒密教导我们学习每一小时空气的性质,可以从发光体在那个时间穿过经角线的路径进行推测"。

① 字面意义指的是"合相",但就具体的太阳和月亮运行而言,指的是"新月"。

② 即决定上升点、中天和下降点等,对于事件来说,合相与上升点的构建,就如同一种新生。

③ 参见第二书第4—8节,尤其是第5节,解释了预测步骤的方法。

④ 黄道宫被视为月份的标志,当太阳在一些黄道宫时,首先出现新月和满月。然而在天气预测中,对第一季度,新月位于白羊宫之前或者被用于上述描述的预测决定,我们更倾向于将白羊宫、金牛宫、双子宫的新月用于这一季度月份的预测。

⑤ 或者异象初现(apparitione)。

⑥ 参见第一书第24节。

⑦ 即在预测事件中,托勒密也用"或多或少(the more or less)"来指代加剧和衰退。

⑧ 即合相。

光体的性质一致,并且与参与行星和黄道宫的性质一致。

第四步是每日的观察。无论太阳上升或落下,①在日间或者夜间,当更多闪亮的、强有力的恒星出现时,每日天气的具体性质也得到加强。因为通常他们会调节具体的环境并使之(与太阳)性质一致。

第五步具体到小时。天气状况的加剧与减弱,受上述行星位置影响而变化,同样,潮汐的涨落也受月相影响,经角线出现的发光体导致空气流通的变化,风向受月亮纬度倾向影响。然而在每一种情况中,我们可以总结出事件发生的普遍且首要的原因,以及次要的具体原因。我们也可以看到,当天空的主星影响具体原因时,其作用力得到加强。

13. 大气征兆的意涵

观察那些可见于太阳、月亮及其行星周围的征兆,有利于预知将要发生的具体事件。

太阳上升时决定白天的天气,落下时决定夜间的天气,太阳与月亮的相位决定长时期内的大气环境。而我们假设,一般情况下,每个相位预测从开始至下一个相位的气候状况。当太阳明显地上升或者下降、明亮、稳定且无云时,预示着好天气;但当太阳的可视圆面(disk)为铁青色、红色或者放射红色光线,或向外运动,或倒退,或者如果在太阳的一侧有所谓的幻日(parheliac)云时,或者为淡黄色云状时,并且散发长长的射线时,预示着乌云,以及来自上述黄道点所指向的经角线带来的影响。当太阳升落时,他或明或暗,并且伴随着云层,如果在其一侧有晕轮,或者两侧有幻日云,或者开始放射或明或暗的光线,则预示着暴风骤雨。

我们也必须观察新月、满月和二分二至点前后三天的月相变化,当月亮出现薄的、清晰的且在其周围没有任何东西时,预示着好天气;如果月亮薄红,且整个未被照亮的圆面是明显的且稍微被扰乱,则预示着斜方来风;如果月亮昏暗、苍白、厚重,则预示着暴风骤雨。

我们也必须观察月亮周围的晕轮。因为如果有一个清晰的、逐渐消退的晕轮,则预示着好天气;如果有两个或者三个,预示着暴风雨;如果晕轮是厚的、模糊的,预示着暴风雪;如果晕轮是苍白的、昏暗的、破损的,则预示着夹杂着风和雪的暴风雨;且程度越深,暴风雨越强烈。在星体周围,包括行

---

① 可能意味着偕日升与偕日落;这种结构列表也参见第二书第 7 节注释。

星和亮的恒星周围聚集的晕轮，预示着与星体自身及周围发光体相一致的颜色和性质。

对于聚集在一起的恒星，我们要观察它们的颜色和亮度（magnitudes）。因为如果它们比平时更亮更大，无论在天空的哪一部分，都预示着来自那一地区的风。然而，在某种意义上的星团，如蜂巢星团等等，当在晴朗的天空出现昏暗的星团，它们是不可见的或者浓厚的，则预示着降雨；但如果它们是明朗闪耀的，则预示大风。在蜂巢星团每一侧被称为驴星团（Asses）的星体，若北侧的不可见，意味着将要刮北风，南侧不可见则刮南风。①

大气层上空的偶然现象，彗星预示干旱和大风，头部的星体越多或者彗星形状越大，产生的风越大。

如果急促且发散的恒星来自一个经角线，则导致来自那个方位的风；但若来自相反方向的经角线，则预示着混乱的风向；如果来自四个经角线，则预示着各类暴风雨，包括打雷闪电等等。同样地，类似于毛线团的云有时候预示着暴风雨。暴风雨之后出现的彩虹预示着好天气。综合所有因素，伴随着在大气总体环境中出现的特殊云层，可看见的现象预示着产生类似影响的结果，这在之前我们提到过。②

最后大致总结并描述普遍性的问题，包括更宏观的方面和更具体的细节。接下来我们将遵循星命学类型，来顺次展示个体星占的预测步骤。

〔高阳，河南大学历史文化学院讲师，开封 475001〕

---

① 这段可能在文本之外，因为其并未出现在手稿中，也未出现在普罗克洛斯的著作中；然而，在赫菲斯提昂（Hephaestion，p. 100, 31—33, ed., by Engelbrecht）的著作中有所提及，赫菲斯提昂著作的编写日期为 381 年。

② 这一晦涩之句可能仅仅是为了提醒读者第二书第 9 节中已经给出的描述。

《医学珍宝》:早期阿拉伯医学著作

[埃及]马克斯·迈耶霍夫著,王亚萍译

马克斯·迈耶霍夫(Max Meyerhof)1874 年 3 月 21 日出生于德国希尔德斯海姆,1945 年 4 月 19 日逝世于埃及开罗,是德国-埃及籍眼科医生和医学史家,在阿拉伯医学史研究方面颇有建树。① 《〈医学珍宝〉:早期阿拉伯医学著作》是马克斯·迈耶霍夫于 1930 年公开发表的文章。② 文章根据《医学珍宝》开罗版阿拉伯文原始手稿完成,介绍了 10 世纪左右阿拉伯医学家阿布哈桑·塔比特·伊本·库拉·伊本·马尔万·哈拉尼撰写的医学著作《医学珍宝》的概况,该书被认为是早期"集成"类书籍中的典型著作,是研究早期阿拉伯医学知识的来源,以及梳理希腊-阿拉伯医学传承脉络的重要文献。

西方学界对医学史的早期书写,基本围绕医学主题展开,其著写也以医生为主体,因此出现了医生书写医学历史的情况,马克斯·迈耶霍夫就是其中的典型学者。马克斯·迈耶霍夫的译介工作,使学界了解到《医学珍宝》的版本信息、主要内容以及早期"集成"类著作的大致情况。《医学珍宝》中的医学知识有力地体现了早期阿拉伯医学历史的传承特点,即高度融合了古希腊-罗马医学、波斯医学等知识,但也添加了很多经验性的临床观察案例。《医学珍宝》中的很多内容摘自希波克拉底、盖伦、伊斯哈格·伊本·侯纳因等人的医学观点,后来的阿拉伯医学家拉齐曾引用该书的相关内容。因此,从《医学珍宝》中大致可以发现阿拔斯王朝翻译运动时期的医学成就和知识融合的面貌;马克斯·迈耶霍夫对该书的整理和翻译工作,对梳理古

① Joseph Schacht, "Max Meyerhof", *Osiris*, vol. 9, 1950, pp. 7—32.

② Max Meyerhof, "The 'Book of Treasure', an Early Arabic Treatise on Medicine", *Isis*, vol. 14, no. 1, 1930, pp. 55—76.

希腊–罗马医学从古代晚期到中世纪前期阿拉伯地区的传播脉络具有重要意义。

在伟大的盖伦(Galen,约公元 200 年)去世后,希腊医学便停滞不前。后来,叙利亚作家们所著写的百科全书和医学纲要,皆基于盖伦及其前辈们的医学著作。现有几本古希腊的医学百科全书,著者分别是奥里巴西奥斯(Oribasios)、阿弥达的阿提奥斯(Aëtios of Amida)、特拉勒斯的亚历山大(Alexander of Tralles)和埃伊纳的保罗(Paul of Aegina)。① 但是在叙利亚的医学著作中,除了由学者巴奇(Budge)发表的一篇匿名医学文章外,竟什么也没有留下。② 此外,这些叙利亚著作中最著名的几篇皆被引用在拉齐的(Rhazes)《医学集成》(Continens)中,才使其得以保存;生活在公元 7 世纪上半叶亚历山大的一位基督教牧师和建筑师——亚伦(Ahrôn, Aaron)写的"医学汇纂"(Pandectae Medicinae),包含了 30 本叙利亚医学著作的内容,是中世纪早期叙利亚语医学著作翻译成阿拉伯语的证明。

自此以后,它③成为阿拉伯人的榜样,许多类似的医学著作以叙利亚文命名为 kenâshâ(即集成),阿拉伯医生也将他们的"集成"称为 kunnâsh(复数 kanânîsh)。从公元 750 年开始,大约在阿拔斯王朝前二十位哈里发统治时期,许多这样的"医学汇纂"是波斯和巴格达的贡迪沙普尔的基督教(景教)医生著写的。但是,几乎所有这些伟大的科学成果原稿都散佚了,只有少数书籍以手稿形式散布于各地图书馆中。到目前为止,这些书还没有出版。④

几年前,埃及大学医学助理教授、科普特文和埃及通俗文字的语言教授

---

① See George Sarton, *Introduction to the History of Science*, vol. I, Baltimore, 1927.

② E. A. Wallis Budge, "Syrian Anatomy", *Pathology and Therapeutics*, vol. 2(1927), London, New York. 补充和更正:C. Brockelmann in Zeitschr, *d. Deutsch. Morgenlând. Gesellsch*, 1914, pp. 185—203; and by J. Schleifer, Zum syrischen Medizinbuch, in *Zeitschr. f. Semitistik u. verw*, Gebiete,1926—1928, vol. 4—6.

③ 译者注:指亚伦写的《医学汇纂》一文。

④ 自从我写了上面这句话,另一篇更重要的阿拉伯语医学汇纂(写于公元 850 年)现在已经出版:'Ali B. Rabban At-Tabari, *Firdawsu' l-Ilikmat* or *Paradise of Wisdom*, ed. by M. Z. Siddiqi, Berlin, 1929. 参见 E. G. Browne:*Arabian medicine*, Cambridge, 1921, pp. 37—44; G. Sarton, *Introduction*, I, pp. 574—575.

乔治·索比(Gorgy Sobhy),在开罗的主教图书馆中发现了一部名为"集成"的手稿文献。1928 年 12 月埃及大学医学院百年校庆之际,他受到现任大学副校长兼医学院院长阿里·贝·易卜拉欣('Alî Bey Ibrahim)教授的鼓励,并由我本人承担出版此书的工作。索比博士发表了阿拉伯文的手稿。文献不仅印刷精美且附有英文医学史简介和最实用的专业术语表。① 除了文本中出现的一些希腊语和叙利亚语单词的残缺之外,完成匆忙是造成此版本一系列印刷错误的主要原因。它是早期阿拉伯医学纲要的宝贵出版物之一,因此,我试图对这本著作进行详细分析,以使医学和科学史家能够了解其内容。

书名是《医学珍宝》(或译《医学宝库》,*The Book of Treasure*,Kitâb adh-Dhakhîra fî 'Ilmaṭ Ṭibb),由塔比特·伊本·库拉(Thâbit Ibn Qurra)撰写。序言表明:"他生前为儿子思南·伊本·塔比特·伊本·库拉而编写此书。"该书是有史以来卓越的阿拉伯学者的作品之一,他亦是伊斯兰文明中令人惊叹的博学家之一,同时也是物理学家、数学家、天文学家、医生和将希腊语和叙利亚语翻译成阿拉伯语的人。尽管我们必须质疑该书的作者是塔比特的准确性,但我完全同意索比博士的结论,即"这本书是独一无二的、古老的、有趣的,并且在任何意义上都值得出版"。

阿布哈桑·塔比特·伊本·库拉·伊本·马尔万·哈拉尼(Abu'l-Hasan Ibn Qurra Ibn Marwân Al-Harrânî),公元 835—901 年)②从他的名字可以看出,他是美索不达米亚的哈兰人,该地是萨比教徒(Sabaeans)的主要聚集地,这是一群在穆斯林领土上建立异教殖民地的星宿崇拜者。毫无疑问,由于他们的宗教信仰,萨比教徒中产生了许多杰出的天文学家和数学家,其

---

① 参见 Dr. G. Sobhy, "The Book of the Dakhira", *Isis*, vol. 13, no. 364(1928). 以及对照三个版本。希腊语、叙利亚语和梵语术语的一些更正和解释,参见赫尔曼·莱曼对这本书的简短评论。Hermann Lehmann, "Literaturzeitung", *Orientalist*, vol. 32(1929), pp. 869—873.

② 对他的生活和工作的最好记录来自阿拉伯资料,载于 D. Chwolson, *Die Ssabier und der Ssabismus*, *Petersburg*, vol. I, 1856, pp. 546—567. L. Leclerc, *Histoire de la midecinearabe*, vol. I, Paris, 1876, pp. 168—172; H. Suter, *Die Mathematiker und Astronomen der Araber*, Leipzig, 1900, pp. 34—38; E. Wiedemann, *Ueber Thâbit ben Qurra, sein Leben und Wirken* in *Beiträge zur Geschichte der Naturwissenschaften*, LXIV, Erlangen, 1921; G. Sobhy, *The Book of the Dakhira*, p. X—XII; J. Ruska in Encyclopaedia of Islam, vol. IV, p. 733; and G. Sarton, *Introduction to the History of Science*, vol. I, pp. 599—600,最后两部著作给出了完整的参考书目。

中最有名的是塔比特和巴坦尼（Al-Battânî）。此外，在哈里发穆塔瓦基勒（Al-Mutawakkil，公元847—861年）统治期间，哈兰成为哲学和医学学院的所在地，该学院很早以前便从亚历山大转移到安提阿和哈里发统治时期的叙利亚语区。① 塔比特·伊本·库拉在与萨比教徒同胞发生宗教争执后，离开了他的出生地哈兰，他以其译著和科学成就赢得了很高的声誉，被天文学家和政治家穆罕默德·姆萨（Muḥammad B. Mûsa）推荐到阿拔斯王朝位于巴格达的哈里发宫廷。在那里，他成为了哈里发穆塔迪（Al-Mu'tadid，公元892—902年）的私人朋友和餐桌伴侣，最后在其任上去世。

他在数学、天文学、物理学和气象学方面的著作享誉世界，更不用说他在音乐、地理学、植物学和农业等方面的著述。但是，我们对塔比特医疗技能和文学活动知之甚少。他被阿拉伯编年史家誉为优秀的修行者。在书目中提到的大约200本著作中，约有40本著作与医学有关。最早的传记作者伊本·纳迪姆（Ibn An-Nadim，10世纪）没有提到《医学珍宝》，但是沙姆斯·丁·穆罕默德·马哈茂德·沙拉朱里·什里基（Shams AD-Dîn Muḥammd B. Maḥmûd Ash-Shah-Razûrî Al-Ishrâqî，生活在公元1200年左右）总结了古代哲学家和医生的历史。② 他说："塔比特创作了《医学珍宝》；它对医学艺术来说是宝贵的。"伊本·齐菲提（Ibn Al-Qifṭî，d. 1248）在他的《哲学家历史》（History of Philosophers）中记载了由塔比特的曾孙穆哈思·易卜拉欣·希拉尔·萨比③（Al-Muḥassin B. Ibrâhîm B. HilâlAṣ-Ṣâbî）为其撰写的传记，写道："人们手中有一本出色的阿拉伯文'集成'（kunnâsh），它就是塔比特的《医学珍宝》，里面的内容还包括一封阿拉伯文信函，涉及了对萨比教派的评论。我（即伊本·希拉尔）问阿布·哈森·思南·伊本·塔比特·库拉（Abû'L-Ḥasan Thâbit B. Sinân B. Thâbit B. Qurra）④关于这封信和'集成'，他说：这不是塔比特著写的，因为我在他的著作或书目中都没有找

① M. Meyerhof, Von Alexandrien nach Baghdad, ein Beitrag etc. In Abhandlungen der Preuss, Akademie d. Wissenschaften, Berlin, 1930.

② 他的著作仅存在于三个手稿文献中（Berlin Mo 217 and Landb. 430, and Leiden Catalogue III, p. 343.）。关于塔比特的文章由 E. Wiedemann 总结（Beitrage XX, pp. 63—65.）。

③ I. Lippert, Tarîh al-Hlukamâ', Leipzig, 1903, pp. 115—122.

④ 他是塔比特·思南的姐夫，Ibrâhîm B. Hilâl As-Sâbî 的儿子，而且是 Hilâl B. Al-Muhassin 的父亲，从公元930年到1050年，这三位著名的秘书和历史学家都在巴格达。See Encyclopaedia of Islâm, vol. IV. 1924, p. 19.

到它们。"另一方面,伊本·阿比·乌赛比阿(Ibn Abi Usaibi´a)在他的《古代
医学家》①一书中说:"他是为儿子思南·伊本·塔比特撰写的《医学珍
宝》。"并且,在开罗版手稿的简介中,如上所述,抄写员写道:"他在有生之
年为他的儿子思南·伊本·塔比特·库拉编写了它。"由于思南否认他父
亲为其所著之书的真实性,因此必须由语言学家来判定;他们将不得不辨别
《医学珍宝》的写作风格是否与塔比特的其他阿拉伯著作风格相一致②。无
论如何,这本书早在10世纪中叶就已经存在,与我出版的侯那因的眼科著
作③一起,是迄今为止已出版的阿拉伯医学文献中最早的版本。

　　我在一篇尚未出版的阿拉伯-波斯医生拉齐的医学论文中发现,该论文
大量引用了塔比特《医学珍宝》中的内容,这恰恰证明了它的伟大之处。这
是保存于莱顿(Leiden)手稿(Or. 91)中的《珍贵医学之书》(*The Precious
Book on Medicine*,*al-kitâb al-fâkhirfî t̟-t̟ibb*)。伊本·阿比·乌赛比阿(I, p.
318)认为这不是拉齐的文章,而是由他的弟子从另一部由他撰写的《医学
百科全书》(即 *Kitâb at-taqsîm w'at-tashlîr*)中编写的。无论如何,它主要包含
来自9世纪基督教修行者尤哈那·伊本·萨拉比云(Yûḥannâ B. Sarâbiyûn,
即 JoannesSerapion)的"集成"(*kunnâsh*)和塔比特的《医学珍宝》的引文。
作者简单地引用了这个词:塔比特。这篇文章的一部分是关于肾结石和膀
胱结石的,它们被印刷出来并为东方学者提供了比较这两个文本的可能
性。④ 多亏了我的朋友莱顿东方图书馆馆长 C. 范·阿伦东克(C. Van
Arendonk)教授的善意,我拥有《珍贵医学之书》影印本的眼科部分并亲自
进行了核对。此外,我将《医学珍宝》的文本与阿布·曼苏尔·哈森·努
赫·库姆里(Abû Mansûr Al-Ḥasan B. Nûh Al-Qumrî)《萨法维曼苏尔之书》

　　① 'Uyûn al-anbâ' fì tabaqât al-atibbâ', vol. I, Cairo, 1882, p. 219, line 6.

　　② 我本人曾指出,另一本归于塔比特的医学书籍是伪造的。(C. Pruefer and M. Meyer-
hof, "Die angebliche Augenheilkunde des Thabit b. Qurra, Centralblatt f", *Augenheilkunde*, 1911,
vol. 35.)。此外,我还有另一本被认为是伟大翻译家侯那因·伊本·伊斯哈格所著的眼科学
著作,据说是为他的儿子们所作。但 Berg-Strasser 教授的语言学研究表明,这本书很可能是侯
那因的弟子编撰的。

　　③ 侯那因·伊本·伊斯哈格的《眼论十经》,由迈耶霍夫主编。(*Isis*, no. 13(1928), pp.
106—109.)

　　④ *Traité sur le calcul dans les reîns et dans la vessîe* 是 Abû Bekr Muhammed Ibn Zakarîjâ Al-
Râzî 的关于肾脏和膀胱结石的论文,ed. P. De Koning. Leyde, 1896, pp. 79—91. 这段话对应
于 Sobhy 版本 *Dhakhtra* 的第 107—108 页,见下文第 17 章。

中塔比特的引文进行了核对,他是 10 世纪的波斯医生,也是伟大的伊本·
西那(阿维森纳)的老师之一。① 但这些引文与《医学珍宝》的文本并不完
全相同,并且肯定是从另一本由塔比特所著的医学书籍中摘录的,该文本现
已丢失。

在开罗手稿版本中,《医学珍宝》包含 383 页,每页 25 行,以相当清晰的
笔迹书写,日期为回历 607 年(A. H. 607) 五月(Jumâda al-Awwal②) 的第 7
日(星期六),即公元 1210 年 10 月 28 日。因此,可以假定该文本是在作者
去世约 300 年后被复制的,抄写员是穆斯林或埃及人。手稿版本的保存状
态非常好,以至于索比博士可以完成一个非常完善的版本。

如上所述,《医学珍宝》是医学“集成”(kunnâsh,即集合、汇编、全书)的
原型,其中包含数百篇文章,但如前所述,未存在阿拉伯文的印刷版。它是
一种简短纲要的形式,比阿维森纳和阿布·阿巴斯(Abû'l-'Abbâs) 著写的涉
及人体从头到脚疾病的大百科全书要简短得多。③ 在这类书籍的主体部分
之前通常有一些解剖学、生理学或卫生学的章节,然后是关于传染病、毒药
或治疗方法的其他章节。这些“全书” (或“集成”) 通常是对前医学家著作
的汇编,再加上作者本人的医学经验。我们现在讨论的著作也是如此。我
现在将对其内容进行分析,添加了医学术语的音译,因为词典和索比博士的
词汇表中缺少许多医学术语。

在简单介绍《医学珍宝》是由“时代大师”塔比特·伊本·库拉为其儿
子思南创作的之后,接下来便是共 31 章简略的索引内容。

第 1 章:关于保持健康的一般思考。

内容是一系列的引文,主要引自希波克拉底的《箴言》并附有盖伦的评
论,以及盖伦的《卫生学》。首先解释了人类起源于血液和精子,先天热的
起源,食物功能及排泄物。阐述了身体的损害主要是由于生活失调、营养过
剩、运动缺乏造成。列举了肉的种类、食物的品质(根据盖伦的《论饮食》)、
饮料(根据希波克拉底的《关于饮食》)和阿拉伯哲学家和医生铿迭(Al-

---

① 　一份手稿藏于开罗国家图书馆,编号:医学 476。

② 　译者注:亦称为 Jumada al-Ula,是伊斯兰历法中的第五个月,共 29 或 30 天。jamad 意
为“干旱、干燥或寒冷”,因此这个月表示天气干旱的月份。

③ 　拉齐称呼其头韵 min al-qarnilâ 'l-qadam(acapitite ad calcem) ;其他阿拉伯作家称它为
min al-qaḥfilâ 'l-qadam(同义) 。

Kindi)的医学观点)。蔬菜饮食的优点。将肥厚和油腻的东西与酸泡菜和生水果混合的危险。本章的最后几句话特别有趣,因此我将它们翻译出来:

"他们(古人)建议避免与患有传染病的人来往,这些传染病通常有七种:麻风病、疥疮、天花①、麻疹、臭鼻症(bakhr)、眼炎和瘟疫。此外要提防父母遗传的疾病,通常也是七种疾病:麻风病、白癜风、肺病(diqq)、肺结核、忧郁症、痛风和癫痫症。平常倾向于吃太多的人必须减少所摄入营养的数量和质量,或减少二者之一,并增加锻炼。"

第2章:关于人体相似器官隐性疾病的评论。②

这是比较简短的一章,在引用了盖伦的《论治疗方法》之后,塔比特对"隐性"疾病的诊断给出了自己的看法。一般情况下,可以通过尿液和汗液的颜色和气味来判断它们。当疾病发生在局部时,应通过患病部位的颜色以及用干手或粗糙的毛巾在疼痛部位按摩时其变热来识别它们。

第3章:关于头部的皮肤疾病。

"关于将头发保持在其自然状态。"有许多保养头发的乳液和药膏的配方,其中一些取自盖伦的《论药物成分》③。之后便是基于盖伦的《论气质》对脱发原因的阐述;接下来是使头发脱落的方法,其中包括众所周知的砷脱毛剂(nûra)。许多食谱,例如铁杉(shûkrân,Conium maculatum)和鸦片混合的食谱,虽被认为有效但也非常危险。

脱发(dâ'ath-tha'lab,即狐狸病);头部秃顶(dâ'al-ḥayya,即蛇形斑秃,ὀφίασις)和普通秃顶(ṣal')。最后提到的是盖伦认为无法治愈的疾病,尽管盖伦看到了一例通过鲁弗斯的ἱερά疗法(I,cap. i)所治愈的独一病例。其他类型的脱发则使用涂敷的疗法,用硼砂或鱼的粗糙皮肤摩擦光滑的头部皮肤,并用油、酒、粘土等涂抹患处。另外,还对饮食作出具体规定。

苔藓病(ḥazâz)有时会引起皮肤脱落(sa'fa)。用花(锦葵)提取物和面粉进行治疗。

---

① 见第26章。提到天花证明塔比特不是从古希腊作家那里总结的,而是从晚期希腊化和早期阿拉伯论文中总结的。

② 在盖伦的(e. g. *De facult. nat.* I, 6)之后:ὁμοιομερῆ μόρια即由贯穿始终的相似部分组成,同质的;这是指基本组织。σύνδετα或ἀργανικά μόρια是复合器官,即由不同的组织组成。

③ 盖伦的这本书通常以mayâmir的名字为阿拉伯人所知,这是由叙利亚语mêmrâ(即布道)组成的复数形式。

虱子（qaml）、阴虱病（qimqâm、phthirii）和虱卵（ṣîbân）是由皮肤深层大量的汗液集中产生的。通过沐浴和强烈刺激的疗法进行治疗。

头皮脱落（sa'fa）①，头皮干或湿，常见于儿童和多血质患者。通过放血术、催嚏剂和局部疗法进行治疗。

第4章：面部皮肤疾病。

"面部皮肤发生的疾病，如色素斑（kalaf，xanthelasma）、湿疹（qawâbî）、划伤（ḥadash）和溃疡造成的黑白疤痕；在颈部拔罐时，迅速根除疣（thâ'lîl）和粉刺（'adasiyyât）；关于清洗剂和乳液的配方，以及清洁表皮、展开皮肤并检查萎缩的 …… 雀斑（barshwa-namsh，lentigines）和脸上的痕迹（khayalân）。"大部分是食谱，一些选自盖伦的《论药物成分》；它们有时类似于今天的化妆品（不同谷物、豆科的粉末以及面粉）。对常见的孕妇皮肤色素沉着（kalaf）现象的评论是值得关注的。

第5章：关于头痛的种类。

解释了剧烈头痛时的脉搏；它被称为"在长、宽、深方面是大而全的"。其他外部症状是面部发红、血管肿胀、喉咙粗糙和口中有甜味。讨论不同种类的头痛；例如由黄胆汁引起的（头痛），是悲伤、愤怒、禁食、熬夜、饮食不规律的结果。来自盖伦和其他医生的许多食谱和饮食措施（避免食用鱼、禽、脂肪和酒类）。

偏头痛（shaqîqa）的解释是有毒的残留物流向右脑室或左脑室。其后引用了盖伦对柏拉图《蒂迈欧篇》医学谚语的评论。

第6章：中风（sakta）、麻痹（fâlij，即偏瘫，hemiplegia，πληγή）、面瘫（laq-wa）、湿热和干燥气质引起的痉挛（tashannuj）、麻木（khadar）、晕倒病（ṣarr）、震颤（ri'sha）和"凸起的脓包"（riyâh al-afrasa），即驼背（ḥadab）。②

关于解释这些疾病的假定原因，部分遵循盖伦的观点。对呼吸的仔细观察：如果呼吸困难且有杂音，则可以表明病症发作的程度。希波克拉底关于中风发生年龄的评论（五十岁以上）。根据盖伦和尤哈娜·伊本·马萨瓦伊（Yuḥannâ B. Mâsawaih，d. 857年）进行的治疗方法。关于痉挛的记录，尤其是儿童的部分，主要依靠希波克拉底和盖伦（Ad Glauconem）

---

① 这也许就是我们今天所说的黄癣。

② 他们的观点是，"风"或风湿病（riyâḥ）——我们今天称之为结核病——会破坏脊柱的骨头，导致脊椎麻痹的软骨病。

的理论。慢性震颤可能是由惊吓和类似精神性事件造成的"对动物精气的压力"引起的。"凸起的脓包"可能是由外部创伤或脊椎内部脓肿引起的。

第 7 章:关于忧郁(mâlankhûiliyâ)、癫痫①、晕厥(sadad)、眩晕(dawâr,头晕)、热或冷引起的嗜睡(subât)、失眠和嗜睡(subât saharâ)、梦魇(kâbûs)。

此章节的内容大多来自盖伦,其中之一来自他对《蒂迈欧篇》的评论。

第 8 章:眼部疾病。

在对眼睛进行简短的解剖学分析后,接下来是一段针对眼炎(ramad)及其治疗的描述,主要依据盖伦(《论治疗方法》)和塔比特个人经验的总结。然后是白斑(bayâd)、翼状胬肉(zafara)、沙眼(iarab,即字面意思"痂")和血管翳(sabal);后两种疾病以相同的方式一起治疗。提到了血管翳切开术(laqt)。溃疡性睑缘炎(sulâq)、跌倒和打击造成的眼球挫伤、夜盲症('ashâ')和白内障(mâ',即"水")。提到了测验学生的方法,以确定白内障手术是否能进行。然后描述了对弱视的治疗,主要根据现有最早的阿拉伯眼科论文——伊本·马萨瓦伊的《眼睛的变化》(Daghal al-'ain,Eye Changes);泪道瘘(gharab)、眼球突出症(natw)和眼球突出症(juhûz)、倒睫(sha'rmunqalab)、睫毛脱落(intithâr al ashfâr, hudub)和眼睑疖子(qaml)。治疗是按照侯那因·伊本·伊斯哈格②规定的方法进行的。

第 9 章:耳部疾病。

关于耳漏(sayalân al-midda)、耳聋(tarash)和水渗入耳朵的简短章节。其治疗方法主要依据盖伦的(《论气质》)观点。

第 10 章:鼻子疾病。

盖伦在评论《蒂迈欧篇》中关于气味的引文介绍。嗅觉消失(ibtâl ash-shamm)、鼻子出血(ru'âf)、嗅觉变异和"鼻疮"(bawâsîr)的原因,"鼻疮"即鼻子反复出血和鼻息肉。

第 11 章:嘴部疾病。

唇裂(shiqâq ash-shiffa)、鼻疽(qilâ',脓疱)及其不同种类,舌头肿胀和

---

① 阿拉伯医生大多用阿拉伯语的 sar'(我把它翻译成"falling sickness")来表示痉挛性癫痫,用希腊语的(âbîlîbṣiyâ,επιληψία)来表示它的心理形式。

② 参见 Hunain B. Ishaq, *The Ten Treatises on the Eye*, ed. M. Meyerhof, Cairo, 1928.

麻痹,疼痛,龋齿和牙齿变色,牙龈松弛和瘘管(luththa),息肉(bakhr)、悬雍垂脱落(suqûṭ al-lahlâh)、扁桃体的哮吼或白喉(khzawânîq)、喉咙里的水蛭('alaq)——在东方地区比较常见——以及对溺水者的治疗(gharîq)。值得注意的是,砷被推荐用于治疗蛀牙。

第 12 章:关于粘膜炎(nazlât)、咳嗽(su'al)、其他胸部和心脏疾病以及来自头部的流脓(sayalâm)。

"流入鼻孔的称为鼻塞(zukâm),流入嘴中的称为粘膜炎(nazla);它们的起源通常在大脑中。"这些疾病会导致大脑肿胀、扁桃体和悬雍垂肿胀以及胸部疾病,例如:肺结核。列举了许多食谱,其中包括用于咯血的罂粟汁。

根据塔比特和盖伦的观点,哮喘(rabw)被解释为由呼吸道粘液造成,并伴有胸部肌肉无力。其他原因的理论也被阐述。

声音嘶哑(buḥ ḥa)、胸膜炎(dhât al-janb)和肺炎(dhât ar-ri'a)。描述了这些疾病在发病 4 到 14 天后的危机(希波克拉底《论急性疾病》,盖伦《论影响部位》)和治疗(盖伦,哈萨·伊本·萨拉比云)。胸痛(ḥazḥaza)①经常伴随这些症状。

咯血(nafth ad-damm)和咳痰(tanakhnukhzva-tanakhkhu´)有时很难与呕血区分开来。

关于声音,讲话及其干扰。反复出现的神经和语言器官的解剖学描述。声音嘶哑等原因及治疗方法。

关于肺结核:"这种疾病主要发生在易感的原始身体结构中;就是那些胸天生较窄,肩胛骨突出,无肉的人——称为翼状(mujannihûn)——脖子长,喉头突出……这种病有时起源于胸膜炎、肺炎和胸部、横膈膜和肺部肿胀。"除非发热患者需要服用大麦汤以外,主要推荐用牛奶制作的食物。食用者应避免一切疲劳。

关于心脏病:它们的特点是心悸,由心脏充血或心室肿胀引起。如果发炎,它们会导致人猝死。如果肿胀较厚,则会引起心脏紊乱(ghuthâ qalbî)和心室水肿(rutûba muḥtabasa fi'l-ghishâ' al-muḥît bi'l-qalb)。在补救措施中,是以葫芦科植物占主导地位的利尿剂,以及一种被称为 qîrûṭî(κηρωτή)的蜡膏。

---

① 词汇表和欧洲词典中都没有这个词。在 *Lisan al-'Arab*, ed. Cairo, VII, p. 200. 中讲道:ḥazz、ḥazâza、ḥuzzâz 或 ḥaẓ ḥaza 是心脏或胸部的割伤或摩擦疼痛。

第 13 章:胃部疾病

胃的解剖学介绍,主要是根据盖伦的观点;提到贲门附近的神经和底部的肌肉外衣。由热或冷的气质引起的消化不良的处方,其中一部分是依据印度医生万卡德(Mankade,他在阿拉伯人中享有盛誉,曾有一段时间是哈里发哈鲁夫·拉希德的御用医生)的观点。这个处方以组合物的名字——Jâvidânî 命名,是由印度、中国和波斯的许多药物组成的;它最初由巴德尔·阿丁·加兰尼斯(Badr Ad-dîn Al-Qalânisî)的《药物》(即 *Aqrâbâdhîn*,γραφίδιον,一部叙利亚-阿拉伯语的药典名称)中列举的 199 种药物组成(引自 G. 索比博士的注释)。

列举不同的症状:悸动(khafaqdân)、胀气(nufkha)、打嗝(fawâq)、食欲减退(shahwakalbiyya, qaṭṭâ)、食欲减退、恶心(tahwî')、呕吐(qayy)、打嗝(jashâ')、绞痛(maghas),以及对黏土的食欲偏好和食用。引用了盖伦关于严重呕吐的产生原因和治疗理论(《论治疗方法》)。

第 14 章:关于绞痛(qaulanj,κωλική)和肠道蠕虫(dîdîn)。

在对肠道进行简短解剖学解释之后,描述了四种不同的绞痛。许多食谱,其中一些来自侯那因·伊本·伊斯哈格。

肠梗阻(îlâûs,εἰλεός)及其引起的腹腔呕吐[1]的症状得到了很好的描述。

在蠕虫中提到了绦虫(ḥayyât)和"南瓜粒"(ḥabb al-qar'),可能是类似绦虫的节肢动物。塔比特解释了它们在肠道中依靠腐烂食物的"自发"生成。

第 15 章:腹泻(ikhtilâf, is-hâl)和痢疾(haiḍa, saḥj)。

主要根据侯那因、伊本·马萨瓦伊和其他人的观点。

第 16 章:肝脾疾病、黄疸、浮肿、发汗等。

部分依据盖伦的医学观点;在列举的处方中,其中一个归功于伊斯兰早期的医学实践者提亚杜克(Thiyâdhûq)[2]。

依从盖伦的观点,塔比特认为黄疸(yaraqân)是对身体的一种保护,特别是对于中毒的人而言。讨论了胆的正常功能。伴有肝炎的黄疸,如果在

---

① 希腊词εἰλεός的翻译为:"主啊,仁慈点!"(rabbir ham!)我认为由此衍生出中世纪的 Miserere 一词,适用于这种疾病。

② 据说他是倭马亚王朝政治家哈贾杰·伊本·优素福(ḥajjâj B. Yûsuf,661—714)的医生。他对这位残忍而又令人畏惧的维齐尔充满信心。伊本·阿比·乌赛比阿详细介绍了提亚杜克的轶事和谚语(I, p. 121—22, LeclercI p. 82 foll.)。

发热性疾病中观察到,那么在第七天之前是危险的症状,在十四天之后是好的症状。黄疸尿的诊断;治疗主要用泻药。

水肿(istisqâ')通常由肝脏疾病引起;泡沫痰是预后不良的症状。不同类型的:女性虚胖(laḥmî)水肿,伴有月经潴留和子宫疾病;希波克拉底和盖伦都曾描述过的鼓胀形式(ṭablî,pot-belly)的水肿。通过饮食治疗,特别是水果和利尿剂(根据优素福·萨希尔提供的一种配方,他是公元9世纪与侯那因同时代的人)。本章最后有一段关于发汗的段落。

第17章:关于肾脏、膀胱、男性生殖器(madhâkîr)和肛门(muqâ'da)的疾病。

通过凝结的食物(希波克拉底《论风、水和地方》等)产生结石,不仅会出现在泌尿系统,而且还在肝脏、盲肠、结肠和关节中。通过饮食疗法和利尿法来预防结石。提到了盖伦的一种超自然疗法:戴上铁环和铁钉以防止结石的形成![1]

接下来是关于尿频(durûr al-bawl)和尿潴留(asr)的部分。糖尿病被指定为可以直接命名的一种疾病种类,并且被认为是肾脏疾病。滴尿(taqṭîr)和血尿(bawl ad-damm)被解释为是由肾脏虚弱或精索静脉曲张造成,脓样尿(bawl al-midda)是由泌尿系统溃疡引起的。

在对生殖器官肿胀和肿瘤进行简短讨论后,塔比特讨论了不同类型的疝气(qail,κήλη)、鞘膜积液(qailat al-mâ')和气肿(qailat ar-rîḥ)以及后肛门出血,痔疮(bawâsîr)、瘘管(nâsûr)和裂缝。

这一章有许多充满处方的页面。

第18章:关于女性疾病和肥胖症的治疗(simna)。

讨论了子宫闭锁(ikhtinaâq al-arḥâm)、子宫错位和月经紊乱。著名的亚历山大的鲁弗斯(Alexandrian Rufus)提到ἱερά(ayârij)和Barmecid锭剂(qurṣ, iqrâṣ al-Barmakî)两种药物有显著疗效。后者可能是以8世纪下半叶居住在巴格达的一位有权势的大臣家族成员的名字命名的;或者它可能是由一位名叫阿尔巴迈基的宫廷医生为其宫廷开具的药物。

对东方人来说很重要的一段是关于怀孕和不孕的原因。干湿气质的学说在这里起着重要的作用。一个非常原始的不育证明是相关的——在一些

---

① 上述部分可供对 *De Koning* 译文中的希腊-阿拉伯药典感兴趣的人查阅(*Traité sur le calcul dans les reins et dans la vessie*, Leyde, 1896, pp. 79—91)。

西方和东方国家仍在使用的证明——夫妻必须在幼小的南瓜或莴苣上撒尿；如果其中一个变得干燥，则证明其不育！

子宫肿瘤（rijâ'）①可能会引发与怀孕相同的症状并导致腹水。难产、流产、乳头疾病、泌乳障碍等都被简要提及，并附有许多处方。最后，关于女性肥胖的一段，主要描述了许多药物的化合物组成。

第 19 章：关于痛风（niqris）和坐骨神经痛（'irq an-nisâ'）。

痛风是由饮食过量、食物不足、性生活过度和缺乏运动引起的。所有这些都会导致残留物（faḍalât、περιττώματα）流入手脚关节。治疗方法包括蔬菜饮食、运动和大量（清洁）疗法。坐骨神经痛是由残留物流入坐骨神经引起的。采取局部和一般性治疗。

第 20 章：关于手脚疾病。

对麦地那蠕虫（Dracunculus，'irqmadînî，今天称为几内亚蠕虫）有很好的描述："这种疾病主要发生在炎热和晒伤的土地……它主要出现在腿上。当它出现在肢体上时，肢体首先会发热发炎；然后患处变得膨胀（肿胀），蠕虫开始出来。"通过饮食和药物治疗。"当它出现时，必须尽可能轻柔地将其缠绕在一根铅管上。必须注意不要剪断它，因为它会粘在（皮肤上）并从另一个地方出来……"

指甲的主要疾病是甲癣（dâḥis）；指甲裂开（isnân al-fâr，即"老鼠的牙齿"）；足跟裂痕（shiqâq al-'aqib）、足底空洞（khaṣr）及其引起的水泡（aṭrâf）、绊倒引起的肿胀（'athra）、疣（tha'âlîl）、老茧（'uqad）和鸡眼（qurûn）被描述为足部疾病。用乳液和药膏治疗。

第 21 章：皮肤的一般疾病。

根据盖伦（《论影响部位》）的描述和原因解释，瘙痒（ḥikka、ψώρα）、结痂（jarab）和丹毒（叙利亚语：mâsharâ，阿拉伯语：ḥumra）。根据希波克拉底的建议治疗湿性溃疡（qurûḥ）、疖子（damâmil）和脓肿（khurâjât）；炎热地区人们身体上出现大小斑点（sharâ）和痱子（ḥasaf）的原因和治疗。

第 22 章：关于肿瘤、肿胀（awraâm）和烫伤（ḥirq）。

盖伦关于肿瘤和肿胀的长篇引文，部分是在其《论治疗方法》之后。水肿（οοίδημα）、硬性癌肿（σκίρρος；两者都只有希腊语的名字）、癌症（saraṭân，

---

① 未在字典中查到。

καρκίνος)、瘰疬（khinzîr）、硬瘤（sal’，γαγγλίον，可能是纤维瘤）、囊性肿瘤（dubailât），即对皮脂囊肿（dubaila shaḥ miyya，στεάτωμα）、蜂窝囊肿（d. ’asaliyya，μελικηρίς）和浆状囊肿（d. aṣîdiyya，αθϵρωμα）和烧伤进行了解释，并提到了许多补救措施。

第23章：关于麻风病（judhâm, bahaq）和白癜风（baraṣ）。

对这些疾病的描述并不完全清楚；提到了麻风病的致残形式。阿拉伯语的judhâm对应于希腊语λέπρα，白色和黑色的bahaq对应于希腊语ἀλφός（一种轻度麻风病或一种癣？），baraq对应于希腊语λεύκη。主要根据盖伦的医学观点描述病因和治疗方法。

第24章：关于伤口和挫伤。

头部伤口（shijâj）、瘀斑（qadhaf damm）以及去除箭头（zajj）和荆棘（shawk）的补救措施。只有补救措施，主要是药膏和膏药。

第25章：论毒药（sumûm）。

关于各种毒药的论述：i>人和疯狗的咬伤；ii>蛇和蝰蛇；iii>黄蝎子（jarârât）和黑蝎子（’aqrab）、黄蜂（zunbûr）和蜘蛛（ruthailâ）的刺；iv>以极小剂量外用可致死的毒药，例如附子（bîsh）和某些蜘蛛网（？ halhal）；v>例如通过气味来扩散毒气，例如某种甘松香；vi>通过嘴巴引起中毒；其中提到了属于甘松香的"isrîq，它们的阿拉伯名称是甘松香棒（qurûn as-sinbil）；它们类似于柬埔寨的沉香木（‘ûd Qamârî）"。①

另一种剧毒物质是一种矿物质，如珊瑚（bussadh，波斯语），还有一种是类似于香附球（si’d）的kalâkût②。vii>通过分解人体组织起作用的毒药，例如藜芦（kharbaq）、西班牙苍蝇（dharârîḥ）③和海兔（arnab baḥrî）④。

接下来是关于毒物（汞、氨、颠茄等）成分的一段，然后描述了不同种类有毒的咬和叮的症状和治疗方法。除了上述之外，还有"秃鹫虱子"的叮咬（阿拉伯语：qamlat an-nisr，叙利亚语：taimûzkhâ）⑤，还有比疯狗更危险的疯

---

① Isrîq 可能源自希腊语σήρικον，丝绸，或叙利亚语 sîrqâ，钩。Qamâr 或 Khmêr 是柬埔寨的旧名称。

② 这个词可能是波斯语；我无法找出它的意义。

③ 在印刷文本中错误地出现了 darârîj，即雄松鸡或鹧鸪。

④ 盖伦称为λαγωός θαλάσσιος；海兔是无害的，但在古代和中世纪被认为是有毒的，会引起脱发、肾和肝的出血性分解。

⑤ 在阿拉伯人的任何药理学和动物学著作中都没有提到它。达米里（14世纪）只提到一种"小翅虱"，类似小蜱虫；但其身份仍然无法确定。

狼的咬伤。

在下一节中,塔比特详细讨论了对抗醉酒中毒的方法;他提到斑蝥(dharârîḥ)、铅黄(murdâsanj)、砒霜(zarnîkh),用作灭鼠剂和脱毛剂(nûra),颠茄(luffâḥ,即曼陀罗果)、天仙子(banj)、夹竹桃(diflâ)①、芳香剂('iṭr)和蘑菇(kamâh)会导致窒息;然后干药膏(tiryâq,θηριακή)被用于各种毒药,以及用于驱除房间和房屋的毒虫(hawâmm);其中一些是矿物质,例如硫磺(kibrat),其他还有树脂(沥青,zift rûmî)或蔬菜(bâdhâward,即薯蓣类的ἀκανθα λενκή,一种蓟)。

第 26 章:关于发热、天花、麻疹和昏迷(发热或不发热时昏厥)。

这是最长的一章;其内容部分选自古代作家,部分来源时间较晚;希腊术语比比皆是。

首先是引用盖伦《论治疗方法》中关于一般性的发热的论述。简单的发热是短暂性的发热(ḥummâ yawm),狂热的发热(ḥ. diqq),腐败性的发热(ḥ. 'afan),它们都有三到十个亚型;隔日热、四日热、黏液性和其他类型的发热将在下一节中讨论。复合热或复杂热有 30 多个不同的种类。

下面讨论不同发热的原因和治疗方法。潮热(ḥummâ diqq)②可能会变成慢性发热并导致消瘦(dhubûl)。完整的隔日热(ḥ. ghibb)可能是"完整的",即有 24 到 30 小时的间隔,或者是"不完整的"(νόθος),间隔为 12 小时。膈炎(sirsâm)伴有持续的发热、头痛、眼睛发红、舌头干燥粗糙和麻木。"冷性膈炎"或λήθαργος πυρετός,并不发热但伴有持续打哈欠(tathâ'ub)和记忆丧失(nasayân)。腐蚀性发热(ḥummâ muḥriqa,καύσος π.)是加重的隔日热;持续性发热(h. muṭbiqa,σύνοχος πυρετός)细分为三个亚型。完整的四日热(h. rib')是持续 24 小时的攻击和 48 小时持续时间的间隔。黏液性间歇热(ḥ. nâ'iba balghamiyya,συνεχής φλεγματικός)③,主要依据盖伦关于半日热(ḥ. shaṭr al-ghibb,ήμιταίος)的观点进行解释,其希腊语名称来自单词ήμίονος④。当患肢腐烂的血液到达心脏时,肿胀后的发热是腐烂性的。

---

①　夹竹桃的叶子含有三种不同的有毒胶苷,它们对心脏的作用类似于洋地黄。

②　在这部分内容中,抄写者的错误是将 aqṭîfûs 错写为 εκτικός。

③　阿拉伯语的 balgham 是希腊语φλεγμα的残缺。正文中是这一段的另一个标题:Fîdurûr al-'izz。这可能是抄写者在写 durûr adh-dhanîn(黏液)或类似名称时的错误。

④　希腊文的文字在文本中完全被污损。

然后按照盖伦有关危急、脉搏和尿液的段落进行操作。

本章最重要的部分是关于天花和麻疹(jadaî,ḥasba)的部分,因为它似乎早于拉齐著名的经典描述。伟大的希腊医生对天花一无所知,很可能是由晚期希腊语或叙利亚语作家首次描述的①。因此,我对这一段的前半部分进行直译:

"天花和麻疹:这两种疾病的症状是急性和持续的发热,脉搏饱满,面部,太阳穴和颈静脉浮肿,喉咙粗糙,口中有甜味,流泪,鼻涕,关节和背部剧烈疼痛。恶性天花是黑色、绿色、紫色,其次是黄色,然后有时会扩散和合并呈现发白的青紫色(一种暴发)。有利的一种是红色和圆形的,尤其是在第三天出现并且发热减轻时。"治疗是针对发热的一般性治疗和局部治疗,特别是针对眼睛的治疗,以保护它们免受角膜上皮疹的伤害。

本章以关于无意识发热(ḥummayât ghashîiyya)和普通无意识的论述结束,遵循盖伦在《论治疗方法》中的论述。

第 27 章:关于瘟疫(wabâ')以及引发它的地域和气候条件。

遵循盖伦在《发热的区别》中的观点。致命的大型流行病(mawtân)、传染性疾病(wâfida)和地方病(baladiyya)之间的区别。饮食和预防措施。

第 28 章:论骨折(kasr)、脱位(khal')、扭曲(saqaṭ ât)和错位(wuthâ)等。

一般和镇痛治疗;变形和骨折后硬化(faldba)和愈伤组织(dashbadh)(38)的润肤剂。

第 29 章:关于牛奶、乳清(mâ'al-jubn)、酸牛奶(laban labin)等。

牛奶作为一种饮食和治疗方法,它的种类及其相关检测。用牛奶制作药物。部分内容依据盖伦的《论保健》。

第 30 章:论葡萄酒(nabîdh)的使用和滥用。

讨论其品质、种类、效用等。主要是根据盖伦的《论气质》《论保健》《论治疗方法》《论食物功能》,引用来自希波克拉底的《关于饮食》。治疗中毒的后遗症(khumâr)。关于水及其质量的附录。

---

① 也许是由亚历山大的祭司和御医亚伦描述。参见 G. Sarton, *Introduction to the History of Science*, vol. I, p. 479.

第 31 章:关于性交(bâh)。

性欲虚弱的原因及治疗方法。大量的处方证明了这个主题对东方患者的重要性。本章和整本书以治疗不洁净(imdhâ')的段落和著名阿拉伯医生阿尔-哈里斯·伊本·卡拉达(Al-Hârith B. Kalada,先知穆罕默德的同时代人)建议的避孕措施结束。

外科疾病在《医学珍宝》的几章中都曾涉及,但它们的治疗是纯粹的药物治疗。塔比特·伊本·库拉是一名医生,很可能在他那个时代,外科治疗主要由低级的外科医生、接骨师和理发师负责。唯一享有普遍尊重的医务人员是眼科医生(kaḥḥâdlûn),尽管他们仅进行手术。所有那些享有盛誉的阿拉伯医生,如拉齐、阿维森纳、阿威罗伊、阿文佐阿和迈蒙尼德都放弃了手术活动;唯一的例外似乎是阿布·卡西斯。

我很遗憾由于篇幅有限而无法处理最有趣的《医学珍宝》的其他内容。许多稀有药物都以其希腊语、波斯语,有时甚至是叙利亚语名称被提及;几种未知的复方制剂值得研究。(见注 4 中提到赫尔曼·莱曼的分析)。

在任何情况下,要研究希腊-阿拉伯医学发展的学者都必须考虑到《医学珍宝》一书,这是由塔比特·伊本·库拉撰写的最早的阿拉伯医学书籍之一,他也是伊斯兰世界最杰出的科学家之一。

〔王亚萍,河南大学历史文化学院讲师,开封 475001〕

学术活动纪要

"'一带一路'重大疫情防控史及现实启示"国际学术研讨会综述

王　彪

2020 年 12 月 28 日,由王宽诚教育基金会资助,陕西师范大学医学与文明研究院主办,山东大学国家治理研究院和西北大学健康养老研究院协办的"'一带一路'重大疫情防控史及现实启示"国际学术研讨会(线上会议)在中国西安顺利召开。来自加拿大、俄罗斯、英国、希腊、新加坡、伊朗、巴基斯坦和国内的 100 多位学者齐聚云端,通过主题发言和分组讨论的形式,围绕"一带一路"重大疫情防控的理论与前沿问题,主要就"医学社会史探索""跨文化交际中的疾病、社会与环境""'一带一路'医药卫生文化传播与交流""'一带一路'公共卫生危机及其应对"等议题进行了广泛交流和探讨。

一、医学社会史探索

在医学社会史的理论层面,张大庆《疫病的社会史研究》认为新冠疫情发生期间历史学家便开始大规模介入对疫情的研究与反思,史家日益成为重大历史事件的"见证者"。疫情史料大多是电子化呈现,其形式多样、分布面广、极为丰富,但也有数据变动大、收集保存不易等困难。他还强调,疾病社会史研究应有"新方向"和"新方法",即重视当代史研究方向和多学科交叉研究方法。闵凡祥则将理论研究的视野拓展至"一带一路"国家,其《一带一路沿线国家与地区医疗社会文化史研究的意义》认为,"一带一路"建设应有医疗社会文化史研究参与,国内医史研究领域不能只偏重于欧美国家,还要加强对"一带一路"国家的疾病史、防疫史和当代医学发展等问题进行整体史和区域国别史研究。

理论层面上,施诚、杜宪兵还对西方学术界某些研究路径予以反思和探讨。施诚《西方学术界重大传染病起源地研究的歧见和偏见》指出,西方学术界有些论著在缺乏可靠史料或罔顾历史事实情况下,把黑死病、梅毒、天花、1918年大流感的疫源地置于亚非拉国家和地区,反映了西方学术界的歧见与偏见。杜宪兵《英属印度殖民医学史研究范式的转换》指出,殖民医学没有明确定义,是一个弹性变化的概念,殖民医学史则兼具时间上的阶段性、延展性和空间上的地方性、全球性。英属印度殖民医学史是殖民医学史领域的代表性分支,其在研究范式上经历了社会史、文化史路径演变。

在医学社会史的具体研究层面,与会学者探讨了中西防疫史问题。例如詹娜、杨松分别对18—19世纪法国和俄国的城市防疫进行个案研究,揭示出疫情期间加强城市管控对于应对瘟疫的重要性。詹娜《1720—1722年马赛大瘟疫时期的政府应对》认为瘟疫危机管理的集中是国家形成的重要因素。瘟疫期间马赛市政府采取了封锁马赛、设立瘟疫医院、瘟疫警察等措施,为马赛医疗卫生体系的形成奠定了基础。杨松《敖德萨的传染病防治及其影响研究(1794—1845)》认为敖德萨城内的综合防控体系及城外的隔离系统,有效地遏制了传染病的传播。而付鹏则关注到中国古代的防疫问题,其《中古时期的疫病冲击与防疫对策》以正史为中心进行分析,认为中古时期的防疫对策主要是社会响应和医学应对。

此外,研讨会还论及历史上的医学观念、医疗机构和医生群体。高阳《黑死病期间西欧的星占医学》认为,星占医学在文艺复兴时期作为一种文化复兴首先进入大学,进而传播给王室和教会精英,君主和教会都对星占医学加以利用和调适。随着近代科学发展,星占医学退出了精英文化圈,却借由印刷术和方言文化在普通大众中流传。周厚琴《近代早期俄国医务衙门及其功能》探讨了近代早期俄国的医疗概况、医务衙门创建、医务衙门职能及演变,对俄国医务衙门建立的原因及其性质、职能予以揭示。胡美《种族主义背景下南非黑人医生的成长》认为,种族隔离深刻影响了南非医学发展,南非黑人医生是反对种族主义的重要力量,帮助南非医学率先突破种族隔离。

二、跨文化交际中的疾病、社会与环境

当前,新冠疫情凸显出加强全球健康治理的重要意义,与会学者对相关理论政策和历史问题进行了讨论。例如翟绍果《"一带一路"卫生健康共同体构建研究》探讨了风险脆弱区域协同治理问题,以及空间隔疫、人群免疫、卫生防疫的历史逻辑,并对"一带一路"卫生健康共同体的协同路径予以揭示。李瑞鹏则以公共卫生、医疗、医保三者之间的裂痕摩擦为研究对象,分析了三者协同发展的关键机制。白春晓则从历史中发掘文化意义,以促进全球健康治理,他的《雅典瘟疫女孩与人类卫生健康共同体》认为,在构建人类卫生健康共同体过程中,应将雅典瘟疫女孩形象应用于国际合作,传递热爱生命与和平的理念。江振鹏重视"天花根除计划"中全球卫生合作的经验与启示,他指出冷战时期置身两大阵营纠葛的国际社会在应对天花病毒上有所合作,美苏两国克服意识形态分歧促成了天花的根除,对当今全球健康治理有启示作用。

疾病不仅是身体的有恙,也包含心理问题,与会发言人对不同人群的心理健康状况有所关注。王淑珍《COVID-19 相关认知与情绪对中国民众道德判断的影响》、张海苗《新型冠状病毒肺炎疫情暴发时期大众心理危机研究》调查评估了疫情前后民众的情绪变化和心理应激反应,为特殊形势下进行心理干预和疏导提供借鉴。高晓彩《智力障碍家系心理健康的代际传递及阻断机制》重点分析了智力障碍者及其家庭的生存困境、扶贫效果和内外动力因素的影响机制,认为巩固脱贫成果的难点在于提升贫困人口的内生动力。李晓敏《丧偶老人心理弹性与健康管理》关注于丧偶老人的心理弹性、抑郁水平、自评健康、生命满意度之间的关系及其内部作用机制,为改善丧偶老人的生活质量、提升健康感知提供了有利借鉴。

同样,疾病不仅是医学问题,也是社会文化问题,它既受社会文化影响,又反作用于当地社会文化。贝淡宁(Daniel A. Bell)《儒家、法家与疫情的挑战》认为中国政府对新冠疫情的有效应对与传统的儒家文化和法家文化密切相关。虽然儒家法家在政治目标、统治手段、国内政策等方面的理念差异显著,但历史时期儒法就存在一定结合。他进而提出"儒化法家"(Confucian Legalism)概念,并指出"儒化法家"在现代社会也具有一定适用性和正当性。丁见民关注疾病的社会影响,其《传染病与内战前美国社会文化的转变》指出美国内战之前的传染病对当时美国人生活行为方式有形塑作用,并对宗教、教育问题产生影响。

此外,中西医关系变迁是跨文化疾病与社会研究的重要课题,例如张树剑《瘟疫现场的权力交织:从中西医论争到中医药结合》借用福柯的权力话语理论,将近代以来中西医之间的权力交织划分为学术权力、政治权力、文化权力三种。通过分析清末香港与东北鼠疫、1950 年代乙脑疫情、新世纪的非典和新冠疫情,他认为中西医之间,乃至中西文明之间的学理与文化的互相制衡、渗透、支持甚至转化都将长期存在。王高鹏考察了近代中国对肺炎的认识,认为现代医学知识在中国的传播伴随着中西医之间的冲突与调适,肺炎知识在中国出现了"本土"与"外来"双重面相,折射出医学知识、诊疗技术与大众观念之间的复杂互动。张建斌关注了近代中医诊疗技术的变迁,认为民国时期针灸医家全方位参与到各类传染性疾病的诊治,这一时期发展出来的针灸理论和技术,为现代针灸学科的形成与发展提供了实践依据。

另有发言人从生态环境视角分析疾病与医疗问题,梁桂蓉和徐欣蕊从近代西方国家的城市卫生环境切入,施雾、王丽敏等人则关注医药与环境的关系。梁桂蓉《近代早期法国城市的清洁与公共卫生治理》认为,近代早期法国城市的清洁与公共卫生治理情况和实际效果并不理想,主要原因是技术不足和财政困难。徐欣蕊《事与愿违:十九世纪末华盛顿给排水系统的建立与市民健康》指出,19 世纪末华盛顿的供水系统"华盛顿渡槽"引发了伤寒疫情,原因可能是内战期间供应军队的屠宰场严重污染了水源。施雾《从对抗到一体:美国抗生素认知变迁》分别就抗生素与细菌二元认知,承认抗生素与生物的普遍联系,细菌、抗生素和环境关系的综合一体认知等三个阶段展开深入分析。王丽敏《医学化的环境轨迹:以医疗废弃物的影响为例》指出要坚持人与自然同一性关系,注重日常医疗实践对环境的影响。

三、"一带一路"医药卫生文化传播与交流

与会学人对古代中西方的医药历史进行了深入讨论。郭海文、米佳鑫

《〈奁史〉所见中国古代女性卫生器物探微》在征引大量史料基础上,运用图像史学方法,以图文并茂形式对中国古代女性卫生器物进行考察。田汝英《东方香料的输入对中世纪西欧医药的影响》详细讨论了阿拉伯医药输入西欧的种类、途径及影响,探究了阿拉伯医学中的印度医学因素。郭幼为《出土医药文书所见植物药的本草考古》将本草学、考古学相结合,运用考古学方法对一些本草药物进行检测,进而揭示古代药物的传播与应用。王微《中古时期防疫的药物药方研究》指出晋唐时期已有较成体系的抗疫药物药方,新冠疫情中许多抗疫药物药方能从古代药学典籍中找到踪迹。从药物药方视角出发,能够明晰中古时期的抗疫方法和特点,一窥当时巫文化烙印。海霞《一带一路视域下疫情防控研究:以古代维吾尔语文献为例》对古代维吾尔语文献中药物、疾病和法制进行梳理统计,对其所示的五种药物、三种传染物进行考辨,勾勒出古代维吾尔人对疫情的认知和具体防疫措施。

各发言人也对近现代中西方的医药卫生状况进行讲述。孙坚《二战中英国儿童撤离运动呈现的卫生状况探析》探讨了二战时英国儿童撤离运动所反映的公共卫生状况,认为全社会应更加关注弱势群体的生存状况。王林亚《改变世界的奎宁:全球环境史视野下金鸡纳的认知、引种及影响(1853—1939)》从世界各地对金鸡纳这一药品的认知和其传播入手,审视了19到20世纪的世界殖民政治和生态格局变迁。

一些小组讨论还介绍了中医药的发展状况及其在新冠疫情中的应用。吴继东《中医药在欧洲的法定地位及破局思考》概述了中医药传入海外的过程,指出当下海外中医药发展遇到了新问题和新限制,将中医药推向世界还有很长路要走。蒋辰雪《海外中医汉学研究回顾及其对中医海外传播的启示》认为西方人文社会科学研究者多从西方本位视角出发,综合运用历史学、人类学方法进行多学科交叉研究来认识中医,有助于在全球文化格局下审视中医。李海英《中医药治疗新型冠状病毒肺炎(COVID-19)国内外研究的可视化分析》利用文献可视化软件对各数据库上发表的新冠感染研究成果进行分析,并绘制图谱。

四、"一带一路"公共卫生危机及应对

在理论与政策层面,杨成《新冠肺炎疫情背景下的"一带一路"建设路

径》认为新冠疫情使国际矛盾加速发展,全球化进程被迫放缓,"一带一路"
原本聚焦的经贸合作也受到疫情制约影响。综合当前特殊形势,他提出
"一带一路"应当依据最新国际和地区局势变化做出相应调整。应以促成
卫生健康丝绸之路为主要抓手,为"一带一路"建设的分阶段实施和市场化
运行创造良好外部环境。王云屏《构建人类卫生健康共同体:国际抗疫合
作中的中国担当》认为人类卫生健康共同体是人类命运共同体的重要组成
部分,是人类命运共同体在卫生健康领域的具体体现,同时兼具全球健康主
要议程的价值和目标共识。她强调,构建人类卫生健康共同体的机遇与挑
战并存,在新冠疫情全球蔓延背景下,中国政府正积极推动国际抗疫合作,
参与全球健康治理。

　　与会中外学者还对当前新冠疫情全球化背景下的各国抗疫状况进行了
详细介绍。关于中东地区,赛义德(Seevan Saeed)《疫情中的中东危机:新
的区域大国和新的盟友关系》认为中东地区国家对新冠疫情的应对不容乐
观,由于政治原因,当地政府部门存在虚假宣传和数据造假情况,加之当地
医疗系统的治疗能力比较有限,中东地区疫情的实际情况要更为严峻。寇
梦卓就土耳其的疫情状况进行专门介绍,她指出土耳其的疫情统计数字不
够透明,抗疫宵禁政策反映出土耳其重视经济发展,而非民众健康。疫情期
间土耳其外交推行人道主义援助,并与中国进行深度合作,开展疫苗外交。
阿里(Ali Shirvani)则从宪法角度对比了中国和伊朗对新冠疫情的不同应对
措施及相应效果,以此揭示一带一路国家疫情防控的特点。

　　有关中亚地区,沙希德(Shahid Ali)和韩飞对巴基斯坦、乌兹别克斯坦
的疫情进行探讨,沙希德认为巴基斯坦政府应同宗教人士进行沟通,达成信
任与合作,以弥补对疫情应对的不足。韩飞则以中国对乌兹别克斯坦的疫
情援助为中心,讨论了中国与中亚国家开展医学合作的必要性与可行性,指
出中国与中亚国家的抗疫合作应兼顾社会、政治、经济、文化一体性。

　　关于欧亚其他国家和地区,娜塔莉(Natalia Tsareva)《从霍乱到新冠:俄
罗斯瘟疫史略谈》对俄罗斯历史上的黑死病、霍乱、西班牙流感等瘟疫和正
在经历的新冠疫情进行了回顾,描述了俄罗斯人民与流行病所做的斗争,揭
示了数次全球性瘟疫给俄罗斯带来的创伤和改变,总结出俄罗斯人面对瘟
疫的心理特点。郭响宏《新冠疫情冲击下小国的发展困境与出路:以亚美
尼亚为中心进行分析》指出,亚美尼亚应对疫情并实现发展的可靠路径是

协调好国家安全和社会经济发展关系,整合国内政治,利用好"一带一路"倡议。约翰·麦高文(John McGovern)《大流行病中的英国脱欧》认为新冠疫情加剧了英国脱欧进程,英国政府应对不力,民众缺乏了解,在当前全球化背景下,英国应积极寻求国际合作,共同抗击疫情。尼克斯(Nikos Christofis)《希腊社会对新冠肺炎疫情的反应》认为希腊政府的抗疫政策十分不力,疫情对希腊旅游业造成巨大冲击,还对希腊民众的心理健康产生消极影响,加剧了社会不信任和社交隔离感。杨妍《新加坡中医防治传染病之历史变迁》探讨了中医药防治传染病在新加坡的发展和传播,强调医药与社会文化、时代地域之间存在互动性。

以上的主题发言和分组讨论,将医药卫生、国际抗疫合作、全球健康治理、生态环境等具体问题置于政治、经济、文化的基本向度内,相互独立又彼此衔接,既有从历史角度以具体案例着手的理论论证,也有从现实角度结合统计数据与数量分析而进行的定量研究,充分运用环境史、历史地理学、历史人口学、历史流行病学等多学科交叉研究方法,全方位、多角度、立体化地呈现了"一带一路"重大疫情防控研究的丰富内涵和多重进路,展现了各界学人基于自身研究取向而进行的深入思考与现实关怀。

会议最后,丁见民教授和李秉忠教授对医学与文明研究院的高效组织工作给予赞赏,并对医学社会史的发展前景进行展望。他们表示,希望本次会议能进一步增进"一带一路"国家和地区的学术交流,形成医药卫生研究跨区域合作的新格局,为抗击疫情和增进人类福祉做出更大贡献。李化成教授对各级机构和各界学者的支持表示感谢,认为疫情研究不仅是医学技术问题,还是人文与社会问题,体现着科研工作者的使命与担当。新时代有新使命,研究者应当应势而为,把相关研究领域扎扎实实地向前推进。"'一带一路'重大疫情防控史及现实启示"国际学术研讨会的成功举办,对于推动"一带一路"建设和全球公共卫生事业发展具有积极意义,有助于拓宽医史研究视野,培养新时代创新型研究人才,壮大医学相关人文社会科学的研究队伍。

〔王彪,陕西师范大学党委校长办公室,西安 710119〕

第十一届"医学与文明"学术研讨会
暨研究生论坛会议综述

符婵婵　张　迪

2021 年 11 月 20 日,由陕西师范大学历史文化学院、陕西师范大学"一带一路"文化研究院主办,陕西师范大学医学与文明研究院承办的第十一届"医学与文明"学术研讨会暨研究生论坛以线上形式顺利召开。来自北京大学、清华大学、复旦大学、山东中医药大学等近 40 所高校的近百位专家学者和硕博士研究生齐聚云端,通过主题发言和分组研讨的形式,围绕"学科交叉、古今互鉴与'一带一路'医学社会史研究"这一主题,主要就"'一带一路'医学社会史研究""人类历史上的瘟疫及防治""医学认知、知识与观念的变迁""医疗行为选择与实践的历史""医疗保障建设与实施的历史"等议题进行了广泛交流与深入探讨。

一、"一带一路"医学社会史研究

新冠疫情的暴发唤起国际国内不同人群的卫生健康意识,学术界和普通民众都密切关注着当代医学的发展。近代以来西方的医学科学文化塑造着中国医学新的思维方式、知识体系和行医规范,而历史上,中医作为中国传统文化的重要内容也在逐渐走出国门,影响着世界。王振国教授在其《文化形塑与学术流变:关于中医史研究的视角》中,站在一个中医学者的角度来回溯中医的历史流变,认为仙方文化、道教文化、儒学文化以及近代的科学文化与中国医学的互动形塑了不同阶段医学的状态、思维方式和行为模式。① 思考当代中国医学的状态,也是思考中国传统文化和现代科学文化之间的密切互动,需要从历史上中西医学观念技术的交流和传播中寻求答案。

中医作为中国传统文化区别于世界文化的重要象征,其诊治技术、疾病学说以及医药产品在与世界其他国家碰撞时产生诸多矛盾与融合的互动。马慧敏《欧洲汉学家对中国脉诊的认知(1636 年—1848 年)》认为,以 18 世纪晚期为分水岭,欧洲对中医脉诊的认知从推崇转至批判,其原因在于中医形象的价值随着欧洲人价值观的变化而改变。王尊旺等学者以温病学为切入口,以近代南洋地区为例,观察到从中国南来的中医学知识在进入异域之后,展现出气候、疾病、医学知识的跨域流通图景,中医的温病学说在南洋"在地化"之后,最终形成了与最初传入的温病学说有所差异、以南洋为主体的独特温病知识。陈诗韵关注中医药国际传播中面临的问题和对策,认为中医药国际传播需要在一个有利的大环境中加强国际交流与合作,只有加快推进中医药翻译标准化,继续发展中医药国际教育,强化中医品牌建设,提高文化软实力,中医药国际传播才能切实开展下去。

近代以来的西方医学作为世界医药文化宝库中的重要元素,其医疗技术与药物在传入中国本土后引发了中外、新旧医学认知之间的碰撞与磨合。邓哲悦以"西医东渐"为视角,对输血疗法传入中国后,大众与医学界之间形成的中外、新旧医学认知交流与碰撞予以探讨,揭示了技术进步、大众观念、专业知识群体间的复杂互动关系。马佳聪与谢建军关注到了镭锭疗法在近代中国的发展,前者将镭疗知识与技术置于晚清民国时期的社会场景之下,探索二者的传播与容受状况,对于揭示科学在近代中国传播的一般面相有所助益;后者则从疾病、科技与医疗组织三方面入手,探讨"西学东渐"背景下镭锭疗法在近代中国的传播与应用。刘雨苗《清代西洋药物及其知识的传播——以金鸡纳为中心》探讨了清宫内金鸡纳的来源状况和具体用途,以及清代社会中金鸡纳药品及知识的传播和接受状况,指出金鸡纳在宫廷内主要作为帝国统治的手段,而淡出宫廷视域后社会底层对其接受程度不高,其传播仍主要集中于社会中上阶层。

中西历史上的医药文化交流与碰撞突出表现在医学认知、医疗行为选

---

① 详见本刊第 4—15 页。

择与医药实践方面,而译著文本、留学生和翻译家则是交流与互动的重要媒介。李赵颖《以译传医:晚清广州博济医局的西医著译事业》以著译西医书籍为窗口,考察"西学东渐"背景下西医知识的在华传播状况。胡振宇关注留日学生在中西医文化融合与碰撞中的媒介作用,探讨了清末民初留日医学生为首的国人进行的"废止中医"措施,以及中医界做出的抗争与反思。张一帆重视西药在中医药领域的应用,从地理变迁等视角对西洋参的形成与分布、在华输入以及引种中国后的应用现状进行梳理,重点探讨了药用功效的发现与成熟过程。王亚萍以阿拉伯"翻译运动"为切入点,认为阿拉伯翻译家继承了古代医学知识,发展出实用医学,医学理论的成熟以及知识与社会互动关系的加强使得阿拉伯社会的医疗环境逐渐在国家公共卫生事业、医疗设施建设、医生群体发展以及医学学科分化方面得到改善。而拉丁西方翻译家促使阿拉伯医学进入基督教西欧国家,推动了西方医学发展的历程。

二、人类历史上的瘟疫及防治

自古以来,瘟疫就是人类社会长期面临的重大生命健康与公共卫生安全问题,瘟疫及其防治也是医学社会史研究关注的重要课题。人类历史上的瘟疫及防治研究不仅聚焦于瘟疫史研究的理论与方法层面,还关注瘟疫及其防治的医学社会认知、瘟疫防治举措及社会影响。

在人类瘟疫史研究的理论层面,有学者倡导多学科交叉与总体性研究。龚胜生教授的《中国历史疫灾地理研究回顾与展望》界定了疫灾的概念与指标,揭示了中国三千年来疫灾的时空分布及其特征。① 文章在方法论上,认为历史疫灾地理研究是一门综合灾害地理学、社会医疗史、健康地理学和流行病学的交叉研究;在内容上,认为应关注疫灾时间变化规律、空间分异规律、疫种传播机制、环境机理机制以及社会历史影响。同时,文章强调未来应更加注重疫灾地理研究在尺度上的精细化和系统化、视野上的全球化和全时化、内容上的交叉化和综合化以及方法上的科学化和计量化。

---

① 详见本刊第 16—23 页。

在瘟疫史研究的方法论层面,孙帆从瘟疫、环境与人类发展的全局角度出发,对英国医史学家马克·霍尼斯鲍姆的著作《人类大瘟疫:一个世纪以来的全球性流行病》进行了评析,指出医疗社会史研究应当关注瘟疫史中的"人类角色",强调人类应平衡自身同疾病与环境的关系,理性看待传染病流行的影响因素,建立起行之有效的自我保护机制。① 还有学者以史学史研究为视角进行剖析,李晋珩《发现"政治":新中国防疫史研究述评》强调1949年之后的新中国疫病防治工作不仅是技术问题、社会问题,还是一个政治问题,在历史研究中发现"政治",或许是一个值得探索的新方向。

在具体研究内容层面,众学者从多维度出发,分析了人类对瘟疫及其防治的医学社会认知。高爽认为元代的瘴疾认知在不同社会群体间具有不同认知路径与特点,影响着瘴疾的防御与医学理论的更新。陈锦涛《1894年香港鼠疫中华人对西医的态度》以中西医防疫认知差异为视角,揭示香港鼠疫期间华人对港英政府防疫措施及西医治疗的态度,分析其产生的根源,探究部分华人精英在民众与西医间充当的角色。

在瘟疫防治举措层面,区域与全球防疫史研究有助于拓宽研究视角、提供现实启示。就区域防疫史研究而言,付文文对19世纪英印政府主导的霍乱医学调查和疫情防控举措进行个案研究,指出这一时期的医学逐步沦为帝国利益、殖民统治以及展现西方文明优越性的工具。王雯对比了19世纪英印双方在面对鼠疫时采取的防治措施,指出英国以实效性的防治手段为主,而印度则倾向于以触摸和敬神等为代表的宗教行为。陶圆对19世纪日本的霍乱治理进行了个案考证,指出通过解决水平与垂直双维度的"国家病理",近代日本不仅自上而下地完善了国家医疗卫生体系,同时也趋近于完成了国与民的"双重治疗"。翟芸分析了英国大众、医学界和政府对1918—1919年大流感的认知态度,指出细菌学的发展和政府的应对措施是英国卫生观念理性转化与现代国家健康的关键路径。② 也有学者关注20世纪的全球防疫史研究,边旭认为美苏冷战期间两国能够克服意识形态分歧,在世卫组织框架下展开"根除天花计划"这一全球防疫合作,对当今疫情防治的国际合作具有积极借鉴意义。

①　详见本刊第 159—168 页。
②　详见本刊第 113—128 页。

瘟疫及其防治的社会影响也是医学社会史研究探讨的重要主题。王希铭《全民接种之困:19世纪中后期英国反接种团体研究》论述了英国天花应对举措诱发的社会运动及其社会影响。韩淑珍以殖民冲突为视角,概述了塔什干土著居民对19世纪沙俄政府霍乱防治措施的反对与抵抗,并指出防疫策略的制定不仅以疾病的医学理论为基础,还受控于社会经济等诸多因素。

三、医学认知、知识与观念的变迁

医学在不同的历史阶段、不同的文化土壤中往往表现出不同的形态,历史上的医学认识、知识与观念变迁不仅同人类疾病健康相关,更包罗着各类社会关系和政治、经济文化因素。张大庆教授的《现代医学史研究的三大论题:Osler thesis, Mckeown thesis, Ilyich thesis》梳理了19世纪以来现代医学史中著名的三大论题。威廉·奥斯勒(William Osler)提出"医学是促进人类健康的一种进步力量,强调医学是一门自然科学和人文社会科学交融的学科"。托马斯·麦基翁(Thomas Mckeown)提出"人口增长主要是由于死亡率下降,其重要原因是社会经济条件的改善而非医疗和公共卫生的进步"。伊里奇(Ilyich)提出"医学报应"论,认为工业化社会中的过度医疗化生活,广泛地损害了生活质量。这三大论题的提出和论证过程,涉及对医者群体的定位、医学科学技术的价值及有限性、社会经济与疾病的关系以及现代医学对于健康的改善和反作用等诸多具体问题的探讨。张大庆教授认为应从多个维度去理解医学与健康之间日益复杂的关系,不仅要在宏观理论上进行探讨,还应将各类微观案例加入分析。

在具象的医学认识层面,首先是对患者病情和身体状态、医者群体以及医患关系的认识。田晓悦关注中古牙齿所显现出来的身体文化,认为对牙齿的审美追求是中古人们在适应大自然的过程中追求健康的表现。徐剑鸥认为民国时期国人已经认识到公共卫生护士在公共卫生事业中的基础地位和上通下达的桥梁作用,时人的认识既是对现代西方公共卫生观念的吸收,也是对中国现实国情的探寻。李玉清对金末壬辰之变后由儒转医的李东垣进行个案研究,认为李东垣正是亲历战乱,才能更为准确地分析汴京百万人口的死亡原因并非疫病,而是"药误"所致,在此基础上李东垣立补中益气之法,完善了脾胃内伤学说。韩佳桐关注中医医患关系,从中医学"辩证"思想入手,探讨中医叙事的医患关系特征,她认为叙事医学和医患共建可相互作用,共同开拓进步。

在医学知识的传播与追溯层面,医药著作、医史典籍和报刊等文本材料是历史上医学知识的重要见证。叶亮以中医典籍《黄帝内经》为本,提出五运六气历中关于天象的观测属于五运六气历的"天之度",其目的是为了解人体气血阴阳、藏府功能的运行状态。教孟潞梳理了古典时期的著名药学家迪奥斯科里德斯的著作《药物志》,提出药物特性中心、科学观察、田野实证是他药学理念的核心特质。刘旭东聚焦明代文士李濂及其所撰《医史》,认为李濂通过《医史》的书写构建了以医者"著述之旨"为主要面相,且与医者形象地位提升及医学学派发展,以及医学谱系追溯相契合的医史。周军考察了 20 世纪初《中西医学报》女性健康知识的传播特点,认为这一时期的《中西医学报》受"国民之母"与"天职"观等社会观念的影响,倾向于着重进行生殖、育儿、女性日常卫生等方面知识的健康传播,客观上提升了女性的社会地位和健康水平,但也因此限制了女性健康知识其他内容的传播。

在医学观念层面,医学思想会随着社会政治经济发展而流变,史学研究方法的革新会重塑对医学观念的整体认知,其他学科思想与医学的交叉亦能碰撞出新的火花。张建兰追溯了西方医学中的放血疗法,她认为从古代至中世纪,放血疗法的流变与社会文化演变密切相关,随着由体液平衡理论构建的定性系统转向"科学化"的定量系统,放血疗法也由盛转衰。张晶晶认为在史学研究方法的发展脉络中,医学知识、权力与道德话语的关系在不同的研究路径中,展现出差异化的解读,其内涵在公共卫生史的书写中不断被重塑。杨天琪以中医古籍中有关地理思想的记载为研究背景来论述中医融合地理思想的研究意义,认为这不仅有利于中医理论的发现、整理和升华,更是为患者制定更加个性化诊疗方案提供依据,为中医发展及"健康中国"做出贡献。

四、医疗行为选择与实践的历史

医疗行为选择与实践是人类借助医学认知与技术对疾病做出的反应,

有关这一主题的论述主要见诸于疾病医疗史、身体史、公共卫生史、公共健康史与医疗政治史等研究,而在现实意义层面,对其进行研究能够引发人类对身体、健康、社会平等与生命尊严的深切关怀。余新忠首先以宏观的疾病医疗史研究为视角,从现实与史料的关系层面对该领域尚存在的问题进行了反思。他在《疾病医疗史研究的现实意义》①中指出,历史研究的意义第一在于视角,即让人"思接千载,视通万里";第二在于历史研究的人文性,即以人为出发点来思考问题,具体在疾病医疗史研究中就是人不断在疾病认知、医疗行为选择与实践方面寻求新的启示。在研究的现实价值层面,他认为疾病医疗史研究不仅有助于更全面系统地理解疾病和医学的社会文化属性,推动当下的医学人文教育,也有利于从认识论高度改善现实中的医患关系,为提升现代公民素质提供有意义的思想文化资源。彰显人类文明的价值是我们对医疗史探讨和研究最重要的目的,立足于人的医学史和生命史学的研究,对人的发现和全面发展以及现实社会的发展和进步具有积极意义。

在身体史和疾病医疗史研究层面,丁慧霞《陈自明的断产方论与宋代女性的社会地位》以女性主义理论为视角,对宋代"堕胎断产"现象及其形成原因进行探讨,指出宋代女性身体在生育权问题上受社会支配。彭雅琦以《梁漱溟日记》为例,对梁漱溟日常生活中的疾痛与治疗契机进行考察,揭示了替代医疗在日常生活中的隐喻逻辑。高阳从功能论角度出发,阐述了占星医学在文艺复兴时期西欧社会中的实际应用及发展演变状况。

在公共卫生史研究层面,阿古达目、张寅以冲突论为视角,对特定公共卫生事件引发的社会问题进行了剖析。阿古达目将工人阶级视为特定社会群体,指出"大恶臭"事件激化了伦敦社会与工人阶级之间的矛盾,事件之后伦敦工人阶级重新被社会接纳,完成了阶级的社会整合。张寅认为威廉·罗斯案是近代早期英国药剂师行业发展承上启下的关键节点,此后药剂师职能拓宽、药剂师群体分化并逐渐成为医疗服务的主体力量。谭扬虹《19世纪伦敦工人阶级卫生意识的增强》研究了19世纪英国伦敦卫生状况及形成原因,对英国工人阶级如何主动争取自身健康权益予以探讨。

从公共健康史研究层面来看,吕雨生、韩非注重公共健康知识的生成以

---

① 详见本刊第24—27页。

及知识向行动转化的过程。吕雨生的《狱、疫与公共卫生——19 世纪末 20 世纪初海峡殖民地监狱脚气病治理研究》认为,脚气病的认知与防治对马来西亚公共卫生事业和现代医学发展具有积极意义。韩非《从知识到行动:美国城市推行含糖税的社会史考察》在从"知识"到"行动"的理论分析框架之下,探讨了健康、卫生与政治背后的结构性驱动力因素,丰富了国内有关美国的医疗社会史研究。

　　还有学者从医疗政治史层面,以工具论和科技史为视角对具体医疗行为与实践的政治意义展开探讨。刘兆昆《朝鲜战争中美军遗体辨认工作及军方与遗属的政治动机》一文从工具论视角出发,探讨战争中的遗体如何成为军民双方政治博弈的工具。陈敬瑞《奉天满铁兽疫研究所与日本的侵华行动》则强调了殖民科研活动在殖民统治中扮演的重要角色,并对殖民地医学科学研究背后的军国主义政治网络予以揭示。

五、医疗保障建设与实施的历史

　　放眼古今中外,医疗保障制度体系的建设和实施与人类健康密切相关,其从无到有,从初受重视到日益缜密完善有着久远的历史进程。西安交通大学第一附属医院肝胆外科刘昌教授便从现代高校医学教育培养和临床实践层面探讨医疗保障的实施,其《学科融通——做最好的医学人文教育课程》认为现代医学教育对于职业素养和人文素养提出双重需求,因此在教育实践中创立医学与美学、文学、法学等多重学科相交融的医学人文课程,力求在人文精神层面、人文能力层面、人文素养层面培养出能医患共情、专业技能过硬、心理素质过强的优秀医学生。

　　近现代史上中国的医疗保障以政府单位为主体,涉及公共卫生、健康保险等领域的制度建设。姬凌辉认为清末民初的卫生行政与警政的关系演变大致呈现出"分离—复归—分离"三个阶段。曹永光探讨了民国时期的劳工健康保险制度,认为 20 世纪 30—40 年代国民政府先后在上海、云南、四川等地试办劳工健康保险,是中国现代意义上劳工健康保险的首次实践。李宁指出,民国时期北平的"粪业粪阀"与官府互相勾结牟取暴利,成为新中国成立后一大遗留问题。20 世纪 50 年代北京市政府锐意改革接管粪道,废除令人诟病的粪道制度,最终推动了北京城市卫生建设。总览中国卫生行政发展历程,基本上是由粗到细,从相对粗糙的卫生理念与制度构建逐渐转变为较精细的卫生条目和具体实践。

　　考察医疗事业的实施方式和贯彻程度与政治、经济等社会背景密切相连,在具体措施中往往涉及政民官商之间的复杂互动。程露考察明清时期叶氏家族的经营模式从最初的医商一体到后来的医、药分离,其原因跟清代社会阶级分层密切相关,叶氏家族累代努力进居仕途,最终创造了官场与药号遥相呼应、互相依仗的稳固局面。朱素颖整理分析了1933—1937年博济医院的年度报告,还原博济医院的社会服务部在上世纪30年代工作情况的涉及范围、服务对象以及病例情况等内容。刘富民探析国民政府时期各省筹设省立医院,认为其作为官办医院,它们的社会服务活动一定程度上反映了国民政府改善社会医疗卫生的意愿,但同时也存在政府投入经费有限,社会服务能力受到限制的局限性。李静研究17世纪英国烟草药用现象及其管制措施,认为英国王室的烟草管制表面上是为了抑制民众过度吸食、走私掺假等,但其本质上透露着将烟草垄断在国王及其代理人手里并据此获取利益之嫌。

　　此外,政府对于某一具体医疗领域还会出台专门的立法方针。有学人研究具体法案出台的背景、过程以及内容,如索骄追溯19世纪助产士艰难的生存环境,探讨1902年英国的《助产士法》,认为尽管存在局限,但在该法案的规定和监督下,英国助产士的专业能力得到了提升,有利于保障婴儿健康。亦有学人研究某一时段内的立法现象和影响,如徐红关注1927—1937年南京国民政府时期对药品广告的立法,认为这一时期的药品广告法规的出台和推行规范了药品市场,一方面促进了药业的发展,另一方面政府因诸多现实因素而表现出管理缺陷等局限性。新的历史阶段需要新的卫生工作方针,谭备战着重考察新中国第一届全国卫生会议,梳理与该会议及其影响有关的史料,切实还原该会议确立"面向工农兵"、"预防为主"、"团结中西医"为新中国卫生工作这三大基本原则的渊源和细则内容。

　　本次论坛通过学科交叉、古今互鉴,多层次多角度地探寻人类医学与文明。史学、灾害地理学、流行病学等不同学科同医学密切结合,共同为医学社会史研究贡献新的研究视角和研究方法。会议最后,李化成教授致闭幕词。他首先建议医学社会史的研究需遵循历史的学理基础,其次强调学科交叉研究中的专业本领和团队意识,最后提出医学社会史研究需密切关注学术前沿和社会前沿。后疫情时代,社会对于医学的需求不仅在于基础的身体健康,大众对于细腻的心灵体验也进一步提出要求,而医学社会史作为一项与社会、大众密切相关的研究,更应将人文关怀与医史研究紧密相契。

〔符婵婵,鄂尔多斯市东胜区第十五中学教师,鄂尔多斯017000;张迪,北京师范大学历史学院博士研究生,北京100875〕

ABSTRACTS

The Accommodation and Development of Ancient Medical Thoughts: On the Medical Literature in Plutarch's *Moralia*

Jiang Qin, Zhu Zhongrui

Some scattered medical literatures in Plutarch's *Moralia* included the narration of famous ancient doctors and patients, disease prevention, various types of diseases, pathogenic causes, treatment methods, health methods, drug applications, etc. Through the interpretation of these above, we can get a glimpse of the development of ancient medicine in the Roman Empire and Plutarch's personal accommodation and development of ancient medical thoughts.

The Rise of Rational Medicine in Ancient Greece

Tang Xiaoxia

In the second half of the 5th century BC, the rational medicine represented by Hippocrates was widely recognized throughout Greece. Its rise benefited from the development of Greek philosophy. From the earlier myths and legends to the emergence of natural philosophy, then the focus on humans themselves, those ideas in the philosophical area laid a solid theoretical foundation for its development. Rational medicine contributed a lot to the development of Western medicine.

A Study on the Environment and the Hygiene Concepts of the Medieval University Students

Zhang Qian, Zhou Meiling

This article focuses on the hygiene concepts of medieval university students. Firstly, it expounds on how the urban environment and sanitation affect the formation of the health concepts of these students as urban residents. Secondly, it discusses the students' view on water, noise and air pollution and street sanitation. Thirdly, it discusses the condition of their personal hygiene, their dormitories and school buildings. It is believed that at that time, many university students had developed the habits of washing their faces every day and taking a bath every two weeks, and the hygiene of school buildings was maintained due to the efforts of the school and the municipal government. Although the concept of hygiene and the environment in medieval university students were limited, they broke through the narrow cognition of the society at that time, and had the courage to criticize the poor environment of the city, and the unsanitary behavior and ideas of the residents.

A Study on Medicinal Value of Rhubarb in Medieval Times

Guo Youwei

It can be seen from the classical prescription books and the unearthed medical documents in Dunhuang that rhubarb was widely used in the Middle Ages, and the dosage forms include decoction, pill and ointment. The dose of rhubarb in the unit of "six of one and half a dozen of the other" was widely recognized in the Wei and Jin dynasties, which may be related to the popularization of the medicinal concepts of rhubarb at that time. The processing of rhubarb was recorded by wine washing and vinegar neutralization. There are records of wine washing in many places in the Eastern Han Dynasty and before, while vinegar neutralization was probably used more in the Dunhuang area. To make rhubarb "easy to get quick profits", there are various ways of acting it. Cooking, dipping and soaking have appeared as early as in the Wei and Jin dynasties. Based on the documents from Sichuan province and other related research, it may be possible to chart a global transmission route of rhubarb from Sichuan to Gansu province and all the way to the north.

Diet, Medicine, and Imagination: Sugar in Western European Life in the 14th—16th Century

Cheng Liwei

Sugar played a rich role in the social life of Western Europe in the 14th—16th century. Its dietary use makes people enjoy more delicious food, its medicinal value firms people's body, and its cultural and artistic functions enables people appreciate the wonderful sculpture art. At the same time, sugar and its extension also contain multiple social imaginations, which is a symbol to regulate the social power relations, hold the embodiment of the pure soul of people in the religious world, and carry the yearning for a better future for people living in the real world. In the early modern ages, the sugar-loving culture in Western European social life not only shaped people's general preference and recognition of sweetness in the taste, but also marched the new chapter of Western European dietary homogenization and the global expansion of taste.

Knowledge and Mechanism: Britain's Response to the 1918—1919 Influenza Pandemic

Zhai Yun

The outbreak of the 1918—1919 influenza pandemic and the response of all walks of life in the United Kingdom were prominent events in the period of national and social transformation. During this process, the British medical community has deepened its understanding of the pathology and aetiology of influenza, which gradually widened the gap with medical practice. Thus the British government has changed its conservative style. The public health department combined new knowledge and technology to actively adjust their response plans to abate the negativity of

influenza. The pandemic strengthened the interaction between the British govern-
ment and society in the early 20th century and contributed to the rational transfor-
mation of public health and the construction of modern national health.

征稿启事

《医学与文明》是由陕西师范大学医学与文明研究院主办的以医学相关事物为研究对象的专业性学术刊物。本刊秉承陕西师范大学医学与文明研究院"着眼社会发展,注重人文关怀,打通学科壁垒,加强医学社会史的研究,推动健康中国的建设"之宗旨,坚持"求真务实,创新发展,中国情怀,世界视野"的办刊方针,就历史长河中人类的生老病死相关问题进行深入探讨,促进医史研究与相关学科领域的学术对话,推动我国公共卫生事业的发展和进步。

本刊每年两辑。刊物常设有"主题笔谈""专题研究""理论与方法""文献选译"及"书评""书讯"等栏目。诚挚欢迎中外学界同仁惠赐稿件。为保证学术研究的严谨性,倡导优良的学术风气,来稿须注意以下事项:

1. 本刊所载文章不代表编辑部观点,务请作者严格遵守学术规范,文责自负。

2. 来稿请附300字左右的中英文摘要和3—5个中文关键词;文末附上作者信息及联系方式。

3. 本刊实行匿名评审制度。编辑部收到来稿,将在三十个工作日给出是否采用的答复。如遇修改往复,时间将适当延后。

4. 欢迎有关医学社会史的重要优质译文(具有学术指导意义),版权问题请译者自行联系解决。

5. 编辑部有权对来稿进行技术性修改。作者如不同意,请在来稿中特别说明。

通讯地址:陕西省西安市长安区西长安街 620 号陕西师范大学医学与

文明研究院

  邮政编码:710119

  电子邮箱:rcshm@ snnu. edu. cn

《医学与文明》编辑部

关于引文注释的规定

本刊注释采用页下注(脚注)形式。注释序号用①②……标识,每页单独排序。正文中的注释序号标注于所引句子的标点符号之后。具体注释体例详见如下:

1. 著作类

(1) 专著

标注顺序:责任者与责任方式/文献题名(英文文献名为斜体)/出版地点/出版者/出版时间/页码。示例:

庄孔韶:《人类学概论》,北京:中国人民大学出版社,2006 年,第 74 页。

Andrew Wear, *Knowledge and Practice in English Medicine*, *1550—1680*, Cambridge:Cambridge University Press, 2000, p. 156.

Judith L. Goldstin, et al., *Legalization and World Politics*, the MIT Press, 2001, p. 156.

(2) 编著

余新忠、杜丽红主编:《医疗、社会与文化读本》,北京:北京大学出版社,2013 年,第 123 页。

Emilie Amt, ed., *Medieval England 1000—1500*:*A Reader*, Ontario:Broadview Press, 2001, pp. 340—341.

B. W. Stewart and P. Klehues, eds., *World Cancer Report*, Lyon:IARC Press, 2003.

Rosemary Horrox, trans and ed., *The Black Death*, Manchester:Manchester University Press,1994, pp. 100—109.

(3) 译著

标注顺序：责任者/文献题名/译者/出版地点/出版者/出版时间/页码。示例：

威廉·麦克尼尔：《瘟疫与人》，余新忠译，北京：中国环境科学出版社，2010 年，第 53 页。

Homer, *The Odyssey*, trans. Robert Fagles, New York: Viking, 1996, p. 22.

2. 期刊

标注顺序：责任者/文献题名（加双引号）/期刊名（斜体）/年期（或卷期，出版年月）。

李化成：《14 世纪西欧黑死病疫情防控中的知识、机制与社会》，《历史研究》2020 年第 2 期。

George Rosen, "Toward A Historical Sociology of Medicine: The Endeavor of Henry Sigerist," *Bulletin of the History of Medicine*, vol. 32, no. 6 (1958), pp. 500—516.

3. 析出文献

标注顺序：责任者/ 析出文献题名/ 文集责任者与责任方式/ 文集题名/ 出版地点/ 出版者/ 出版时间/ 页码。

勒高夫：《新史学》，蔡少卿主编：《再现过去：社会史的理论视野》，杭州：浙江人民出版社，1988 年，第 114 页。

Alan Everitt, "The Marketing of Agricultural Produce," in Joan Thrisk, *The Agrarian History of England and Wales*, *1500—1640*, Cambridge: Cambridge University, 1967, pp. 468—475.

4. 报纸

标注顺序：责任者/ 篇名/ 报纸名称（英文报纸名称为斜体）/ 出版年月日/ 版次。示例：

《香港疫耗》，《申报》1894 年 6 月 5 日，第 1 版。

李化成：《医学社会史研究中的医学因素》，《光明日报》2017 年 7 月 31 日，第 14 版。

The Times (London, England), June 18, 1894, Issue 34293, p. 5.

5. 未刊文献

（1）学位论文、会议论文等

标注顺序：责任者 / 文献标题 / 论文性质 / 地点或学校 / 文献形成时

间／页码。示例：

高阳：《文艺复兴时期西欧星占医学研究》，博士学位论文，陕西师范大学历史文化学院，2020年，第67页。

张茜：《19世纪中叶爱尔兰大饥荒研究——基于环境史视角的考察》，"一带一路"重大疫情防控史及现实启示国际学术研讨会(线上会议)论文，2020年。

Gerald Wayne Olsen, "Pub and Parish: The Beginnings of Temperance Reform in the Church of England, 1835—1875," Ph. D. thesis, Department of History, the University of Western Ontario, 1971.

(2) 手稿、档案文献

标注顺序：文献标题／文献形成时间／卷宗号或其他编号／收藏机构或单位。示例：

《党外人士座谈会记录》，1950年7月，李劼人档案，中共四川省委统战部档案室藏。

Nixon to Kissinger, February 1, 1969, Box 1032, NSC Files, Nixon Presidential Material Project (NPMP), National Archives II, College Park, MD.

6. 转引文献

无法直接引用的文献，转引自他人著作时，须标明。标注顺序：责任者／原文献题名／原文献版本信息／原页码(或卷期)／转引文献责任者／转引文献题名／版本信息／页码。示例：

章太炎：《在长沙晨光学校演说》，1925年10月，转引自汤志钧：《章太炎年谱长编》下册，北京：中华书局，1979年，第823页。

Henry E. Sigerist, "The History of Medicine and The History of Science," *Bulletin of the History of Medicine*, no. 4 (1936), pp. 1—13. 转引自 Frank Huisman and John Harley Warner, *Locating Medical History*, p. 153.

7. 网络文献

标注项目与顺序：责任者／电子文献题名／更新或修改日期／获取和访问路径／引用日期。

王明亮：《关于中国学术期刊标准化数据库系统工程的进展》，1998年8月16日，http://www. cajcd. cn/pub/wml. txt/980810-2. html，1998年10月4日。

Lord Alfred Douglas，"Two Loves，" https：//en. wikisource. org/wiki/Two_
Loves_(1894_poem)，2016 年 11 月 29 日。

8. 其他

(1) 再次引证时的项目简化

同一文献再次引证时只需标注责任者、题名、页码，出版信息可以省略。
示例：

亨利・皮朗：《中世纪欧洲经济社会史》，第 121 页。

Joseph P. Byrne，*The Black Death*，p. 80.

(2) 间接引文的标注

间接引文通常以"参见"或"详见"等引领词引导，反映出与正文行文的
呼应，标注时应注出具体参考引证的起止页码或章节。标注项目、顺序与格
式同直接引文。示例：

参见亨利・皮朗：《中世纪欧洲经济社会史》，乐文译，上海：上海人民
出版社，2014 年，第 134—144 页。

参见赵立行：《西方学者视野中的黑死病》，《历史研究》2005 年第 6 期。

参见 Joseph P. Byrne，*The Black Death*，Westport：Greenwood Press，
2004，pp. 199—215.

图书在版编目（CIP）数据

医学与文明.第二辑／李化成,张子翔主编.--上海：华东师范大学出版社,2023

ISBN 978-7-5760-4576-5

Ⅰ.①医… Ⅱ.①李… ②张… Ⅲ.①史学—文集 Ⅳ.①K0-53

中国国家版本馆 CIP 数据核字（2024）第 000726 号

医学与文明（第二辑）

编　　者　李化成　张子翔
责任编辑　高建红
责任校对　彭文曼
封面设计　夏艺堂艺术设计+夏商

出版发行　华东师范大学出版社
社　　址　上海市中山北路 3663 号　邮编　200062
网　　址　www.ecnupress.com.cn
电　　话　021-60821666　行政传真　021-62572105
客服电话　021-62865537
门市（邮购）电话　021-62869887
地　　址　上海市中山北路 3663 号华东师范大学校内先锋路口
网　　店　http://hdsdcbs.tmall.com

印　刷　者　上海景条印刷有限公司
开　　本　787×1092　1/16
印　　张　15.5
字　　数　220 千字
版　　次　2024 年 3 月第 1 版
印　　次　2024 年 3 月第 1 次
书　　号　ISBN 978-7-5760-4576-5
定　　价　78.00 元

出　版　人　王　焰

（如发现本版图书有印订质量问题,请寄回本社客服中心调换或电话 021-62865537 联系）